Kreische
Lakritz
Traktat

Klaus-D. Kreische

Lakritz

Traktat einer Reise in die Welt
der schwarzen Süßigkeit

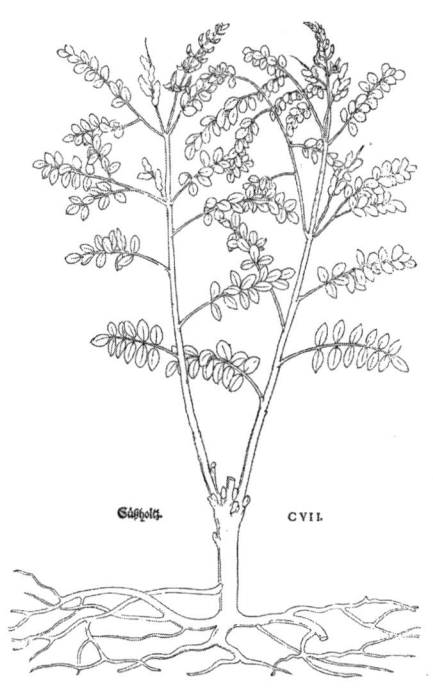

© 2012 Oktober Verlag, Münster
Der Oktober Verlag ist eine Unternehmung des
Verlagshauses Monsenstein und Vannerdat OHG, Münster
www.oktoberverlag.de

Alle Rechte vorbehalten
Satz: Britta Gerloff
Umschlag: Thorsten Hartmann
unter Verwendung einer Abbildung aus »Köhler's Medizinal-Pflanzen«
Herstellung: Monsenstein und Vannerdat
gedruckt in der EU

ISBN: 978-3-941895-31-7

Inhalt

Einleitung 7

1 Süßholz – Die Wurzel des Schmetterlingsblütlers 15

2 Tradiertes Wissen – Im Fokus der antiken Wissenschaft 29

3 Ferner Handel – Die Pfade der Wurzel 45

4 Süße Worte – Vom Raspler zum Confiseur 65

5 Schwarze Magie – Von Liebe, Gold und Bärendreck 89

6 Wirre Zeiten – Kampf gegen unliebsame Konkurrenten 105

7 Gesunde Entdeckungen – Lakritze unter dem Mikroskop 135

8 Imperiale Lust – Die Entwicklung des Rohstoffmarktes 153

9 Schwarzes Gold – Die Unternehmer im Visier 179

10 Lakritz-Orbit – Eine Vielfalt ohne Grenzen 203

Lucullus-Liqueritius – Sieben Kochrezepte mit Lakritz 235

Anmerkungen 245

Bildnachweise 273

Quellen- und Literaturverzeichnis 275

Danksagung 295

Einleitung

»Spunk!«, ein gellender Schrei schallte über den Marktplatz, von weit her reckten sich Köpfe in die Luft, Passanten in nächster Nähe drehten sich verwundert um und Karin, die Verkäuferin vom Tiroler Wurst- und Käsestand rollte ihre Augen. Sie wusste, was dies zu bedeuten hatte. »Ich fasse es nicht! Hier gibt es Spunk!«, rief erneut die begeisterte, junge Stimme, die mit jeder Silbe den nächsthöheren Ton auf der Tonleiter erklomm. Etwas verlegen wandte sich der jugendliche Begleiter von seiner Freundin ab. ›Vielleicht zuviel Pippi Langstrumpf gelesen‹, mag er im Stillen gedacht haben.[1] Ein umstehender Amerikaner hob die Augenbrauen und rümpfte die Nase. Für ihn war ›Spunk‹ als weißer, lebensspendender Saft das Ergebnis intimer Stunden, den allenfalls noch Tom Sawyer und Huckleberry Finn als Hausmittel gegen Warzen empfahlen, doch keinesfalls könnte es an diesem öffentlichen Ort feilgeboten werden.[2] Noch bevor er sich aus nächster Nähe von dem Anlass solcher Begeisterungsstürme überzeugen konnte, hielt unsere ›Primadonna‹ eine schwarze Schachtel in die Luft, in der sich kleine amöbenhafte Tierchen befanden – geformt aus salzigem Lakritz.

Diese oder ähnliche Szenerien spielen sich fast an jedem Markttag ab, wenn ein kleiner Lakritz-Stand mit seiner ausgesuchten Ware die neugierigen Massen anlockt und das Herz von Kennern höherschlagen lässt. Schließlich werden an diesem Kleinod von Stand wahre Kostbarkeiten feilgeboten. Zwischen Schlangen, Stangen, Schnecken, Konfekt, Lutschern, Pfeifen und Pülverchen liegen kleine Dosen und Schachteln, mit lustigen Motiven und Mustern bedruckt. Bonbonieren aus Kristall, bestückt mit kleinen Katzen, Bären, Seesternen, Totenköpfen, Autos, Fahrrädern, hart, weich, gezuckert oder gesalzen, verführen zusätzlich Augen und Gaumen. Dazu gibt ein ausgefuchster Lakritz-Verkäufer seine neuesten Entdeckungen aus dem Fundus der Lakritz-Geschichte preis und amüsiert seine Zuhörer mit Lakritz-Anekdoten. Gilt es doch, landläufigen Vorurteilen und Legenden gegenüber seiner Handelsware ein Ende zu setzen und endlich den Ausspruch eines bekannten Lakritz-Produzenten zu entkräften, der in den 60er Jahren behauptete, man dürfe zwar alles essen, aber längst nicht alles wissen. Wie ernst diese Behauptung genommen wurde, zeigt sich heute in einer breiten Unwissenheit, die alles überschattet, was mit der schwarzen Süßigkeit zusammenhängt. Zusätzlich sind es Szenarien wie der Lakritz-Äquator, der das Land in zwei Hälften teilt, die ›Mär‹ vom Ochsenblut als geschmacksgebende Ingredienz oder die männliche Angst vor Impotenz, die der Lakritze ein ›anrüchiges‹ Image verleihen.

Als wahrheitsliebender und neugieriger Zeitgenosse und als eifriger Lakritz-Verkäufer auf Berliner Wochenmärkten unterwegs, konnte ich diesen Umstand nicht akzeptieren und entschied, dem Problem ein Ende zu setzen. Ich beschloss, meine Leidenschaft schriftlich zu verewigen und verfasste dieses Traktat mit voller Hingabe für meinen missionarischen Auftrag, die Welt von den Vorzügen der Lakritze zu überzeugen.

Zur Erkundung des schwarzen Goldes reiste ich in weit abgelegene Regionen dieses Kontinents. Auf Äckern und in Gärten grub ich tiefe Löcher in die Erde, um der ›sagenhaften‹ Süßholzwurzel, aus der Lakritz hergestellt wird, habhaft zu werden. Zudem beobachtete ich in lärmenden Fabrikhallen die Arbeiterinnen, die geduldig aus einem langen, klebrigen Strang eine Lakritz-Schnecke drehten und schwarze, runde Kügelchen mit einem Stempel zu Lakritz-Geld pressten. Mein praktisches Wissen konnte ich durch ungezählte Stunden in den Lesesälen öffentlicher Bibliotheken theoretisch untermauern. Hier sichtete ich alle erdenklichen Quellen, um nun die Geschichte des Lakritzes zu erzählen und Sie zu dieser Reise in die Welt der schwarzen Süßigkeit einzuladen.

Dass diese Süßigkeit eine Geschichte hat, mag viele Leser erstaunen, denn Lakritz liefert nicht wie Zucker, Tabak oder Kaffee eine Vorlage, anhand derer man die Menschheitsgeschichte neu schreiben könnte. Vielmehr sind es Anekdoten, Erzählungen, Gesetze, Verordnungen und Rezepte von, über und mit Lakritz, die aneinandergereiht ein ganz eigenes Bild ergeben.

Aus Erfahrung weiß ich aber, dass der Glaube an die Einzigartigkeit der Wurzel und seines Produktes so sehr von einem Besitz ergreifen kann, dass man geneigt ist, alles nur noch über Lakritz zu erklären. Einhalt gebieten da die Skeptiker, Zweifler, Abstinenzler und Gegner. Sie gehören ebenfalls zur Lakritz-Geschichte – Gegner, die ähnlich wie für ein Rauchverbot auch für ein Lakritz-Verbot plädieren würden und schon vorsorglich darauf bestehen, die Tüten, Schachteln und Dosen mit Warnhinweisen zu versehen, um diese Süßigkeit auf die schwarze Liste der ›verachtenswerten‹ Genussmittel zu setzen. Hierzu gab es bereits einige Anstrengungen: 1999 wollte zum Beispiel eine Arbeitsgruppe des deutschen Bundesgesundheitsministeriums den Warnhinweis »Lakritze kann Ihre Gesundheit gefährden« auf Verpackungen von Lakritz-Produkten anbringen lassen.[3]

Solche Kämpfe um Lakritz werden durchaus mit Leidenschaft geführt. Sie durchziehen so manchen Lebensbund. Während der eine Part sich völlig dem Genuss hingibt, überkommt den anderen schlichtes Entsetzen. Glücklich sind jene Lebenspartner, die diese Leidenschaft teilen. Und noch glücklicher, wenn ihre Beziehung durch Lakritz in die Wege geleitet wurde, so wie Siegfried Lenz in ›Eine Liebesgeschichte‹ seine wortkargen Protagonisten, den Holzfäller Joseph Gritzan und die Magd Katharina Knack, mit einer einzigen Frage zusammenführt: »Willst«, sprach er, »Lakritz?«[4] Voller Ehrfurcht blicken wir auch auf die Empfindungen von Maria Stuart (1542-1587) für ihren früh verstorbenen Gemahl Franz II. (1544-1560), die zum Andenken ihrem Wappen einen Süßholzzweig mit der Umschrift »Dulcedo in terra«[5] (Das Süße in der Erde) beifügte. Damit brachte die Königin von Schottland nicht nur ihre Liebe zum Ausdruck, sondern setzte auch der Wurzel ein unvergleichliches Denkmal.

Rührselig ist dagegen der Liebesschmerz des tschechischen Sängers Václav Neckář. In dem 70er Jahre-Schlager ›Lékořice‹ beschloss er, seinen Liebeskummer mit Lakritz zu heilen und um sich herum eine undurchdringliche Hecke aus Süßholzpflanzen anzulegen. Diese Geschichte hat etwas Märchenhaftes. Hier fällt nicht die Prinzessin hinter einer Dornenhecke in einen hundertjährigen Schlaf, sondern der Sänger-Prinz verschanzt sich hinter einer Mauer aus Süßholz, die seine Geliebte durchdringen muss, falls sie ihn zurückgewinnen will. Zeitgemäßer sind selbstverständlich die modernen Märchen wie Harry Potter, wo es in dem Süßwarenladen ›Honigtopf‹ in Hogsmeade Zahnweiß-Pfefferminz-Lakritze als Zauber-Snack zu kaufen gibt.

Doch was ist schon zeitgemäß, angesichts einer Geschichte, die sich bis in die Epoche der Hethiter in das zweite Jahrtausend vor Christus zurückverfolgen lässt? Seitdem ist das Süßholz in vielen Kulturen ein hilfreicher Begleiter und spricht sein Produkt, das Lakritz, Menschen aller Altersgruppen an. Die Geschichten und Erlebnisse mit Lakritz prägen sich aber hauptsächlich in unserer Kindheit ein. Welches Kind würde sich nicht den Ratschlag aus Erich Kästners lustiger Geschichtenkiste zu Herzen nehmen, mehr Lakritz zu essen, um lang zu werden?[6] Ebenfalls würde doch jedes Lakritz-Kind gerne den Gehorsam verweigern, wenn ihm nach einem italienischen Brauch die Hexe Befana am 6. Januar zu Epiphanias anstelle von Süßigkeiten die ›schwarze Kreide‹ in den aufgehängten Strumpf legt.[7]

Für uns Erwachsene sind vor allem Lakritz-Pfeifen, Schnecken und Salmiakpastillen ein fester Bestandteil unserer Kindheitserinnerungen. Die Pfeifen wurden zuerst von der Schaumkrone auf dem Pfeifenkopf befreit und dann genüsslich ›geraucht‹, die Schnecken, an zwei Schnüren aufgedreht, ließen sich bis an ihr Ende auseinanderziehen und die Salmiakpastillen, auf den feuchten Handrücken gelegt, hinterließen das erste Tattoo.

Der wohl gewichtigste Memoirenschreiber in deutscher Sprache, der sich noch an das Lakritz aus seiner Kindheit erinnerte, ist Johann Wolfgang von Goethe (1749-1832). Für ihn war das Süßholz eine ›Einstiegsdroge‹, um sich danach genüsslich an Schokolade und anderen Süßigkeiten zu ergötzen. Im ersten Teil seiner Autobiographie schreibt er über die Besuche in dem Frankfurter Kolonialwarenladen seiner ›lustigen Tante‹ Johanna Maria Melbert: »… und wenn uns im Laden unter so vielerlei Waren anfänglich nur das Süßholz und die daraus bereiteten braunen gestempelten Zeltlein vorzüglich interessierten, so wurden wir doch allmählich mit der großen Menge von Gegenständen bekannt, welche bei einer solchen Handlung aus- und einfließen.«[8]

Zu Beginn des 20. Jahrhunderts beschrieb dann der Zeitungsreporter Egon Erwin Kisch (1885-1948) voller Selbstironie die Leiden einer Prager Jugend und machte es sich zur Aufgabe, all' den ›Dreck‹ zu verzeichnen, den sie ›gefressen‹ hatten.[9] Für ein paar Kreuzer redlich erhaltenen Taschengelds oder den erschlichenen Restbetrag nach Kauf eines Radiergummis oder Zeichenheftes erstanden die Jugendlichen ihr Süßholz und Johannisbrot bei ihrer ›Babe‹ im Prager Stadtpark. Diese betagten Verkäuferinnen saßen alle in gleicher Pose vor ihrem Rückenkorb, auf dessen geflochtenem Deckel die Waren und in einer Ecke alte Schulhefte lagen, aus deren Seiten sie Tüten drehten. Dort hinein füllten sie den ›Pendrek‹, abgeleitet von ›Bärendreck‹, der nach Kischs Dafürhalten zwar scheußlich schmeckte und den Mund innen und außen schwarz färbte, aber wegen seiner eleganten Form lockte: die feinste Lakritze getarnt als Schnürsenkel.

Solche Geschmackserlebnisse aus unseren Kindertagen sind sicherlich zeit- und grenzenlos. Doch eine Erinnerung scheint für immer zu verblassen – es ist die ›DDR-Lakritzstange‹. Ungefähr 15 cm lang, mit einem Durchmesser von 1 cm, war sie in einer Klarsichtfolie eingepackt, die, wie bei einer Banane, bis zu den Fingern heruntergezogen wurde. Am Anfang war die Stange hart, doch sobald sie mit der Mundfeuchte in Berührung kam, wurde sie weich. So weich, dass letztendlich der ganze Mund damit vollgeschmiert wurde und alles nur noch klebte. Überhaupt war die Haupteigenschaft der DDR-Lakritzstange, nach Zeitzeugenberichten, das Kleben. Denn sobald die Stange verzehrt war, setzte sich der Genuss durch das Ablecken der klebrigen Reste an den Fingern, Händen, Hemdchen und Kleidchen fort.[10] Die ungebrochen hohe Nachfrage dieser längst verschollenen Lakritzstange bestätigt allerdings die Macht der Erinnerungen, die an Kindheitserlebnisse geknüpft werden.

Den Weg von der Kindheit in die Erwachsenenwelt führen viele mit einem ungebrochenen Lakritz-Konsum fort. Andere erinnern sich erst später wieder an die Leckerei, wenn die ersten Malaisen auftauchen, der Hals kratzt, der Sod brennt oder der Magen rumort. Dann wird aus dem Lakritz ein ständiger Begleiter, der hilfreiche Antworten in Gesundheitsfragen gibt.

Für den Erwachsenen wie für das Kind sind es aber nach wie vor die Begriffe der Verführung, wie Süßigkeit, Leckerei, Schleckerei, Näscherei, die mit Lakritz in Verbindung gebracht werden. Dabei offenbart sich uns hier nur die bekannteste Seite des Lakritzes. Weniger bekannt ist, dass dieser Teil der Geschichte im Vergleich zu der Geschichte anderer Süßmittel wie Honig und Zucker jung ist. Erst seit der Renaissance ließ sich die Freude erahnen, die Lakritz heute als Näscherei hervorbringt. Und wer ein Jahr für die Erfindung des Lakritz-Konfekts festsetzen möchte, wie dies gerne von englischen Traditionalisten geschieht, die den Beginn des Weichlakritzes in das Städtchen Pontefract verlagern, so käme er mit der Jahresangabe 1760 gerademal auf 250 Jahre. Auch dies ist im Vergleich zu der 3500-jährigen Geschichte, die das Süßholz seit seiner frühesten Benennung in der Medizin spielt, kein Alter. Mein Anliegen ist es aber, gerade die tausendjährige Geschichte der Süßigkeit aufzuspüren. Schließlich erzählt der Werdegang von solch schlichten, alltäglichen Substanzen ein Stück der Weltgeschichte und ihrer Wandelbarkeit.

Die Komplexität, die sich nach einigem Herumstöbern offenbarte, führte dazu, das Thema einzugrenzen. Deshalb handelt dieses Buch nicht von dem Gebrauch der Lakritze in der chinesischen und japanischen Tusche- und Tintenfabrikation oder seiner Verwendung als Stiefelwichse preußischer Kürassiere. Es handelt auch nicht von der Nutzung seiner Rückstände als Feuerungsmaterial, als Pappkarton, Pappschachtel oder Korkersatz für Weinflaschen. Auch die Verwendung von Süßholzstäben als Pinsel in der Kattundruckerei oder als Kompost für die Champignonzucht sollen hier nicht beschrieben werden. Ebenfalls ist die medizinische Anwendung bei der Herstellung von selbstauflösenden chirurgischen Instrumenten kein Thema. Dass mit Lakritz der Geschmack und der Geruch von verdorbenem Fleisch verhüllt wurde, geht hier ebenfalls zu weit. Aber der mittelalterliche Einsatz als verdauungsförderndes Mittel bei fettigen, kräftig gewürzten Speisen, der soll uns hier interessieren. Mit anderen Worten, hier steht der heilsame und genüssliche Aspekt der Süßholzwurzel und ihres schwarzen Produkts im Vordergrund!

Die Reise, die wir nun antreten, führt in verschiedene Kontinente und Länder. Der Fokus liegt aber auf Europa, denn auf keinem anderen Kontinent wurde die Süßholzwurzel in dieser Vielfalt genutzt und verarbeitet. Doch es ist nicht nur eine Reise in geographische Gefilde. Vor allem ist es eine zeitliche Strecke, die wir aufgrund der langen Süßholz-Historie mit Siebenmeilenstiefeln durchschreiten.

Darüber hinaus werden die Professionen vorgestellt, die an der Entwicklung des schwarzen Konfekts regen Anteil genommen haben. Die genannten Personen stehen beispielhaft für die vielen Menschen, die sich mit Lakritz beschäftigt haben und in dieser Lakritz-Geschichte aus Platzmangel unerwähnt bleiben. In besonderer Weise sei aber jenen für ihre Mühe gedankt, die sich tagein, tagaus mit dem ›schwarzen Brei‹ abrackern, um in liebevoller Handarbeit daraus Schnecken und Pfeifen herzustellen.

Als Gepäck für unsere Reise werden vorab die wichtigsten Fragen geklärt: Woher kommt die Bezeichnung ›Lakritz‹, was ist der Grundstoff und wie wird Lakritz hergestellt. Die weiteren Schritte führen uns von der frühesten Benennung des Rohstoffs, über die Verbreitung und die Transformation der Pflanze zum süßen Konfekt. Durch wirre Zeiten, Kriege und Konkurrenzkampf führt der Weg dann über den medizinischen Nutzen der Pflanze und den Rohstoffhandel zu dem heutigen Weichlakritz, dessen Beschreibung mit einem Ausblick in den zukunftsweisenden Orbit endet. Mit solchem Rüstzeug ausgestattet, beginnt sie also, die Reise in die Welt der schwarzen Süßigkeit – dem Lakritz!

1 Süßholz – Die Wurzel des Schmetterlingsblütlers

Lakritz – wie vertraut dieses Wort in unseren Ohren auch klingen mag, sein fremder Ursprung lässt sich nicht verleugnen. Hierfür ist die geschlechtsspezifische Zuordnung ein deutliches Indiz, denn Lakritz kann sowohl männlich als auch neutral sein (der oder das Lakritz) oder weiblich mit der entsprechenden Endung – die Lakritze. Über die Herkunft verrät der Blick ins Wörterbuch mehr. Demnach ist die Bezeichnung ›Lakritz‹ im ursprünglichen Sinn nicht auf seine Anwendung oder seinen Genuss zurückzuführen, sondern auf seinen Rohstoff – die Süßholzwurzel. Die dazugehörige Pflanze wird erstmals im hippokratischen Corpus als ›Süßwurzel‹ mit einer Wortzusammenfügung aus den Wörtern ›glykýs‹ = süß und ›rhiza‹ = Wurzel erwähnt. Das griechische Wort ›Glycyrrhiza‹ ist auch die Vorlage für die botanische Bezeichnung, die seit Dioskurides (1. Jh. n. Chr.) verwendet wird. Damit ist bereits der Name mit der stärksten Charaktereigenschaft der Wurzel verbunden, dem süßen Geschmack. Auch die Bezeichnung ›Lakritz‹ geht auf dieses Glycyrrhiza zurück und ist demnach nichts anderes als eine Abwandlung der griechischen Benennung für die Süßholzwurzel.

Angefangen hat die sprachliche Entwicklung des Wortes zu dem bekannten Lakritz durch eine Angleichung der Schreibweise von Glycyrrhiza. Über Glicoriza, Glycyridia, Gliquiricia führte sie in die spätlateinische Form ›Liquiritia‹. Diese Form setzte sich im 6. Jahrhundert n. Chr. durch und wurde in den Arzneibüchern weit über das 14. Jahrhundert hinaus beibehalten. Durch eine Konsonantenveränderung bzw. Konsonantenverschiebung aus der lateinischen Schreibweise ›Liquiritia‹ lassen sich ab dem Mittelalter dann Umformungen in den verschiedenen europäischen Sprachen verfolgen. Die kürzeste Form, Lykriz, benannte der 1244 verstorbene dänische Canonicus Henrik Harperstreng.[1] Ab dem 14. Jahrhundert heißt es in Italien Liquirizia, Liquerizia, Rigritia oder Regolizia. In Frankreich ist es Legorizia, Leglisse, Réquelice, Récolice, Récalisse und schließlich Réglisse, verwandt mit dem spanischen Regaliz. In England entsteht aus ›Liquiritia‹ das englische Liquorice, aber auch Lyquericia, Lycorys und Lacris.

Im deutschen Sprachgebrauch verdeutlicht eine Aufzählung anhand des Glossarium Latino-Germanicum[2], dass sich die Bezeichnung von Liq'ricz (1260), gefolgt von Liqueratis und Lacterie sowie Laquerisse in Vokabularien des 13./14. Jahrhunderts noch eindeutig auf ›Liquiritia‹ oder eine andere lateinische Abwandlung beziehen. Daneben bereichern die deutsche Sprache noch Versuche, dem fremden Wort einen zusätzlichen Sinn zu geben. Gegen Ende des 14. Jahrhunderts beginnt ein Prozess der Eindeutschung des lateinischen Wortes, und es heißt Leckeritz (1394), Lekeitze (1399) und Leckervitz. Dies sind unverkennbare Anklänge an ›lecken‹, ›lecker‹ oder ›Leckerei‹, wobei solche Wörter zu jener Zeit noch den Unterton eines ›ungehörigen Verhaltens‹ beinhalten, der darin heute nicht mehr erkennbar ist.

Weitere Abwandlungen führen am Beginn des 15. Jahrhunderts zu Lackerisse oder Lackaricie (1420), Liquiricium – Ligiricze und Liquericium – Lichcricz (1421), bis 1429 zum ersten Mal Lacritz und Leckeritz erwähnt werden. Schließlich verfestigt sich der Sprachgebrauch mit dem Aufkommen des Buchdrucks, und ›Lakritze‹ setzt sich gegenüber den anderen Bezeichnungen durch. Doch noch lange hielten sich im Sprachschatz solch kuriose Abwandlungen wie die Kölner Variante Klaritz anstelle von Lakritz (1555).[3]

Darüber hinaus sind auch viele Varianten in der deutschen Mundart überliefert, die keinen direkten Bezug zu dem lateinischen Liquiritia haben. Wie eine Karte von 1932 zeigt[4], gehören hierzu die Bezeichnungen ›Bärendreck‹, ›Bärenschiß‹ und ›Bärenzucker‹, die sich südlich der Mosel bis in die nördlichen Alpenländer durchgesetzt haben. Sie waren in Apotheken als arzneiliche Bezeichnung ebenso bekannt wie der Ausdruck ›Christensaft‹.[5] Hervorzuheben sind auch die nördlichen Varianten ›Tropp‹, ›Schwarztropp‹ und ›Süßtröppel‹, die sich an die niederländische Bezeichnung ›Drop van zoethout‹ (der Tropfen von Süßholz) anlehnen und auf den Herstellungsprozess verweisen, bei dem der Saft ausgedrückt wird und abtröpfelt.[6] An die Endform des aufgekochten Süßholzsaftes erinnern dann die Bezeichnungen ›Klitsch‹, ›Litsch‹, ›Kalitsch‹ und ›Kulitsch‹. Es sind Synonyme für Brei, Mus, Schleim und Kleister, die im niederrheinischen Sprachraum das Lakritz beschreiben. Besondere Erwähnung soll noch der Name ›Teufelsdreck‹ finden, der in zwei Eifeler Dörfern verwendet wurde.

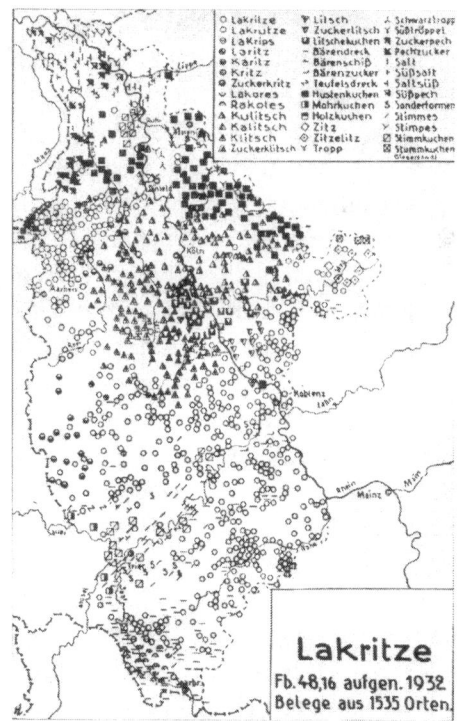

Abb. 1 Mundartkarte mit Bezeichnungen für Lakritz (1932).

Alle diese Nomina beziehen sich auf den getrockneten Süßholzsaft – den Succus-Liquiritiae – und alle daraus hergestellten Produkte, d. h. ›naturreines‹ oder ›echtes‹ Lakritz als Brot (Blocklakritz), Stangen, Pastillen und Pulver oder dem ›unechten Weichlakritz‹ in Form von Konfekt und Dragées. Diesem ›unechten‹ Lakritz werden außer dem Succus noch Mehl, Zucker und andere Stoffe zugefügt.

Den Rohstoff für Lakritz, die Pflanze und ihre Wurzeln, hat in einprägsamer Form der französische Apotheker Louis Hariot (1817-1900) in seiner Abhandlung über die 64 nützlichsten Pflanzen beschrieben.[7] Sie sei schwierig, eigenwillig und besitzergreifend, sie vagabundiere und sei umtriebig, so Louis Hariot. Der Enzyklopädist Johann Georg Krünitz (1728-1796) warnte ebenfalls vor der ungemeinen Vermehrung der Glycyrrhiza. Weshalb sie nur an solchen Plätzen anzupflanzen sei, wo sie einigermaßen beschränkt würde, und sich nicht zu weit in den Beeten ausbreiten könne. Er empfahl deshalb die Aussaat in einem eigens eingerichteten Behälter, wie er in dem Herzoglichen Garten zu Weimar stand.[8]

Mehr verraten die Beschreibungen in der botanischen und medizinischen Fachliteratur.[9] Die Glycyrrhiza ist eine Staudenpflanze aus der Familie der Hülsenfrüchtler (Leguminosa) und zählt hier zu der Unterfamilie der Schmetterlingsblütler (Fabaceae oder Papilionaceae). Die frühesten schriftlichen Überlieferungen stammen aus Mesopotamien. Hier wächst das Süßholz zwischen den Flussläufen des Tigris und Euphrat, dem Land, das als Garten Eden bezeichnet wird. Schließlich verweist sein lieblicher Geschmack auf diesen paradiesischen Ursprung. Die Pflanze ist aber auch in anderen Regionen der Welt zu finden. Ihre natürlichen Populationen sind auf der nördlichen Halbkugel zwischen dem 35. und 45. Breitengrad verbreitet. Von Europa über Asien nach Amerika zieht sich hier ein Band, das die Erde wie einen Gürtel umschließt.

Die begrenzte, natürliche Population ist einerseits mit dem gemäßigten Klima erklärbar. Obwohl die Glycyrrhiza bei Temperaturen bis zu -15° C überleben kann, ist sie frostempfindlich und bevorzugt Temperaturen zwischen 3 und 28° C. Andererseits benötigt die Pflanze einen besonderen Boden. Natürliche Standorte sind entweder ausgesprochen trockene Stellen, in Gebüschen oder zwischen Zwergsträuchern, sowie Sand- und Lehmböden. Dabei handelt es sich meist um Alluvionen (lat. alluvio = ›Anschwemmung‹), also Schwemmböden, bei denen Partikel aus Gestein und Schlamm durch die Strömung eines Gewässers mitgerissen und an strömungsärmeren Stellen wie zum Beispiel den Mündungsdeltas von Flüssen abgelagert werden. Solche Böden sind durch einen hohen Anteil an organischen Verbindungen sehr nährstoffreich.

Heute werden bis zu 30 Arten der Pflanze unterschieden. Der schwedische Botaniker Carl von Linné (1707-1778) führte in seinem Werk ›Species Plantarum‹ drei Arten auf: Glycyrrhiza glabra L., Glycyrrhiza echinata L. und Glycyrrhiza hirsuta L.[10] Als Heilkraut und Geschmacksverstärker, wie auch für die Süßwarenherstellung sind insbesondere die Wurzeln der Glycyrrhiza glabra von Bedeutung. Die Pflanze ist von Südeuropa bis Mittelasien verbreitet und wechselt ihr äußeres Erscheinungsbild je nach Standort. Allgemein handelt es sich dabei um einen mehrjährigen Strauch mit einer durchschnittlichen Lebensdauer von 15 Jahren. Er erreicht eine Höhe von 1-1,5 m, kann aber auch bis zu 2 m hoch werden. Die Pflanze hat einen rauen Stängel, an dem große, unpaarig gefiederte, breitelliptische und stachelspitzige Laubblätter sitzen. An deren Unterseite befinden sich punktierte Stellen mit harzig-klebrigen Drüsen. Ihre Blüten sind bläulich bis hellviolett und bilden Trauben. Die Früchte bestehen aus glatten Hülsen mit drei bis sechs Samenkörnern. Während der obere Pflanzenteil nicht nur Unkraut und Brennmaterial abgibt, sondern sich auch vorzüglich zum Füttern an Milchkühe eignet und Schweine süchtig macht[11], ist für die Verarbeitung zum Lakritz der unterirdische Part maßgeblich. Die Wurzel der Glycyrrhiza glabra ist eine Pfahlwurzel, die bis zu 1 m in die Erde dringt und manchmal eine Stärke von 3 cm aufweist. Sie hat weitverzweigte Ausläufer (Stolonen), die innen gelb gefärbt sind und bis zu acht Meter lang werden.

Abb. 2 Glycyrrhiza glabra L. (ca. 1860)

Durch die Entwicklung einer eigenen Pfahlwurzel können sich die Ausläufer auch verselbstständigen. Auf diese Weise beherrschen die Mutterpflanze und die Austriebe der Stolonen über viele Quadratmeter den Boden, sodass nur schwer zu unterscheiden ist, ob es sich bei den jährlich erneuernden oberirdischen Trieben um die Mutterpflanze, eigene oder von anderen Exemplaren stammende Tochterpflanzen handelt. Wegen ihres ungehinderten Wachstums ist sie in vielen Regionen auch ein lästiges Unkraut, das zum Feuern verwendet wird.

Von der Glycyrrhiza glabra werden verschiedene Varietäten beschrieben, die sich je nach Standort unterscheiden. Die beiden wichtigsten Varietäten der Glycyrrhiza glabra sind ›typica‹ und ›glandulifera‹, benannt nach den Botanikern Eduard von Regel (1815-1892) und Ferdinand Gottfried Herder (1820-1896). Ihre Handelsbezeichnung ist das ›spanische‹ und das ›russische‹ Süßholz (Radix Liquiritiae hispanicae und Radix Liquiritiae russicae). Zu deren Unterscheidung werden von beiden Sorten Wurzelstöcke auf Wasser gesetzt. Die russische leichte Wurzel schwimmt auf dem Wasser, während die spanische sinkt.

Die Varietät typica ist in den europäischen Mittelmeerländern Italien (Kalabrien, Sizilien), Südfrankreich und Spanien, aber auch in Griechenland (Kreta) und Dalmatien beheimatet. Darüber hinaus kommt sie in Kleinasien (Türkei, Syrien) und am Schwarzen Meer (Krim) vor, und es gibt Populationen im Kaukasus (Turkmenistan), am Kaspischen Meer auf russischer und iranischer Seite und in Afghanistan.

Die Varietät glandulifera unterscheidet sich von der Hauptform durch die zahlreichen Drüsen an den Blättern und die langen Hülsen. Auch die Anzahl der Samen variiert. Darüber hinaus ist die geringe Entwicklung der Wurzelausläufer charakteristisch für diese Varietät. Dafür treibt die Pflanze dicke Stammwurzeln, die einen Durchmesser von 10 cm haben können.

In den westlichen Mittelmeerländern kommt die Varietät glandulifera nicht vor. Sie wächst aber in Kleinasien und Mesopotamien (Türkei, Syrien, Iran, Irak) und der Krim auch neben der Varietät typica. Darüber hinaus erstreckt sich ihre

Population von Ungarn und Galizien über die Wolgagebiete, den Ural, Südsibirien, Kaukasus und Transkaukasien (Armenien, Dagestan, Georgien, Turkmenistan, Afghanistan, Pakistan) bis in die Mongolei und macht erst vor der chinesischen Mauer im Nordwesten Chinas halt.

Eine weitere Varietät der Glycyrrhiza glabra ist die ›Uralensis‹. Sie wird auch als eigene Art eingestuft – die Glycyrrhiza uralensis Fisch. – benannt nach dem deutschen Direktor des Naturhistorischen Kabinetts in Moskau, Gotthelf Fischer von Waldheim (1771-1853). Die ›Uralensis‹, eine ausdauernde Pflanze mit einem feinbehaarten Stängel, ist von kleinem Wuchs und kann nur bis zu 1 m hoch werden. Schon ihre Bezeichnung deutet auf die starke Population entlang des Ural hin. Im Handel als ›chinesisches Süßholz‹ tituliert, ist die Uralensis aber auch im Altai, der Mongolei, Tibet und in den nordöstlichen Provinzen Chinas, zum Beispiel der Mandschurei und in Südsibirien, Kirgistan und Turkmenistan beheimatet.

Daneben zählen noch die Varietäten pallida und violacea Boiss., deren Namensgeber der Schweizer Botaniker Edmond Boissier (1810-1885) war, zu der Glycyrrhiza glabra. Diese Pflanzen sind beide im Iran und Irak heimisch und wachsen im Delta von Euphrat und Tigris, d. h. im früheren Babylonien und Assyrien (Mesopotamien).

Die von Carl von Linné benannte eigene Art Glycyrrhiza echinata L. wächst ebenfalls in Südosteuropa, Kleinasien und im Kaukasus. Die Pflanze wurde auch in Deutschland und Italien (Apulien) eingeführt und als Gewürz genutzt. Sie ist zwar gleich gebaut wie die Glycyrrhiza glabra, doch gibt es erhebliche Unterschiede.

Die Wurzel ist weder gelb noch süß und treibt keine Ausläufer. Die stacheligen Dornen der Hülsenfrucht gaben ihr auch den passenden Namen – die Dornige.[12]

Fig. 1497. Glycyrrhiza glabra L. a Fruchtstand. — Glycyrrhiza echinata L. b Blühender Zweig. c Blüte. d Fruchtstand. e Hülse. f Same.

Abb. 3 Glycyrrhiza glabra L. und Glycyrrhiza echinata L. (1924)

Auf dem amerikanischen Kontinent wächst eine weitere Art, die hier kurz beschrieben werden soll. Die Glycyrrhiza lepidota Nutt., für die der englische Zoologe Thomas Nuttall (1785-1859) Pate stand, wächst in wilden Populationen im Südwesten von Kanada und in Mexiko. Außerdem gibt es vereinzelte Populationen von Ontario bis Washington, in Texas und Missouri. ›Lepidota‹ wurde von den Ureinwohnern Amerikas als Heilkraut genutzt. Zum Beispiel kurierten die Teton-Dakota-Indianer mit den Blättern die Wunden auf den Rücken der Pferde aus. Darüber hinaus war die Wurzel ein Mittel gegen Zahnschmerzen und Fieber, sie konnte insbesondere bei Kindern hohes Fieber eindämmen. Süßholztee wurde außerdem von Frauen bei Fieber im Kindbett angewendet und um die Plazenta abzustoßen. Zum Verzehr wird die Glycyrrhiza lepidota geröstet und zeigt hier eine Geschmacksähnlichkeit mit der süßen Kartoffel. Darüber hinaus wird sie als Gewürzkraut und für Tees verwendet oder die jungen Triebe werden roh gegessen. Für den pharmazeutischen Markt und die Süßwarenindustrie ist diese Wurzel allerdings unerheblich. Sie gilt pharmakologisch als Verfälschung, wie alle nicht süß schmeckenden Glycyrrhiza-Arten.[13]

Dagegen wurde die Hauptwurzel Glycyrrhiza glabra gerade aufgrund des hohen Bedarfs für den Arzneimittelschatz auch in einigen Regionen der Welt angebaut. Im nördlichen Teil Europas war es vor allem in England (Surrey und Yorkshire), Deutschland (Thüringen und Franken (Bamberg)) und Österreich (Znajm und Auspitz (heute in Tschechien Znojmo und Hustopeče)), in denen diese Variante wuchs. Der Anbau machte auch vor der ›neuen‹ Welt nicht halt. In Neuseeland und Australien bestehen seit dem Ende des 19. Jahrhunderts Süßholzkulturen, und heute finden sich auch Anbauflächen in Brasilien, Kalifornien und Südafrika.

Bei einem Anbau ist eine Vermehrung durch die Samen allerdings ausgeschlossen, da die kultivierte Pflanze selten blüht und sich dadurch nur wenige oder keine Samen bilden. Vielmehr setzt hierzu der Süßholzbauer die Stecklinge in einem Meter Reihenabstand in etwa 30 bis 40 Zentimeter tiefe Gräben aus. In den ersten Jahren pflanzt er die Ausläufer auch in Mischkulturen zwischen Kartoffeln und Kohl (England), Weizen, Erbsen und Mais (Kalabrien/Italien), oder Spinat, blauem Kohl, Salat, Zwiebeln, Spargel und Merrettich (Bamberg) an. Traditionell ist die Pflanzung zwischen Weinstöcken, wodurch dem Wein ein holzig-süßliches Aroma verliehen wird.

Das kultivierte Süßholz benötigt eine reichliche Düngung mit Jauche und Stallmist. Eine ausreichende Wasserversorgung und regelmäßiges Hacken sind weitere Faktoren, die bereits nach 3-4 Jahren eine erste Ernte ermöglichen. Bei Wildwuchs kann bereits nach 1-2 Jahren geerntet werden. Sichtbares Zeichen für die Reife ist die stark verkorkte Wurzel. Die Rinde lässt sich dann auch nicht mehr von der Hand abschälen. Das Alter wird durch das Brechen der Wurzel festgestellt, eine zitronengelbe Farbe verrät die junge Wurzel, die alte Wurzel ist dunkelgelb bis schwarz. Wegen ihrer gelben Farbe wird das Süßholz von der indogenen Bevölkerung Kanadas auch ›Kfwa‹ (ranzig, fettig) genannt und mit ranzigem Speck assoziiert. Nach einer Erzählung graben sich Mäuse in die Erde, um die Wurzel anzunagen. »Diese sind ranzig, diese sind gelb«, auf diese Weise höre man die Mäuse unter der Erde knabbern.[14]

Beim ersten Biss in eine frisch geerntete Wurzel der Glycyrrhiza füllt nicht die herbe Süße der Lakritze, sondern das unverwechselbare Aroma knackiger Kaiserschoten den Gaumen. Erst während des Trocknens entwickelt sich dann der Geschmack zu jener Eigentümlichkeit, die eine 50fache Wirkung von reiner Saccharose (Rüben- und Rohrzucker) hat.

In Europa erfolgt die Ernte vom Spätherbst bis zum Frühjahr, bevor der neue Austrieb beginnt. In dieser Zeit hat der Strauch sein Laub verloren, und es kommt bis zur nächsten Regenperiode zu einem Wachstumsstopp. Bei der Ernte wird mit der Hacke oder dem Pflug der Boden umgepflügt und die Wurzel mit der Egge eingesammelt. Hierzu sind zwei Varianten überliefert. Zum einen bleibt die Hauptpfahlwurzel stehen, und es kommen nur die Ausläufer zur Ernte. Die Erntehelfer schneiden die Stolonen mit dem Messer ab und ziehen sie mit der Hand aus der Erde heraus. Zum anderen sammeln die Helfer die ganzen Wurzeln mit den Ausläufern ein, schichten sie auf Haufen und lagern sie über Nacht. Anschließend werden die Ausläufer und Wurzeln gewaschen, geputzt und meist durch oberflächliches Abschaben von den Nebenwurzeln befreit. Flinke Arbeiterhände zerteilen dann die Wurzelstöcke in 10 cm lange Stücke, um sie in einer Mischung aus Sand und Erde über den Winter zu lagern, und im Frühjahr wieder einzupflanzen. Währenddessen kommen die Ausläufer entweder roh in den Handel oder werden zum Süßholzextrakt weiterverarbeitet. Zu Beginn des 20. Jahrhunderts erbrachten die Felder mit wildwachsenden Pflanzen einen durchschnittlichen Ernteertrag von 1000 kg Süßholz pro Hektar. Der Ertrag bei Süßholzkulturen lag sogar bei 5000 kg pro Hektar.

Abb. 4 Säubern und sortieren der frischgeernteten Wurzel (ca. 1900-1910)

Der erste Schritt vor der Weiterverarbeitung der angeschnittenen geernteten Wurzelausläufer ist der Trockenprozess an der Sonne oder in eigens eingerichteten Trockenräumen, um eine Schimmelbildung zu vermeiden. Nach der Trocknung werden die Ausläufer gewaschen, zerschnitten, in einer Mühle zerquetscht und anschließend mit Wasser ausgekocht. Der Kochprozess setzt auch die Kohlenstoffe frei, die dem Lakritz seine schwarzbraun bis schwarze Farbe verleihen. Anschließend wird der Sud ausgepresst, bis die Süßholzmasse vollkommen ausgelaugt ist. Nach dem einfachen Verfahren dampfen die Arbeiter den gewonnenen Saft in Kesseln unter fortwährendem Umrühren ein. Der Sud kann auch mehrmals durchgefiltert und aufgekocht werden, bevor er zur Lakritz-Masse reduziert wird. Darüber hinaus wird der Lakritz-Masse heute durch das Vakuumverfahren die Feuchtigkeit entzogen. Allgemein erhält man aus fünf Teilen frischer Wurzel einen Teil fertiger Ware – den Lakritz-Extrakt ›Succus Liquiritiae‹.

Aus dem Succus lassen sich die schwarzen Lakritz-Blöcke bzw. -Brote (5 kg schwere Quaderblöcke), Stangen oder Pastillen formen. Nach dem Trocknen auf hölzernen Platten werden die Blöcke und Stangen in Lorbeer eingewickelt, um Bruch und Feuchtigkeit zu vermeiden. Die Pastillen kommen in Dosen in den Handel.

Die Qualität des Succus lässt sich besonders gut an den Lakritz-Stangen überprüfen. Sie besitzen je nach Sorte verschiedene Durchmesser und verschiedene Längen (1-2,5 cm dick und 11-20 cm lang), sind schwarz, außen glatt und in der Wärme biegsam. Vollständig ausgetrocknet, lassen sie sich leicht zerbrechen. Die Bruchflächen sind dann muschelig, glänzend schwarz und zeigen einzelne Luftblasen.

Während die Stangen und Pastillen direkt als Endprodukt verzehrt werden, sind die Lakritz-Blöcke der Ausgangsstoff für die Süßwarenherstellung. Sie finden aber auch in der Tabak- und Pharmaindustrie ihre Verwendung. Blocklakritz hat etwa folgende Zusammensetzung: 18 % Wasser, 18 % Glycyrrhizin, 11 % Sacharide, 28 % Gummi und Stärke, 20 % Farb- und andere Extraktstoffe und 5 % Asche.[15]

Um das süße Weichlakritz herzustellen, werden diese harten, schwarzen Blöcke aus Süßholzsaft in heißem Wasser aufgelöst und anschließend mit den verschiedenen Zutaten vermischt. Dazu gehören Zucker (Saccharose, Invertzucker oder Rohrzuckermelasse), Mehl oder Stärke (Glucosesirup), Bindemittel (Gummiarabikum, Gelatine usw.), sowie geruchs- und geschmacksgebende Aromastoffe. Bei der Herstellung spielen noch die Temperatur der Verarbeitung (70-80° C bzw. 100-120° C), die Trocknungszeit und die Feuchtigkeit der Lakritz-Masse eine Rolle.[16]

Ein Unterscheidungsmerkmal zwischen der naturreinen, harten Lakritze und dem Weichlakritz ist der Glycyrrhizin-Gehalt, dem wichtigsten Inhalts- und Wirkstoff der Süßholzwurzel. Der Gycyrrhizin-Gehalt schwankt je nach Herkunft der unbearbeiteten Wurzel zwischen 6 und 25 %. Er liegt bei vakuumbearbeiteten Präparaten mit 20-25 % deutlich höher gegenüber einer Behandlung durch das Auskochen mit 10-15 %.

Bei naturreiner Lakritze beträgt der Gehalt an Glycyrrhizin also mindestens 6 %. Diese Form kann naturrein belassen oder aber mit Gummiarabikum, Stärke und Glucose angereichert und mit Minze, Anis, Veilchen und anderen Geschmacksnoten aromatisiert werden. Bei Weichlakritz beträgt der Glycyrrhizin-Gehalt mindestens 1 %. Darüber hinaus gibt es auch Süßigkeiten mit Lakritze, in denen der Süßholzsaft nur für den Geschmack verwendet wird.

Demnach ist der Inhalt nicht immer identisch mit dem, was die Verpackung verspricht. So wurde früher der reine Lakritzensaft in betrügerischer Absicht durch die Extrakte von Quecken, Löwenzahn, Zichorien, Schwefeleisen oder Tonerde verfälscht, oder das Süßholzpulver mit Mehl, pulverisierten Olivenkernen oder Curcuma versetzt. Abgesehen von diesen Eskapaden einiger gewinnsüchtiger Unternehmer war es weit verbreitet, den Succus mit Kirsch-, Pflaumen- und Aprikosenmus einzudicken, bevor daraus das süße Konfekt entstand.

2 Tradiertes Wissen – Im Fokus der antiken Wissenschaft

Ganz selbstverständlich führen wir heute das Süßholz in unserem Arzneischatz und genießen seine verspielte Variante – Lakritz. Dabei beruht unser Wissen auf jahrtausendalten Überlieferungen, die eine Transformation von der Wurzel zum süßen Konfekt erst möglich gemacht haben. Dieses Wissen gilt es nun aufzuspüren. Doch sind die Wege lang und weit, die der Spurensucher auf der Zeitskala zurücklegen muss, um Informationen über Lakritz zu erhaschen. Aus dem Lichtermeer der heutigen Zeit führen sie zurück zu einem gebündelten Lichtstrahl, der sich in kleine, flackernde Lichter auflöst. Solche flackernden Lichter sind die Quellen und Zeugnisse, die wir über die Süßholzwurzel aus der Zeit der Antike haben.

Einen frühen Hinweis auf die Glycyrrhiza gibt eine Passage des Hedammu-Mythos, nach dem die Göttin Ištar die Begierde der ›alles-verschlingenden‹ Schlange Hedammu nur durch Süßholz einzudämmen wusste.[1] Erzählt wurde diese Geschichte von den Hethitern (ca. 1700-700 v. Chr.), einem kleinasiatischen Volk des Altertums. Andere Quellen benennen die Gesetzessammlung des babylonischen Königs Hammurabi (1728-1686 v. Chr.) als erste namentliche Erwähnung der Süßholzpflanze. Darüber hinaus verweist eine Drogenliste, die im assyrischen Mesopotamien (17. Jh-609 v. Chr.) auf der Tontafel URU.AN.NA eingeritzt wurde, im 12. Jahrhundert v. Chr. auf die assyrische Entsprechung für die Süßholzwurzel – Šūšu. Ebenso enthalten zwei Rezepte gegen Gelbsucht, wiederum auf assyrischen Tontafeln aus dem 8. Jahrhundert v. Chr., Šūšu als Wortschöpfung. Danach vergehen weitere 400 Jahre, bevor die nächsten schriftlichen Zeugnisse datierbar sind, diesmal neben Asien auch in Europa.

In China wird die Wurzel als Heilmittel benannt, in Europa ist das antike Griechenland der Ort, an dem die Wurzel in Pflanzenbüchern beschrieben wird. Von Griechenland ausgehend, verdichten sich dann die Informationen über den medizinischen Gebrauch der Wurzel im Römischen Reich und verlieren sich nach dessen Untergang.

Diese Aufzählung nach Daten und Orten über die erste historische Erwähnung der Glycyrrhiza markieren Schnittpunkte in einem Koordinatensystem, das nicht nur Zeugnis von ihrer Existenz ablegt, sondern auch ihre Verwendung als medizinische Heilpflanze dokumentiert. Darüber hinaus enthalten sie Informationen über den Hintergrund jener Kulturkreise, die sie verwendeten.

Zunächst spiegeln die heutigen Informationen aber einen Wissensstand wieder, der auf einer langwierigen Erforschung beruht und einer solchen Benennung vorangeht. Dieser Forschungsprozess um den medizinischen Einsatz wirkungsvoller Pflanzen und ihrer richtigen Dosierung bestand anfangs aus kleinen, mühsamen Schritten. Es begann mit der Auswahl der richtigen Pflanze, die entweder als Ganzes oder in ihren Bestandteilen als Samen, Blüte, Blatt, Stiel oder Wurzel verwendet wurde. Dann ging es an die Verbesserung der Anwendung in unterschiedlichen Aggregatzuständen: roh, getrocknet, gekocht, gedörrt, gepresst, zerkleinert, als Pulver oder Saft.

Die erste Erfahrung mit den Wurzeln des Schmetterlingsblütlers, auf die sich die Entwicklung der Süßholzpflanze zur medizinischen Heilpflanze stützen konnte, reichen sehr wahrscheinlich noch in die Jäger- und Sammlerzeit zurück, als außer Früchten und Samen vor allem die Wurzeln zur Nahrung dienten. Hervorstechend war dabei vielleicht ihr süßlicher Geschmack, und auch die Wirkung bei Husten dürfte schon früh bemerkt worden sein. Ihre durststillende Eigenschaft könnte aber vor allem den wandernden Stämmen wichtig gewesen sein, die sie deshalb sammelten und getrocknet mit sich führten. Erst später gelangte die Wurzel dann in die Hände von weisen Frauen und Männern, die sie systematisch bei Krankheiten einsetzten.

Dieser langwierige Erfahrungsprozess zeigt sich noch heute an dem Beispiel zahnender Säuglinge, denen Wurzelstücke wegen ihrer antiseptischen und beruhigenden Wirkung in den Mund gelegt werden, damit sie dann genüsslich darauf herumkauen können. Auch die schmerzstillenden Tinkturen zum Einreiben der wunden Zahnflächen, die derzeit von Apothekern verabreicht werden, sind mit Süßholz verfeinert. Der Ursprung für eine solche Anwendung liegt aber tief verborgen in der Vergangenheit, wo er über Jahrhunderte von Generation zu Generation weitergereicht wurde, ohne die Wirkung zu hinterfragen. Einzig der Erfolg, darin erkennbar, dass die kreischenden Kinder für kurze Zeit still sind, bestätigt die Richtigkeit dieser Anwendung. Gleichzeitig ist es für viele die erste Begegnung mit Lakritz.

Seit dem Aufkommen von Schriftkulturen werden solche Erfahrungen auch schriftlich festgehalten und lassen sich dann frühestens auf den assyrischen Tontafeln entziffern, nach denen mit der Süßholzpflanze zur äußerlichen Anwendung medizinische Bäder zubereitet, mit ihren Blättern und Samen Bandagen und Verbände gegen Fußleiden, Schwellungen und Entzündungen im Genitalbereich bestrichen und mit der ausgekochten Wurzel Gelbsucht auskuriert werden konnten. Zur inneren Anwendung klein geschnitten und in Bier gegeben, half die Wurzel bei Husten, und ihr Sud war ein beliebtes Klistier. Darüber hinaus stand die babylonisch-assyrische Medizin im Dienst der Astrologie, wodurch die Glycyrrhiza einen magischen Platz erhielt, denn sie zählte zu einer der 51 Pflanzen, um einen Zauber zu entkräften. Zusätzlich bereicherte sie als Genussmittel neben Früchten und Nüssen jedes assyrische Festmahl.[2]

Von ebensolcher Vielfalt wie in Assyrien sind auch die Belege über die Anwendung der Süßholzpflanze (madhuka/yastimadhu) in Indien. Zwar gibt es in Indien selbst keine nen-

nenswerten Süßholzpopulationen, doch wurde die Pflanze aus dem mesopotamischen Reich und den angrenzenden Regionen Pakistans und Afghanistans eingeführt. Bekannt ist sie in Indien aus den vedischen Texten des Chirurgen Susruta, die bis ins 6. Jahrhundert v. Chr. zurückreichen sollen. In der Veterinärmedizin hat sie sich gegen Fieber bewährt und wird in der Humanmedizin als durststillendes Mittel, gegen Grippe und Magenbeschwerden eingesetzt. Den Menschen hilft sie auch als Gegengift gegen Schlangenbisse und ist ein Genussmittel, das den Liebeszauber entfacht.[3]

Der indische pharmazeutische Pflanzenschatz hat große Übereinstimmungen mit dem benachbarten chinesischen. Doch in China sind die Pflanzen in ein System der geschlossenen Ordnung eingebunden. Hier zeigt sich besonders deutlich die Entwicklung hin zu einem tradierten Wissen, das systematisch festgehalten wird. Es ist bestimmt von dem Drang des Menschen, das Leben nach Ordnungsprinzipien zu sortieren. Ein solches Prinzip ist in der chinesischen Heilmedizin die Unterteilung der Pflanzen nach bestimmten Klassen, ausgerichtet nach ihrer Wirkung.

Dies geht unter anderem aus einem der ältesten und bekanntesten Bücher über Ackerbau und Heilpflanzen in China hervor, dem Shen nung pen-ts'ao king aus der Han-Zeit.[4] Das Buch ist in drei Bände unterteilt, die jeweils eine bestimmte Klasse von Drogen behandeln. So gibt es in der chinesischen Heilkunde ›Fürsten‹, ›Minister‹ und ›Agenten‹. Die Fürsten sind unschädlich und können nach Bedarf beliebig lange eingenommen werden. Die Minister sollen hingegen mit Bedacht verabreicht werden, während die Agenten giftig sind und nur angewendet werden sollten, wo sie wirklich indiziert sind. In diesem Ordnungssystem verweist gerade die Vielfalt, mit der einzelne Drogen zu Rezepten kombiniert werden, auf den hohen Wissensstand über Krankheiten und ihre Behandlung.

Die Süßholzwurzel (kan-ts'ao = Honig-Kraut) ist unter den Fürsten eine der wichtigsten Pflanzen. Eine gewisse ›Noblesse‹ ist ihr auch nicht abzusprechen, wenn wir die Illustration eines Arzneibuches aus der Shao-hsing-Periode (1159) betrachten.

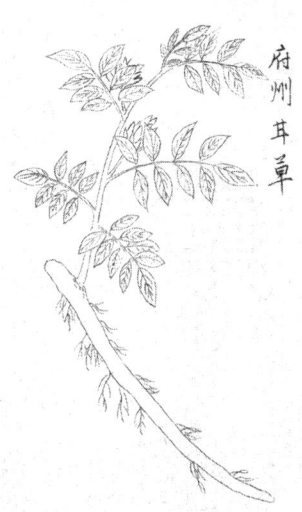

Abb. 5 kan-ts'ao, Süßholzzeichnung der Shao-hsing-Periode (1159)

Das ältere ›Shen-nung pen-Ts'ao‹ rechnet sie bereits zu den lebensverlängernden und verjüngenden Drogen. Außerdem zählt sie neben Ingwer zu den Mitteln, die alle Gifte paralysieren und steht symbolisch für Stärke und Ausdauer. Sie wird geröstet, gedörrt, in Wasser oder Wein mit Ingwer geschmort oder gekocht. Darüber hinaus wird sie in Verbindung mit Ministern und Agenten eingesetzt: als ›aufbesserndes Mittel‹ bei ›Kälte des Magens‹, als ›regulierendes Mittel‹ bei Erbrechen, als ›schweißtreibendes Mittel‹ bei ›heißer Haut und innerer Kälte‹, als ›antidyspeptisches Mittel‹ bei Schweißausbrüchen, Völlegefühl und Erkältung, als ›pneuma-regulierendes Mittel‹ bei ›inneren Schädigungen durch übertriebenen Geschlechtsverkehr‹, ›Leere des männlichen Prinzips‹ und Erkältungskrankheiten, als ›windvertreibendes Mittel‹ bei Kopfschmerzen, getrübtem Blick, Nacken- und Rückensteifheit, Krämpfen, Verwirrtheit, Sprachstörungen, Gefühllosigkeit, Hitze, Frost,

Wahnideen und Schlaganfall, als ›kältevertreibendes Mittel‹ bei unwillkürlichem Urinabgang mit mangelndem Durstgefühl, Erbrechen, Durchfall, Leibschmerzen, als ›hitzevertreibendes Mittel‹, als Husten-Mittel, als Mittel gegen Schwindsucht, Geschwülste, zur Geburtshilfe und Gynäkologie, bei Augenleiden und Gonorrhoe. Und dies sind nur einige Beispiele zur Anwendung von Süßholz in der chinesischen Heilkunde, die der Experte Franz Hübotter zu berichten weiß.[5]

Ein solcher Wissensschatz blieb natürlich nicht unentdeckt oder ließ sich hinter Mauern verbergen. Vielmehr hatte China mit seinen angrenzenden Ländern auch einen regen Wissensaustausch. Ein Indiz für diesen Transfer liefern die Handelsbeziehungen zwischen den beiden Ländern China und Indien. Dass dabei nicht nur mit Waren gehandelt wurde, deutet eine Legende an, wonach im Jahr 648 v. Chr. der Kaiser von China einen Gesandten nach Indien geschickt haben soll, welcher mit einem hinduistischen Gelehrten zusammentraf. Dieser erzählte dem Gesandten, er sei 200 Jahre alt und besitze ein Rezept für die Unsterblichkeit, woraufhin sofort nach Erhalt des Berichtes eine zweite chinesische Delegation abgeschickt wurde, um diesen ›Stein der Weisen‹ zu suchen.

Ebenso gab es enge Beziehungen zwischen dem assyrischen Reich und China, und auch Indien war eng mit dem mesopotamischen Assyrien und Persien verbunden. Hier wurden die Waren über den See- und Landweg hin- und hertransportiert. Jedoch gibt es keine Anhaltspunkte, dass zu dieser Zeit über weite Entfernungen auch mit der Süßholzwurzel ein Handel getrieben wurde. Was sich einerseits daraus erklären lässt, dass die Wurzel zwar leicht von Gewicht, aber als Gehölz sehr sperrig ist und viel Platz einnimmt, während der Ertrag nur gering ausfällt. Andererseits bestand auch keine Notwendigkeit, mit ihr Handel zu treiben, da zumindest China und Mesopotamien selbst über große Ressourcen des wild-wachsenden Schmetterlingsblütlers verfügten.

Einen Hinweis, dass es sich lediglich um einen Wissensaustausch handeln könnte, während die Pflanze auf eigenem Territorium wuchs und nur entdeckt werden musste, liefert die Bemerkung des griechischen Botanikers Theophrast von Eresos (372-288/7 v. Chr.), einem Zeitgenossen und Schüler des Aristoteles. Er hielt fest, dass die Skythen, ein Nomaden- und Reitervolk (9. Jh. v. Chr.-3. Jh. n. Chr.), auf ihren langen Reisen das Süßholz (Glykeia) als Reiseproviant mit sich führten:

> »Süß ist auch die skythische Wurzel, ja sie wird von manchen geradezu Süßwurzel genannt. Sie wächst an der Maiotis [Asovsche Meer]. Sie ist gebräuchlich gegen Asthma, trockenen Husten und überhaupt bei Brustbeschwerden. Auch gegen Wunden wird sie mit Honig gegeben. Sie vermag auch den Durst zu stillen, wenn man sie im Munde hält. Daher sollen die Skythen mit derselben und Hippake [Ziegenmilch] elf bis zwölf Tage lang aushalten können.«[6]

Die Glycyrrhiza wächst tatsächlich auf dem ehemaligen Territorium der Skythen, das von den weiten südsibirischen Steppen über den Kaukasus bis zum Schwarzen Meer und dem Donaudelta reichte und dessen südliche Grenzen an China, Indien und Mesopotamien grenzten. Durch Eroberungszüge erstreckte sich ihr Gebiet zeitweise sogar bis nach Ägypten. Dass die Skythen auf ihren langen Strecken die Wurzel als Wegzehrung mit sich führten, sie hoch zu Ross oder auf dem Kamel genüsslich an ihrem Süßholz raspelten, könnte zur Nachahmung aufgefordert und zum Beispiel umherziehende Händler, die mit ihnen Kontakt hatten, veranlasst haben, die Süßholzwurzel ebenfalls als Reiseproviant in ihrem Gepäck zu führen.

Vor allem waren es aber Wissensreisende, die fremde Länder erkundeten und dort einen Wissensschatz aufnahmen, den sie in ihren eigenen Kulturbereich zurückbrachten. Einer dieser Reisenden war auch jener Theophrast von Eresos, der den Hinweis über die skythische Wurzel lieferte. Seine Kenntnisse von den exotischen Gewächsen hatte Theophrast weder vom Hörensagen noch aus anderen Schriften, sondern er stützte sich auf eigene Beobachtungen, die er auf seinen ausgedehnten Reisen machen konnte.

Aufnahme fand dieses angesammelte Wissen im Lykeion (Scholarch) von Athen, einer von Aristoteles gegründeten philosophischen Schule, die unter seiner Leitung stand. Dem analytischen Anspruch dieser Schule folgend, sollten hier Phänomene wie Leben und Tod, Krankheit und Heilung erklärt werden.

Das Verdienst von Theophrast war nun, schon früh die Botanik systematisch zu erfassen, und die Herkunft von Pflanzen und ihre Anwendung zu beschreiben. In seinen Hauptwerken der ›Geschichte der Pflanzen‹ (Historia plantarum) und Ursachen derselben (De causis plantarum) sind über 500 Pflanzen (Arznei- und Giftpflanzen) verzeichnet, deren größter Bereich die Abhandlung über die Wurzeln und deren Säfte ausfüllt. Theophrast unterscheidet hier die Wurzeln nach ihrem Geschmack und Geruch: die einen schmecken scharf, bitter, die anderen mild, süß; die einen haben einen widerlichen, die anderen einen angenehmen Geruch. Während er das Einsammeln der Wurzeln zur Herbstzeit empfiehlt, wird der Saft aus der Wurzel entweder im Früh- oder im Hochsommer ausgezogen. Hierzu werden die Wurzeln zerrieben und mit Wasser zu einer dicken Brühe aufgekocht. Diese Richtlinien hatten lange Zeit auch für die Ernte und Weiterverarbeitung der Süßholzwurzel Gültigkeit.

Ein Handel mit der Süßholzwurzel nach Griechenland, wie er sich bei Theophrast andeutet, ist aber historisch nicht nachgewiesen. Er war hier ebenfalls nicht notwendig, da wilde Vorkommen der Pflanze an den Küsten des Schwarzen Meeres auf griechischem Territorium zu finden waren. Hierzu liefert uns Theophrast in seiner Beschreibung das wichtige Indiz: Das Süßholz gedeiht an der Maiotis, dem Asowschen Meer. Dieses Meer, angrenzend an das Schwarze Meer, wurde in Vorzeiten von den Skythen besiedelt.

An der benachbarten Nordküste des Schwarzen Meeres lebten die Pontos-Griechen, die verbrüdert mit den Hellenen waren, aber im Widerstreit mit den Skythen lagen und auch lange der Unterwerfung durch die Römer trotzten. Zu den hartnäckigsten Gegnern Roms zählte wiederum der König von Pontos, Mithridates VI. Euphator (136-63 v. Chr.), ein weiterer Zeuge der Süßholzpflanze. Dieser unbezwingbare Rivale der römischen Macht erlag zu seinen Lebzeiten der pharmazeutischen Kunst. Aus Angst, von seinen Feinden vergiftet zu werden, begründet durch seine Grausamkeit und seine heftige Leidenschaft, erprobte er an Sklaven, Verbrechern und Tieren alle ihm bekannten giftigen Substanzen, mit dem Ziel, ein allgemein wirksames Gegengift (Antidot) zu finden. Er selbst nahm täglich ein gewisses Quantum an Gift und Gegengift und gewöhnte sich dermaßen an den Gebrauch, dass er es im Augenblick seiner letzten Niederlage nicht vermochte, sich selbst mit einem geeigneten Gift zu töten. Insbesondere eines seiner Mittel, bestehend aus 54 verschiedenen Substanzen, zu denen auch die heimische Süßholzwurzel zählte, erlangte Weltruhm und wurde folglich nach ihm ›Mithridaticum‹ benannt.

In seiner pharmazeutischen Schöpfungskraft konnte sich Mithridates auf die Heilkunde der griechischen ›Empirischen Schule‹ berufen, nach deren Lehre alle verfügbaren Mittel zu Kompositionen (Mischungen) vereinigt wurden. Sie handelte gemäß dem Glauben, dass alles, was sich im Einzelfall bewährt, auch in gemengten Substanzen bei komplizierten Krankheiten und mit zahlreichen Symptomen helfe. Eine Spezialität aus dieser Zeit sind die Latwerge (Electuarium), bei denen gemischte Pflanzenpulver oder Pflanzenauszüge zu einer marmeladenartigen Masse aufgekocht und als Mus, Brei oder Paste verabreicht werden. Noch bis ins Mittelalter war Süßholz ein Bestandteil dieser Latwerge. Die Verwendung in Latwergen bewirkte jedoch, dass ihre Einzelwirkung lange Zeit unterschätzt wurde und sie nur in abenteuerlichen Kombinationen erhältlich war.

In der Antike zählten solche Kompositionen nicht nur zur geheimen Kunst des Arztes. Ihrer bemächtigten sich auch Feldherren und Herrscher, die schließlich, wenn schon im Leben versagt, als Namensgeber einer solch unnachahmlichen Mischung in die Weltgeschichte eingehen konnten und dadurch Unsterblichkeit erlangten. Die Kunstfertigkeit des Mithridates war jedoch bereits zu seinen Lebzeiten so berühmt, dass kurz nach seinem Hinscheiden der römische Feldherr Pompeius (106-48 v. Chr.) die Rezeptsammlung des König von Pontos übersetzen und als eine der Siegestrophäen nach Rom bringen ließ. In Rom wurde das Rezept ›Mithridaticum‹ von Andromachus (54-68 n. Chr.), dem Leibarzt Neros, korrigiert und die Anzahl der Substanzen auf 64 vermehrt. Neben Opium, Honig, Wein und dem Drüsensekret Bibergeil fügte er als wirksamste Kraft noch das Fleisch von frisch getöteten Vipern hinzu. Der Physiker Servilius Damocrates (1. Jh. n. Chr.) hielt die Herstellung dieses Trankes in Gedichtform fest und benennt in einer Verszeile das Süßholz: »Mische hinzu die gleiche Menge von schwarzer Süßholzwurzel mit ihren honigsüßen Zweigen«.[7]

Seine Komposition bezeichnete Andromachus als ›Theriak‹, und pries sie mit der Fähigkeit an, auch ›die widerwärtige, schweratmige Pest‹ zu heilen. Der ›Theriaca Andromachi‹ erlangte neben dem ›Mithridaticum‹ bis in die frühe Neuzeit als Universalheil- und Wundermittel eine hohe wirtschaftliche Bedeutung.[8] Ein Umstand, der auch für die Geschichte des Lakritzes von Interesse ist. Denn die strikte Einhaltung des Rezeptes für diese ›Königin der Arzneimittel‹ machte die Süßholzwurzel für viele Jahrhunderte zu einem unabkömmlichen Bestandteil in den Regalen der Ärzte und Apotheker.

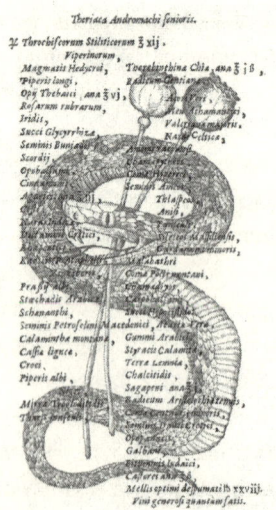

Abb. 6 Bestandteile des Theriak (1975)

Mit der Übernahme des medizinischen Heilschatzes des Königs von Pontos durch die feindlichen römischen Eroberer wird auch auf einen anderen Bereich hingewiesen, für den das Süßholz eine Bedeutung hatte – die Kriegsmedizin. Dass die süße Wurzel ebenfalls zu ihrem Kriegsproviant zählte, wird immer wieder von großen Armeen berichtet. Diese Tradition reichte bis in den I. Weltkrieg, als französische und türkische Soldaten mit Süßholzstangen ausgestattet waren.[9] Früher sollen zunächst die Truppen Alexanders des Großen (356-323 v. Chr.), dann auch die römischen Soldaten die durstlöschende Wurzel als eiserne Ration im Tornister getragen haben. Dies sind jedoch Vermutungen, da zeitgenössische Berichte nirgends eine Mitteilung über den militärischen Gebrauch von Süßholz in der Antike aufweisen.[10]

Unbestritten ist jedoch, dass Alexander durch seine Feldzüge der griechischen Welt neue Handelsmöglichkeiten mit dem Orient eröffnete. Hierdurch gelangten exotische Substanzen aus Ägypten und Indien, wie Hyänengalle, Blut von Krokodilen oder Schildkröten, Kamelurin, gesprenkelte Echsenköpfe und dergleichen mehr, nach Griechenland. Zu seiner Zeit kommt die süße Wurzel in einem Rezept aus Makedonien vor. Das Antidot stellte der berühmte Chirurg und Pharmakologe Neilus um 320 v. Chr. für den Antipater zusammen. Die Überschrift »antidotus tyrannis dicta, ut Nilus Antipatris« lässt den Schluss zu, dass es sich bei dem Antipater um den Reichsverweser von Alexander dem Großen gehandelt habe, der 319 v. Chr. starb. Durch die Feldzüge Alexanders könnte die Pflanze auch in Ägypten bekannt geworden sein, wo inzwischen auch griechische Könige herrschten und Alexandria zum neuen Mittelpunkt des geistigen Lebens wurde. Jedenfalls mischte sich im 1. Jh. v. Chr. Mithridates von Pergamon (gest. 46 v. Chr.), der illegitime Sohn des Königs von Pontos und einer Konkubine, während des Alexandrinischen Krieges zwischen Julius Caesar und dem ägyptischen König Ptolemaios XIII., sein eigenes Antidot und griff dabei auf das Süßholz des Landes zurück.[11]

Auch für Rom bedurfte es keiner Einfuhr aus den weit entlegenen Regionen Chinas, Mesopotamiens oder der kaukasischen Steppe. Schließlich gehörte der gesamte Mittelmeerraum in seiner Blütezeit zum römischen Reich. Regionen mit einer natürlichen Population des Schmetterlingsblütlers Glycyrrhiza, wie Spanien, Südfrankreich, Syrien, Kilikien, Griechenland und die Küsten des Schwarzen Meeres waren Vasallenstaaten oder besetzte römische Gebiete. Demzufolge tauchte die Süßholzwurzel auch im römischen Arzneimittelschatz zu Beginn der Zeitrechnung auf.

Zunächst mussten die ersten medizinischen Schriften aber noch die Skeptiker über die Wirksamkeit von Medikamenten überzeugen. Dies gelang insbesondere dem Enzyklopädisten Aulus Cornelius Celsus (14-37 n. Chr.) aus Verona durch seine einfache Sprache. Die Behandlung einer Mandelentzündung mit der Wurzel (Radix dulcis) erklärt er folgendermaßen:

»Sind die Mandeln durch Entzündung angeschwollen, ohne dass Geschwüre dabei vorhanden sind, so muss man gleichfalls (d. h. wie bei Zahnschmerzen) den Kopf einhüllen und die kranke Seite äußerlich mit heißen Dämpfen bähen; der Kranke muss viel spazieren gehen, im Bette den Kopf hochlegen und mit zerteilenden Mitteln gurgeln. Dasselbe leistet auch die sogenannte süße Wurzel, nachdem man sie zerstoßen und in Rosinenwein oder Honigwein gekocht hat.«[12]

Doch schon sein vermeintlicher Schüler Scribonius Largus (1. Jh. n. Chr.) verfasste kompliziertere Rezepte, in denen mehrere Ingredienzien zu Pillen gedreht wurden. Die beiden Kompositionen mit Süßholz, einmal gegen Luftröhrenerkrankung (Rezept 75), zum anderen gegen Bluterguss (Rezept 86), werden zu Pastillen geformt und anschließend unter die Zunge gelegt oder in lauwarmem Wasser aufgelöst.[13] In einem weiteren Sinne handelt es sich hier um die ersten Lakritz-Pastillen, die einem Kranken verabreicht wurden.

Ein Zeitgenosse von Celsus und Scribonius, der römische Offizier und Staatsbeamte Plinius Gaius Secundus d. Ältere (23/24-79 n. Chr.) kannte das Süßholz (radix dulcis), neben Linden- und Palmensaft, als Süßstoff. Plinius benannte zwar die pontische Wurzel des Schwarzen Meeres, die beste Wurzel stammte ihm zufolge aber aus Sizilien. Darüber hinaus empfahl er bereits den eingekochten Süßholzsaft, der zur Verbesserung der Stimme unter die Zunge gestrichen und bei Brust- und Leberleiden angewandt wurde. Allgemein sei die Wurzel dem Wassersüchtigen gegen den Durst zu verordnen. Sie heile auch Blasengeschwüre, kranke Nieren, Geschwulst am After und Geschwüre an den Geschlechtsteilen. Gekaut sei sie ein gutes Magenmittel, hemme darüber hinaus den Blutfluss aus Wunden, weshalb sie als Trank vermischt mit Pfeffer und Wasser gegen das ›viertägige Fieber‹ helfe und Blasensteine abtreibe.[14]

Die von Theophrast begründete Arzneipflanzentherapie setzte jedoch weniger Plinius, sondern sein Zeitgenosse Pedanios Dioskurides, ein Militärarzt aus Tarsus in Kilikien, fort. Sein in griechischer Sprache abgefasstes Hauptwerk ›De materia medica‹ (lat. Übersetzung, 78. n. Chr.) war noch über das Mittelalter hinaus ein beliebter Ratgeber. Das Süßholz (Glycyrrhiza) führt Dioskurides hier ebenfalls als Pontische Wurzel ein, das auch Gentiana, Skythion, Adipson (durststillend) oder Symphyton (dicht verwachsen) genannt werde und hauptsächlich in Kappadokien und am Pontus vorkomme.[15] Bei seiner genauen Beschreibung unterlief ihm jedoch der Fehler, dass er die Glycyrrhiza glabra den dornigen Pflanzen zuordnet. Auch im Geschmack erwähnt er sowohl die süßen als auch die herbschmeckenden Wurzeln, wobei letztere sehr wahrscheinlich von der Glycyrrhiza echinata L. abzuleiten sind. Doch weist Dioskurides darauf hin, dass die Wurzel zu Saft verarbeitet, dann ausgehärtet unter die Zunge gelegt und gelutscht werden soll.

Mit der Anwendung des Süßholzsaftes beschreiben Plinius und Dioskurides nun den Schritt, der in der Abhandlung von

Theophrast über die Verwendung von Wurzeln nur angedeutet ist: die Zubereitung und Nutzung des ›Succus Liquiritiae‹ – des eingedickten Lakritz-Saftes.

Hierzu wird nicht mehr die Wurzel oder das Pulver aus feingestoßener trockener Wurzel in roher, gerösteter oder gedörrter Form verwendet, sondern die Wurzel mit Wasser aufgekocht und der Sud eingedickt und eingedämpft. Nach der heutigen Definition für Lakritz als verarbeitetes Produkt der Süßholzwurzel kann mit diesen Erwähnungen der Beginn der Lakritz-Geschichte markiert werden, denn bis in die Gegenwart wird in dieser Form das naturreine, pure Lakritz hergestellt.

Ein weiteres Zeugnis aus der Antike für die Verwendung des eingedickten Lakritz-Saftes liefert der ehemalige Gladiatoren- und Leibarzt von Marcus Aurelius und Septimius Severus – Galenos von Pergamon (129-199/216 n. Chr.). In seinem medizinischen Konzept, basierend auf der Säftelehre der vier Körperflüssigkeiten (Blut, Schleim, gelbe und schwarze Galle), den Elementarqualitäten (Feuer, Erde, Luft und Wasser) und den vier Qualitäten (heiß, kalt, feucht und trocken), die in Einklang zu bringen sind, wird die Süßholzwurzel (dulci radice) als warm beschrieben. Der süße Geschmack weise darauf hin, dass sie die gleiche Mischung habe wie der menschliche Körper. Aber da die Wurzel etwas herb schmecke, heißt es weiter, müsse sie doch etwas kühler sein als die menschliche Natur. Dadurch habe sie die Fähigkeit, mit seiner Feuchtigkeit den Durst zu stillen. Schließlich reicht bei Galen die Behandlungsmöglichkeit mit Süßholz von Heiserkeit bis Tollwut.[16]

In seinen Werken benennt Galen auch andere Autoren, die Süßholz verwendet haben. So erfahren wir zum Beispiel von Amarantus dem Grammatiker (2. Jh. n. Chr.) ein Mittel gegen Fußschmerzen, das unter zahlreichen Ingredienzien auch den Succus enthält und ein Jahr lang in Pillenform eingenommen werden soll.

Hiermit sei der kurze Exkurs über die medizinische Verwendung der Süßholzwurzel während der Römerzeit, die eigentlich eine Zeitspanne von zwei Jahrhunderten umfasst, beendet.

Zu bemerken bleibt noch, dass sich in dieser Zeit die Bedeutung der Medizin generell änderte. Galt es zunächst, die Bedenken der römischen Bevölkerung zu überwinden, schließlich war nach Aussage von Plinius bis dato die einzige Behandlungsweise von Krankheiten eine Diät aus Kohl, Salat, Zwiebeln und Kirschen, stand sie zu Galens Zeiten in hohem Ansehen.[17] Ein Zeichen dieser Achtung ist die Benennung der ›Hiera‹ (Abführmittel), die nicht nur nach berühmten Feldherren und Herrschern benannt wurden, sondern auch so eindrucksvolle Titel trugen wie Athanasia (die Unsterbliche), Ambrosia (die Göttliche), Isotheos (die Göttergleiche) oder Isochryson (die Goldgleiche).[18] In der Tradition der ›Empirischen Schule‹, alles zu einer Komposition zu vermischen, war auch für die Abführmittel das Süßholz unentbehrlich.

Nicht zu vergessen ist, dass die Römer die Grundlagen ihrer Wissenschaft aus Griechenland bezogen. Vor allem nachdem der Glanz Griechenlands erloschen war und von Rom überschattet wurde, eilten die griechischen Gelehrten, Philosophen und Ärzte nach Rom und vermittelten dort ihre bis dahin unbekannten Kenntnisse. Angefacht durch die Neugier der Römer wurde die Nachfrage nach Ärzten bald so groß, dass selbst die Domestiken berühmter Gelehrter sich in Schenken einmieteten, um Kranke zu kurieren. Hier wurde das Wissen, das vormals Gelehrte auf ihren langen Reisen erworben hatten, direkt an ihre Patienten weitergegeben.

Neben dem tradierten Wissen ermöglichte die militärische und politische Ausbreitung des römischen Imperiums die Einfuhr seltener und kostbarer exotischer Produkte, die zu therapeutischen Zwecken eingesetzt werden konnten. Als Herkunftsort der Süßholzpflanze benannten Plinius und Dioskurides Sizilien, Pontos und Kappadokien. Galen fügte diesen noch Kreta hinzu, und verweist damit auf einen weiteren Handelsweg. Denn der römische Kaiser unterhielt auf Kreta spezielle Kräutersammler und Wurzelschneider zur Versorgung des kaiserlichen Hofes, der Stadt Rom und anderer Provinzen, die die Bevölkerung mit Kräutern, Früchten, Samen, Wurzeln oder

Säften belieferten.[19] Dies markiert auch den Beginn der Tätigkeit von spezialisierten Drogenhändlern. Die Süßholzwurzel boten nun eigens ernannte Wurzelschneider und -sammler an Verkaufstischen oder an der Schwelle eines Ladens an. Zu dieser Zeit gab es aber auch wandernde Arzneihändler, ja, ganze Scharen von mehr oder weniger ehrbaren Kräuterhändlern, die nicht nur kostbare Heilmittel, sondern auch gefälschte und damit wirkungslose oder sogar gefährliche und tödliche Drogen anpriesen. Schon früh wurde hier der Ruf der Scharlatanerie gefestigt, der den Ärzten und Apothekern lange Zeit nachhing, sodass sie als würdelos bezeichnet und mit Wucherern und Gauklern in einen Topf geworfen wurden. Dies zeigt aber auch, wie erworbenes Wissen nach den Regeln der Gier und Gewinnsucht die Taschen mancher Blender bereichern konnte.

3 Ferner Handel – Die Pfade der Wurzel

Während das Süßholz eine weltweite Anerkennung genießt, ist der Genuss von Lakritz eine europäische Angelegenheit. Denn auf keinem anderen Kontinent zeigt die Wurzel durch ihre Verarbeitung und Anwendung eine solche Raffinesse und Vielfalt wie in Europa. Die Wurzel sollte hier jedoch erst im Mittelalter ihre volle Akzeptanz finden, nachdem deren Bekanntheit zeitweilig in Vergessenheit zu geraten schien. Deshalb steht nun die Frage im Vordergrund, welche Pfade die Glycyrrhiza seit der Antike auf ihrem Weg in nördliche Gefilde einschlagen musste, um zu diesem Ansehen zu gelangen.

Zunächst ging es nach dem Untergang des weströmischen Reiches um eine Positionierung im Kampf gegen das ›Fremde‹, das von der neuen christlichen Welt mit den antiken Lehren und Wissen verbunden wurde. Denn neben der Zerstörungswut einfallender Barbaren galt es auch, das von den Gelehrten der Antike mühsam zusammengetragene Wissen, und damit die vielen Süßholz-Rezepte, gegen die Schmähungen der christlichen Kirche zu verteidigen und vor dem Untergang bzw. ihrer Zerstörung als ›heidnische‹ Schriften zu retten.

Diese Aufgabe übernahmen ab dem 6. Jahrhundert paradoxerweise Benediktinermönche, die nach Auffassung des Apotheker-Chronisten Adrien Phillippe eher aus Langeweile denn zum Wohle der Wissenschaft die antiken Schriften kopierten und sich so dieses Wissen aneigneten.[1] Vor allem durch den Codex »Regula Benedicti«, der Anweisungen für die praktische und literarische Pflege des antiken Wissens enthält, übermittelte der Klerus in seiner Missionstätigkeit der folgenden Jahrhunderte dem paganen Europa nicht nur seine christliche Lehre, sondern auch die Erkenntnisse der antiken Kultur: der Sprache und Literatur, der Künste, der technischen Wissenschaften, Naturwissenschaften und der Medizin.

Darüber hinaus besaßen die Mönche genügend Kenntnisse von der Heilwirkung der Kräuter, um die Arzneien aus der Natur selbst zu bereiten. Ihren Arzneischatz lieferten anfänglich noch die Pflanzen und Kräuter in Steppe und Wald, an Hecken, Ackerrainen und Bachufern. Mit der Regula ist den Benediktinern aber auch der Gartenbau zur Ordenspflicht gemacht worden. In vielen Regionen Europas ebneten die Mönche mit ihren Klostergärten den Weg für eine Kultivierung unbekannter Pflanzen, worunter sich auch die Glycyrrhiza befunden haben soll.

Um der Süßholzwurzel jedoch die Popularität angedeihen zu lassen, die sie im späten Mittelalter erhielt, wurden andere Wege eingeschlagen. Während im westlichen Europa die medizinische Wissenschaft in dichter Finsternis zum Erliegen kam, erblühte sie nach der Teilung des römischen Reiches (337 n. Chr.) im Osten, denn der antike Wissensschatz wurde im oströmischen Byzanz weiter gepflegt und entwickelt. Ein Beispiel hierfür ist die 72-bändige Enzyklopädie des Arztes und Historikers Oribasius aus Pergamon (ca. 325-403), Leibarzt von Kaiser Julian. Diese Enzyklopädie wurde aus den Werken Galenos und anderer Ärzte zusammengestellt. Auf das Wissen von Galen stützte sich auch der lydische Arzt Alexander Trallianus (525-605). In einem Süßholz-Rezept gegen Schlafmangel durch das Herabfließen eines dünnen Sekrets vom Kopf in die Luftröhre empfiehlt er einen Sud aus Mohnköpfen (Opium) angereichert mit Honig, Süßwein und Süßholz, wobei das Süßholz, falls nicht frisch vorrätig, auch durch den aus Kreta importierten Extrakt ersetzt werden kann.[2]

Ab dem 7. Jahrhundert schloss sich an das byzantinische Reich durch den Gebietsverlust nach der ›islamischen Expansion‹ gegen Süden und Osten ein Hinterland an, das unter dem Einfluss der arabischen Kultur zu einem Paradies erblühte. Mit der Besetzung der iberischen Halbinsel von Mauren im 8. Jahrhundert erstreckte sich dieses neue muslimische Reich zeitweise sogar von Sevilla bis Samarkand und von Aden bis Tiflis. Die unterschiedlichen Kulturen, Glaubensrichtungen und Verwaltungssysteme der besetzten Territorien wurden übernommen, toleriert und in die Gesellschaft der islamischen Kalifate integriert. Dies bildete die Grundlage, auf der dann antikes und arabisches Wissen miteinander verschmolzen. Viele Schriften berühmter Gelehrter der Antike wurden nun aus dem Griechischen ins Arabische übersetzt und durch eigene Erkenntnisse erweitert.

Gerade diese Assimilation des Wissens führte zur Schaffung einer eigenständigen Heilkunde, aus deren Feder neue Wortschöpfungen wie Alkohol, Sirup oder Julep stammten. Entwickelt wurde auch das Lacuq (Looch), ein den Latwergen ähnlicher, dünner, süßer Gelee, der wie ein weiches Bonbon aufzulecken ist. Die schleimigen Teile von Früchten und Wurzeln werden hierzu aufgekocht und mit Mandelöl und Honig vermischt. Nach einem Süßholz-Rezept, das auch einer heutigen Anweisung für ein Lakritz-Bonbon entsprungen sein könnte, werden hierzu Gummiarabikum, Traganth, Succus Liquiritiae, Zucker und eine Latwerge von Samen geschälter Quitte, süßen Mandeln und gezuckerten Kürbiskernen miteinander vermischt und aufgekocht, bis es eine zusammenhängende Masse bildet, aus der man ein liebliches Hustenmittel enthält. Eine Lakritz-Apotheose der arabischen Heilkunst anderer Art ist ein Rezept, bei dem Süßholzpulver und andere Zutaten mit Veilchensirup und Rosenwasser angedickt werden. So zauberhaft es klingt, so banal ist seine Anwendung: Am späten Morgen geschluckt, hilft das Mittel gegen brennenden Harnausschuss [Tripper].[3]

Verbunden mit den arabischen Neuerungen kam der Wissensschatz der Antike dann an den kulturellen Nahtstellen von Orient und Okzident zurück nach Europa. Zwei Städte mit unterschiedlicher Geschichte spielten dabei eine wesentliche Rolle: Toledo und Salerno.

Im spanischen Toledo, das von 711 bis 1085 unter maurischer Herrschaft gestanden hatte, wurden zahlreiche Texte aus dem

Arabischen ins Lateinische übertragen. Beispielhaft für diese Epoche der maurischen Gelehrsamkeit mit ihrer Vorliebe für die süße Wurzel sei der in Malaga geborene arabische Botaniker und Arzt Ibn-al Baithar (gest. 1248) genannt. Er stützte sich in seinem Werk nicht nur auf die Ausführungen von Dioskurides und Galen, sondern auch auf den Arzt Avicenna (Ibn-Sina, 980-1037). Dieser vereinte in seinem ›Kanon der Medizin‹ (Qanun al-Tibb) griechische, römische und persische Traditionen und beschrieb 760 Medikamente mit Angaben zu deren Anwendung und Wirksamkeit. Avicenna empfahl Süßholz neben den Erkrankungen des Atmungstraktes, des Magens, der Niere und der Blase auch als Wundmittel und bei Geschwüren. In der Übersetzerschule von Toledo wurde eine Abschrift seines Kanons angefertigt, auf die Ibn-al Baithar zurückgreifen konnte und die er mit eigenen Kommentaren versah.[4]

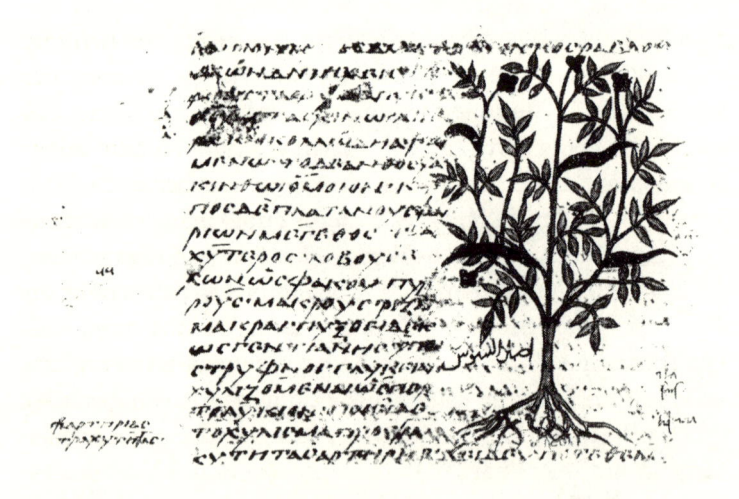

Abb. 7 Glykyrrhiza, Abbildung aus dem ›Pariser Dioskurides‹ (9. Jh.)

Im italienischen Salerno entstand Ende des 10. Jahrhunderts die erste medizinische Fakultät Europas. An dieser weltoffenen Schule, die nach einer praxisorientierten Lehre ausgerichtet war, studierten neben christlichen Klerikern und Laien auch

Juden und Frauen. Ihren Ruhm erlangte diese Schule durch den Einfluss des in Karthago geborenen Arztes Constantinus Africanus (1018-1087). Er gab mit seinen Übersetzungen arabischer Schriften in die lateinische Sprache nicht nur dem europäischen Medizinalwesen neue Impulse, sondern richtete hier ein Zentrum zur sorgfältigen Untersuchung der Glycyrrhiza auf ihre pharmakologischen Eigenschaften ein.[5]

Eine seiner Quellen ist das Werk des Gelehrten Abū Manṣū Muwaffaq, der eine eigene Materia medica (ca. 980) in persischer Sprache verfasst hat. Nach Art von Galen beschreibt Manṣū Muwaffaq die Süßholzwurzel als mäßig heiß, feucht und kalt, deren adstringierende Wirkung mit Feuchtigkeit gemischt sei. Neben den bekannten Anwendungsmethoden erleichtere der Saft den Frauen die Geburt und fördere den Brechreiz. Die Blätter sollen auch den üblen Geruch der Achselhöhle und des Fußes beseitigen.[6]

Die Schule von Salerno mit ihrer praxisnahen Ausrichtung ist zwar seit der Entstehung neuer Universitäten während des 12. und 13. Jahrhunderts in Montpellier, Bologna, Paris, Oxford, Cambridge und Padua unbedeutend geworden. Allerdings waren die in Salerno verfassten Lehrbücher noch lange Zeit als ärztliche Ratgeber in Umlauf. Zum Beispiel stellte die Drogenliste der Salerniter, die Alphita, für viele Arzneihändler bis in die Frühe Neuzeit eine verbindliche Richtschnur für ihren Drogenbestand dar. Zu den Werken, die hier ihren Ausgang nahmen, zählen auch das ›Antidotarium Nicolai‹ und der ›Liber de simplici medicina‹ (auch bekannt als ›Circa instans‹). Während das Antidotarium Nicolai recht komplizierte Arzneiformeln mit Angaben der Wirkungsweise und Anwendungsart enthält, werden in der Circa Instans die Drogen alphabetisch aufgelistet und ihre Elementarqualitäten sowie Indikationen beschrieben. In diesen und weiteren Kompendien aus dem 12. Jahrhundert durfte das Süßholz natürlich nicht unerwähnt bleiben. Matthaeus Platearius (M. de Platea; gest. 1161), ein Arzt und Lehrer an der Schule von Salerno und Verfasser eigener medizinischer Schriften, gibt sogar eine Anweisung für die Succus-Herstellung und benennt die noch heute handelsüblichen Formen: »Man zerstößt oder zerquetscht die Wurzeln, kocht die Masse mit Wasser aus, dickt die Lösung bis fast zum Trocknen ein, presst ab, trocknet den Extrakt an der Sonne und formt ihn, der Gestalt der benutzten Gefäße entsprechend, in Kuchen, Stangen oder runde Stücke.«[7]

An den neuen Universitäten, die unter starkem kirchlichem Einfluss standen und an denen Frauen nicht zugelassen waren, wurde das Medizinstudium allerdings ein Teil des ›Studium Universale‹ und war eher Gegenstand theoretischer Betrachtung als das Resultat praktischer Erfahrung. Gelehrt wurde dort eine Schulmedizin, die keineswegs das Vertrauen und die Anerkennung genoss, die der heutigen Medizin zuteil wird. Mit ihrer Etablierung trug sie jedoch entscheidend zum Untergang der weiblich-dominierten Heilkunde bei. Dabei waren die weisen Frauen jahrhundertelang die einzigen ›Samariterinnen‹ der Landbevölkerung. Denn während die Kaiser, Könige, Päpste und reichen Adligen ihre eigenen Ärzte hatten, konnten sich die einfachen Menschen auf dem Lande, wohin sich keiner der ›studierten‹ Laienärzte verirrte und wo die Kirche als Heilmittel nichts außer Wasser anzubieten hatte, nur an diese Frauen wenden. Dass die Süßholzwurzel nicht zu dem Repertoire der heilkundigen Frauen zählte, soll hier nicht weiter beunruhigen, denn einerseits ist die Quellenlage sehr dürftig, andererseits verwendeten sie nur den heimischen Pflanzenschatz, worunter in vielen Regionen, vor allem in Mitteleuropa, die Süßholzpflanze (noch) nicht zählte.

Bekannt war die Wurzel allenfalls durch einige wenige Kräuterbücher und Rezeptsammlungen und wurde zum Beispiel im Codex Bambergensis (ca. 795) und im Codex Sangallensi (ca. 1260) als Heilmittel aufgeführt.[8] Erstaunlich ist allerdings, dass die Äbtissin Hildegard von Bingen (1098-1179) in ihrer Schrift ›Ursachen und Behandlung der Krankheiten‹ zwei Rezepte mit Süßholz (Succus Liquiricus) benennt, eines mit Fenchel und Honig gegen Herzleiden und das andere als Abführmittel:

»Ein Mensch, der Abführgetränke herstellen und geben will, soll Ingwer, halb soviel Süßholz und ein Drittel soviel Zitwer wie Ingwer nehmen, dies pulverisieren und durchsieben und schließlich das ganze Pulver abwiegen. Dann nehme er so viel Zucker, wie das Pulver wiegt.«[9]

Hildegard von Bingen übernahm zwar nicht einfach kritiklos die Drogenkunde des Altertums, sondern bildete sich durch Beobachtung und praktische Erfahrung ihre eigene Meinung zur Wirkungsweise der einzelnen Heilpflanzen und bezog das naturkundliche Volkswissen ihrer Umgebung mit ein. Der Einsatz der Glycyrrhiza ist aber sehr wahrscheinlich nicht ihren naturheilkundlichen Kenntnissen, sondern vielmehr dem Einfluss der Klostermedizin zu verdanken. Ungewiss ist auch, ob sie auf Wurzeln aus dem eigenen Klostergarten zurückgreifen konnte oder das Süßholz über den Handel erstanden hat.

Im 12. Jahrhundert ist jedenfalls ein Handel mit der Süßholzwurzel nach Deutschland nachgewiesen. Sie wird in zwei Zolltarifen aus Stain an der Donau in Niederösterreich, einer Zollstätte an der Hauptstraße des Transithandels von Konstantinopel nach Deutschland, aufgeführt. Neben Süßholz wurden auch andere orientalische Kostbarkeiten, Aromen, Räucherwerk, duftende Gewürze und seltene Drogen, außerdem Seiden- und Goldstoffe, Priester-Ornate, Purpurmäntel und messingbesetzte Degenkoppeln gegen Waffen, Wolle, Tuch, Metalle und Holzwaren getauscht. Der Preis für Süßholz wird auf dieser Zollliste mit »Saum likoricii XXIIII or denaren« (24 Gold-Denare) angegeben.[10]

Der Beginn des Handels nach Konstantinopel reicht zwar in das frühe Mittelalter zurück. Mit den Kreuzzügen des 12. und 13. Jahrhunderts hatte er aber eine so große Ausdehnung, dass er mitunter den Beginn des interkontinentalen Transithandels markierte. Während dieser Zeit beluden die europäischen Kaufleute und Drogenhändler ihre Schiffe mit den begehrten orientalischen, vorder- und ostasiatischen Luxuswaren und wohlriechenden Stoffen nicht nur in Konstantinopel, sondern auch in den Mittelmeerhäfen von Beirut, Alexandria, Accon und Tyrus und brachten sie nach Italien. Aus dieser Zeit ist in einem venezianischen Seestatut von 1233 die Bestimmung für die Ausfuhr von Süßholz aus Syrien festgehalten. Laut diesem Statut wurden die Waren nach ihrem Verhältnis von Gewicht und erforderlichem Raum in drei Ladeklassen eingeteilt, wobei Süßholz zu der ersten Ladeklasse gehörte.[11] Die größten Umschlaghäfen, von denen die Waren dann per Landweg oder zur See weiter nach Norden transportiert wurden, waren die beiden Stadtstaaten Venedig und Genua.

Von Venedig aus setzte sich im späten Mittelalter der Handel mit der Süßholzwurzel in nördliche Richtung auf den alten Handelsstraßen über den Ostalpenpass, die die Lagunenstadt mit der Donau und dem Rhein verbanden, fort. In Deutschland gelangten die Waren landeinwärts direkt in die großen Handelsstädte Nürnberg, Augsburg und Regensburg oder in die Messestädte Frankfurt (Main), Braunschweig oder Leipzig. Dort deckten sich dann auch die Arzneihändler mit den Drogen ein, die sie nicht aus der näheren Umgebung beziehen konnten.

Dieser vermehrte Handel barg auch Gefahren. So war die Verbreitung der Pest in der Mitte des 14. Jahrhunderts über weite Teile von Europa der Vernetzung durch Handelskontakte zuzuschreiben. Seinen Ausgang nahm der ›Schwarze Tod‹ 1346 an der Seidenstraße, wo Pelzhändler mit virenverseuchten Murmeltierfellen ihren Handel trieben. Über Astrachan und Kaffa (Feodossija) gelangte der Virus schließlich auf dem Seeweg nach Konstantinopel und verbreitete sich weiter nach Westeuropa und den nordafrikanischen Ländern, bis die Seuche 1352 in Russland abklang. Ein Drittel der damaligen europäischen Bevölkerung fiel der Pest zum Opfer. In vielen Städten wurde zur Bekämpfung der Pandemie eine ›Pestschrift‹ erlassen, die einen Verhaltenscodex und Rezepte enthielt. Unter den hilfreichen Drogen zur Bekämpfung der Seuche wurde auch das Süßholz aufgezählt, so zum Beispiel in der Pariser Pestschrift von 1348.[12] Durch solche Schriften erlangte die Glycyrrhiza im 14. Jahrhundert eine, wenn auch ungewollte, so doch europaweite Bekanntheit.

Die verheerenden Seuchen des 14. Jahrhunderts führten ebenfalls zu einer starken Vermehrung der Apotheken. War der Apotheker ursprünglich ein Händler, der von Stadt zu Stadt zog und seine Waren in offenen Verkaufsständen anbot, ließ er sich im Laufe des 14. Jahrhunderts häuslich nieder und regelte seine Geschäfte aus den Kontoren. Den Kontoren angeschlossen waren die ›Apotheca‹, zunächst Lagerräume für Waren unterschiedlichster Art, die sich ab dem 14. Jahrhundert zu den heute wohl vertrauten Handelsorten für Arzneimitteln entwickelten.

Ab dem 15. Jahrhundert lässt sich der Handel mit der Süßholzwurzel durch den Weg, den die Arzneimittel in die Apotheken-Lager genommen haben, weiter nachzeichnen. Bezeugt durch die Arzneitaxen[13], die von dem Magistrat der Städte und den Landesfürsten aufgestellt wurden, um die Preise für Arzneimittel festzulegen und dadurch einen aus der Not der Kranken heraus denkbaren skrupellosen Handel mit Heilmitteln zu unterbinden, taucht die Wurzel zum ersten Mal in einer italienischen Liste aus Ferrara von 1424 als Requelizia auf. 1450 befindet sie sich auf einer Taxe der Stadt Frankfurt (Main), wo sie als Liquericia angeboten wurde.

In dem darauffolgenden 16. Jahrhundert geben die Medikamenten-Listen jedoch nicht nur Aufschluss über die Bezeichnung der angebotenen Waren, sondern auch über deren Darreichungsform und Herkunft. In dem Drogenverzeichnis der Stadt Esslingen von 1550 befindet sich der Succus Liquiritie, in der Apothekentaxe von 1571 sogar ein liquiriciae liquor cond., ein kondensierter Lakritz-Likör, und eine brandenburgische Taxe von 1574 weist geschabtes Süßholz (Glycyrrhizae rasae) aus. Mehrere Listen führen Kreta als Herkunftsort für den Succus auf, zum Beispiel die Frankfurter Listen von 1582 und 1609, die Taxen der Stadt Mainz von 1605 und Schweinfurt von 1608. Darüber hinaus stehen die ›skythische‹[14] und ›spanische‹ Wurzel (Rad. Dulcis Scytia et Hispanica, Frankfurt

a. M. 1582) und der ›venezianische Süßholzsaft‹ (Worms, 1609) in hohem Kurs.

Doch das Süßholz wurde von Venedig oder Genua nicht nur auf dem Landweg über den Alpenpass in den Norden gebracht. Die Galeeren der italienischen Händler umschifften auch die iberische Halbinsel weiter nach Flandern und Brabant, Brügge und Antwerpen. Die Niederlande erhielten bereits im 13. Jahrhundert ›recalisse‹ aus Italien und Spanien, und im 14. Jahrhundert wurde es auch über Hamburg und Lübeck eingeschifft. Aus Flandern gelangte das Süßholz in die nördlichen Regionen, vor allem nach Dänemark, wo Hendrik Haperstreng schon 1244 seine Heilwirkung lobte.

Den Schiffstransport von spanischem Süßholz nach Nordeuropa bezeugt auch die Schmähschrift »The Libelle of Englyshe Policye« (Das Büchlein von Englischer Staatsklugheit) aus dem Jahre 1436. In dem ersten Kapitel werden die Waren aufgezählt, die von Spanien nach Flandern zum Hafen von Brügge verschifft werden:

> »Ihr, die ihr's wissen wollt, mögt jetzt erfahren,
> Was aus Hispanien an brauchbaren Waaren
> Zum Handel kommt. Es sind dem Lande eigen
> Rosinen, Datteln, Bastardwein und Feigen,
> Sevilla-Oel, Süßholz zu bill'gen Preisen
> Castil'sche weisse Seife, Wachs und Eisen,
> Korn, Wolle, Fries, Ziegen- und Lammfell auch,
> Für Laschen-Macher trefflich zum Gebrauch,
> Quecksilber, Schwefel.« [15]

Diese Verse zeigen eindeutig, dass im 15. Jahrhundert die spanische Süßholzwurzel (»dem Lande eigen[e Waren]«) und nicht mehr das Süßholz aus der Levante zu billigen Preisen gehandelt wurde. Für den regen Tausch mit der spanischen Wurzel spricht auch die Handelsbezeichnung ›Spanisches Süßholz‹, die seit dem Mittelalter verbreitet ist.

Im gleichen Zeitraum, wie der unbekannte Autor der ›Englischen Staatsklugheit‹ die spanischen Galeeren mit Süßholz an den englischen Küsten vorüberziehen sah, soll sich auch ein französischer Staatsmann um die Verbreitung der Pflanze verdient gemacht haben. Es ist Jacques Cœur (1395-1456), der Kaufmann aus Bourges und Schatzmeister des französischen Königs Karl VII., ein kluger Geschäftsmann und Abenteurer seiner Zeit, dem am Ende seines Lebens durch eine Intrige der Mord an der Favoritin des Königs, Agnès Sorel, vorgeworfen wurde. Durch seine Verbindungen mit dem Hause Aragon, dessen Königreich auch Sizilien und Süditalien einbezog, hatte er rege Handelsbeziehungen nach Neapel. Die Schiffe seiner Handelsflotte sollen, unbestätigten Quellen zufolge, von hier das kalabresische Süßholz nach Marseille und Montpellier mit sich geführt haben. Ein solcher Handel zwischen Sizilien und Marseille wird jedoch bereits im 12. Jahrhundert erwähnt. Demnach hatte ein französisches Schiff in Italien 17 Pack (etwa 480 kg) gebündeltes Süßholz (faisos Liquiricie) an Bord genommen.[16]

Über das Mittelmeer und die Levante kamen mit der französischen Handelsflotte aber auch andere, seltene Spezereien nach Europa – so zum Beispiel das Gummiarabikum, das bis in die heutige Zeit als natürliches Bindemittel für die Lakritz-Herstellung eine wichtige Rolle spielt.[17] Ursprünglich wurde das Gummiarabikum in Ägypten eingeschifft. Hierher kam das Beste aus der senegalesischen Akazie gewonnene Harz, von der Westküste Afrikas. Es wurde quer durch den ›arabischen‹ Kontinent zu den Häfen der Levante transportiert, was ihm auch seinen Namen gab. Dieser Handelsweg verkürzte sich, als 1364 französische Kaufleute aus Dieppe die westafrikanische Küste ansteuerten, das Gummiarabikum aus dem Senegal ausführten und vor Ort eine Handelsgesellschaft gründeten, die von nun an den europäischen Kontinent auf direktem Wege mit dem teuren Harz versorgte. An dem Handel mit Gummiarabikum beteiligte sich auch Jacques Cœur, dessen Schiffe in den französischen Mittelmeerhäfen anlegten.

Montpellier, eines der Zentren seiner Handelstätigkeiten, stand im Mittelalter ebenfalls unter dem Szepter des Hauses Aragon und unterhielt Konsulate in Accon, Tyrus und Tripolis. Die Stadt lag an der mittelalterlichen Salzstraße und war eine Station auf dem Jakobsweg, der zahlreiche Pilger zum Grab des heiligen Apostels Jakob nach Santiago de Compostela führte. Bereits im 12. Jahrhundert bezeugte der Rabbiner Benjamin bar Jona aus Tudela in Kastilien in seinem Reisebericht den frühen Handel in Montpellier.[18] In diese Zeit wird auch die Legende über schlaue Händler angesiedelt, die mit kleinen Lakritz-Honigkugeln das Wechselgeld aufrundeten, das sie an die Pilger des Jakobswegs herausgaben, wenn diese auf ihrem Weg nach Santiago de Compostella in der Basilika Notre-Dame-des-Tables eine Pause einlegten.[19]

Parallel zum Handel hatte sich Montpellier auch zu einer bedeutenden mittelalterlichen Universitätsstadt mit einer starken medizinischen Fakultät entwickelt. Deshalb ist es nicht verwunderlich, dass mehrere chirurgische Schriften im 13. Jahrhundert den ›Succus liquiritiae‹ erwähnen und selbst die Empfehlung zum Befördern des ›Zahnens‹ bei kleinen Kindern, niedergeschrieben von dem italienischen Arzt Aldebrandino di Siena (1256), aus Montpellier stammt.[20] Für den Gründer der Universität, den Burgunderkönig Phillip IV. (1268-1314), wurde auch eine Handschrift des Platearius (der sog. Codex Hamilton) angefertigt, die eine frühe Abbildung einer stilisierten Süßholzwurzel enthält.

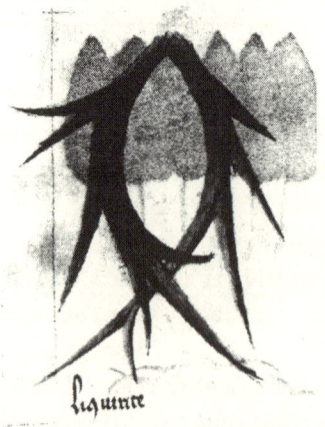

Abb. 8 Liquirite, Abbildung des Codex Hamilton (13. Jh.)

Ebenfalls in Montpellier soll das erste pharmazeutische Konfekt hergestellt worden sein. Diese Behauptung stützen die Manuskripte des berühmten Anatomie-Professors Bénédicitin (1494-1553). Nach seinen Rezepten hätten ortsansässige Apotheker kleine Lakritz-Dragées hergestellt, die als Glücksbringer von den Absolventen der Fakultäten verteilt wurden.[21]

Die Süßholzwurzel wurde jedoch nicht nur über die Handelszentren eingeschifft und in den Handels- und Messestädten angeboten, sondern auch in heimischen Gefilden angebaut. Wo es die Bodenbeschaffenheit und die klimatischen Bedingungen zuließen, war die Wurzel ein Bestandteil der Kräutergärten. Diese waren nach dem Vorbild der Klostergärten ausgebaut und gehörten den Apotheken oder wurden von Städten und Gemeinden angelegt. In solchen Gärten, so genannten Viridarien, zogen die Apotheker einen Teil ihrer Arzneipflanzen, die zur Ergänzung des Drogenbestandes, aber auch dem Studium dienten, selbst heran. Erst durch einen solchen Anbau wurde die Süßholzwurzel vollständig in den europäischen Arzneimittelschatz integriert.

Frühe Anzeichen für den Pflanzenanbau liefert bereits die erste christliche Weltchronik des Sextus Julianus Africanus aus Jerusalem (3. Jh. n. Chr.). Er schrieb, dass der Wein fruchtbarer werde, wenn man Süßholz dazwischen pflanze. Enthalten ist diese Empfehlung in der ›Geoponica‹, einem Sammelwerk über den Landbau, das Kaiser Konstantin VII. von Byzanz während seiner Regierungszeit (912-959) anlegen ließ. Noch zu seiner Zeit galt, dass Süßholz die Fähigkeit habe, Weinstöcke zum reichlichen Tragen zu bringen.[22]

Ungeachtet dieser Quelle konkurrierten bis ins 20. Jahrhundert vor allem Spanien und Italien um die Vorherrschaft, die Pflanze als erste kultiviert zu haben, obwohl in beiden Ländern Regionen mit wildwachsendem Süßholz vorhanden sind. Vor allem in Italien gilt Plinius' Bemerkung über die sizilianische Wurzel als Beweis, das älteste süßholzkultivierende Land in Europa zu sein. Doch erst 1076 wird ein möglicher Anbau in Florenz erwähnt, der durch Steuerabgaben an ein städtisches

Kloster in Form von ›rigritia‹ nachweisbar sei.[23] Dies ist jedoch kein Beweis für einen Anbau in Italien. Vielmehr bedurfte der Süßholzstrauch in diesen Regionen keiner besonderen Pflege, sondern er war als Wildwuchs verbreitet. Erst am Anfang des 14. Jahrhunderts (1305-1309) beschrieb der Botaniker und Jurist Petrus de Crescentiis (1230-1321) aus Bologna in einem weit verbreiteten und viel gelesenen Buch einige Sätze über die Regeln beim Anbau. 1518 kam dieses Werk in einer deutschen Übersetzung in Straßburg heraus.[24] Darin heißt es, dass die Wurzel einen leichten sandigen Boden begehre, um darin zu wachsen, und wenn sein junger Stängel in die Erde gesteckt werde, entstünden daraus andere Wurzeln.

Jedoch ist kaum anzunehmen, dass in Italien die Nutzung der Pflanze im 14. Jahrhundert schon so bedeutend entwickelt war, wie die heutige Ernte vermuten lässt. Vielmehr äußerten sich im Mittelalter die italienischen Autoren etwas verhalten über die italienische Glycyrrhiza. Der italienische Arzt und Botaniker Pietro Andrea Mattioli (1501-1577) schreibt zwar, dass es in großer Menge unter anderem in Apulien und auf dem Berg Gargano wachse und damit gehandelt würde. Doch da, »wo Süßholz einmal hin gepflanz wirdt / da kreucht es hin und wider / und kann schwerlich außgereuttet werden.« Er benennt zudem einen Wildwuchs der Pflanze in der Nähe von Montpellier, der in anderen Kompendien nicht aufgeführt wird.[25]

Dies alles sind jedoch keine Belege für einen sorgfältigen Anbau der Glycyrrhiza. Ein solcher lässt sich erstmals im 16. Jahrhundert in deutschen Landen finden. Frühe Hinweise liefern zum Beispiel die botanischen Abhandlungen der »Väter der Botanik«, allen voran das »Kreuterbuch« (1539) des Botanikers und Gartenbauinspektors Hieronymus Bock (1498-1554) aus Zweibrücken. In seinen Beschreibungen berücksichtigt er vor allem die Pflanzenwelt seiner engeren Heimat, des Wasgau. Daneben bezog er einige importierte Pflanzen ein, die im Wasgau kultiviert wurden, wie den Mandelbaum, die römische Kamille und das Süßholz.[26] Sein Lieferant für die Süßholzpflanze könnte der Besitzer der Nürnberger Apotheke »Zum weißen Schwan«, Georg Öllinger, gewesen sein, der um 1540 einen Kräutergarten anlegte und Hieronymus Bock mit den seltenen Gewächsen aus seinem Garten versorgte.[27]

Im 16. Jahrhundert trat aber vor allem eine Stadt aus dem Frankenland ins Rampenlicht des Süßholzanbaus – Bamberg. Die Bamberger Gärtnerei – ein Lieferant für jeglichen Genuss – war spezialisiert auf den Anbau von Arznei- und Gewürzkräutern und den Handel mit Gemüsesamen. Das berühmteste Erzeugnis der Bamberger Gartenflur war jedoch das Süßholz.[28]

Der früheste Bericht über dessen Anbau stammt aus dem Jahre 1520 von Boemus Aubanus (Johannes Boemus, 1485-1536).[29] Er schreibt über den Süßholzanbau als eine altgewohnte, längst bekannte Sache, was die Vermutung nahe legt, dass es schon im 15. Jahrhundert angepflanzt wurde. Denn laut Boemus sei die Ernte so reichlich, dass ganze Wagenladungen des begehrten Wurzelwerks abgefahren wurden. Tatsächlich wurden in dem nachfolgenden Jahrhundert mit dem Bamberger Süßholz nicht nur die umliegenden Apotheken, sondern auch das gesamte Frankenland und Städte wie Worms (1609), Goslar (1631) und Frankfurt a. M. (1656) beliefert. Darüber hinaus fuhren Wagen, mit dem Bamberger Süßholz bepackt, nach Böhmen, Österreich und Ungarn, und selbst in Kopenhagen wurde 1619 die Liquiritiae aus Bamberg in den Apotheken geführt, wie aus deutschen und dänischen Apothekertaxen jener Zeit ersichtlich ist.[30]

Wie das Süßholz jedoch nach Bamberg gelangt ist, wird ein unlösbares Rätsel bleiben. Einerseits besteht die Möglichkeit, dass Benediktinermönche der Bamberger Abtei St. Michaelsberg die Stammpflanze im 14. Jahrhundert mitbrachten und ihre Kultur in der dortigen Gegend einführten. Schließlich kommt in einer Urkunde des Klosters Michelsberg von 1390 der Name »Heinrich Lackritzen« vor. Diese Benennung könnte tatsächlich einen Gärtner bezeichnen, der Süßholz anbaute, oder einen Händler, der vom Verkauf seiner ›Lakritze‹ lebte. Andererseits kann die Wurzel durch den Handel von Venedig nach Augsburg in die Gärtnerei eingeführt worden sein.

Schließlich betrieb auch die Nachbarstadt von Augsburg, Ulm, um 1562 den Süßholzanbau.[31]

Für die Kultivierung der Pflanze eigneten sich vor allem das milde Klima und der leichte Sandboden an den Ufern der Regnitz, jene Bodenstücke und Parzellen, auf denen der Sage nach das Kaiserpaar Kunigunde und Heinrich im 11. Jahrhundert geschritten sein soll, und dadurch an diesen Stellen den Süßholzanbau ermöglichten. Zu jener Zeit war ein Anbau der Pflanze wohl kaum bekannt, doch wird mit dieser Legende die hohe Wertschätzung angedeutet, die der Glycyrrhiza entgegengebracht wurde.

Mit ebensolcher Wertschätzung und gebührender Verwunderung erwähnen auch Ärzte und Botaniker den Bamberger Süßholzanbau in ihren Kompendien. Hieronymus Bock schreibt beispielsweise:

»Wie andere Völker sich des Zuckers rühmen / dürfen wir Deutschen uns des Süßholz nicht schämen / besonders wird der Bamberger Acker gelobt / dass er genügend Süßholz liefern kann / und ist ja solche süße Wurzel samt desselben Saftes lobenswert / und auch nützlicher / bequemer und gesünder / als der Zucker. Sollte ich je zwischen den Beiden eins entsagen müssen / wollte ich lieber den Zucker als das Süßholz entbehren / denn für den Zucker kann ich wohl Honig wählen …«[32]

Ebenso erwähnt ein enger Freund von Martin Luther, Phillip Melanchthon (1497-1560), das Bamberger Süßholz an einer Stelle seiner 1538 verfassten »Declamatio de encomio Franciae«. Für ihn ist die künstliche Art des Anbaus bewundernswert: »… hier streitet nämlich die Kunst mit der Natur in staunenerregendem Wetteifer.«[33] Das gleichfalls im 16. Jahrhundert (1558) erschienene Schwankbüchlein »Katzspori« von Michael Lindener erzählt uns, »daß in Bamberg gute Zwiffel wachsen und das süße Holtz das wie Lebkuchen schmeckt und ein guter trunck safft darauf tut …«[34]

Einen weiteren Hinweis für die Bamberger Süßholzkultur liefern die Hofkammerrechnungen aus den letzten drei Jahrzehnten des 16. Jahrhunderts. Sie enthalten Einträge, wonach Süßholzkränze, hergestellt in einer speziellen Flechttechnik, als Ehrengeschenk an benachbarte und befreundete Fürsten offeriert wurden.[35] So übersandte beispielsweise 1598 der Fürstbischof Neithard von Thüringen dem Kurfürsten Friedrich von der Pfalz, der ein Bewunderer des Bamberger Süßholzanbaus war, eine Wurzel »welche 42 Werkschuhe« (etwa 12 Meter) maß.

Schließlich bildete der Landvermesser Peter Zweidler das Süßholz 1602 in einer kleinen Vignette, die drei Stauden mit einem langen Wurzelgeflecht und zwei Wurzelkränzen zeigt, auf einem Stadtplan ab.

Abb. 9 Süßholzvignette auf dem Bamberger Stadtplan (1602)

Damit seien genügend Beweise erbracht, die die Vermutung untermauern, dass Bamberg ein mittelalterliches Zentrum des Süßholzanbaus war.

Parallel zu der Entwicklung in Bamberg finden sich zu dieser Zeit auch Belege für einen Süßholzanbau in einem anderen europäischen Land – in England. Hier wird der Handel mit ›griechischem‹ Süßholz von italienischen Kaufleuten zum ersten Mal in einer Haushaltsliste (1264) von Heinrich III. erwähnt.[36]

Der Bischof Richard de Swinfield verzeichnet in seiner Rechnungsführung aus den Jahren 1289 bis 1290 den Kauf von Süßholz als Gewürz.[37] Danach führt das Testament (ca. 1303-1310) von Thomas Button, Erzbischof von Exeter, 13,5 Pfund Liquiricie auf.[38] Zeitgleich erhob Eduard I. nach einer Ordonanz von 1305 in London einen Brückenzoll auf Süßholz und anderen Kräutern, um damit die Reparaturkosten der London-Bridge abzudecken.[39]

Dies sind frühe Hinweise für einen englischen Handel mit der Glycyrrhiza, die aus der Levante und Spanien eingeführt wurde. Den Anlass, die Wurzel auch vor Ort anzubauen, könnte eine Veränderung der englischen Trinkgewohnheiten gegeben haben. Um 1425 wurde Englands wichtigstem alkoholischem Getränk, dem mit Malz bereiteten Ale, erstmals Hopfen hinzugefügt, um es haltbarer zu machen. Hierdurch veränderte sich auch der Geschmack, und das vormals süße Bier wurde bitter. Um diese Bitterkeit auszugleichen, wurde das Ale nun mit Süßholz angereichert, wodurch sich auch der Süßholzbedarf erhöhte und ein eigener Anbau zweckmäßig wurde. Einen frühen Hinweis für den Anbau der Pflanze liefert der Botaniker Thomas Tusser (ca. 1524-1580) jedoch erst im darauffolgenden Jahrhundert in seinem Buch ›Fünfhundert Punkte für gute Landwirtschaft‹ (Five hundred points of good husbandry, 1573). Darin listet er Süßholz als eine der notwendigen Pflanzen auf, die in jedem Arzneigarten angepflanzt werden sollen.[40]

Wesentlich präziser legt der Chronist John Stow (ca. 1525-1605) den Beginn für den Süßholzanbau in das erste Regentschaftsjahr von Königin Elisabeth I. (1558).[41] Aber William Turner (1508-1568), der Gründer der britischen Botanik, benennt als einzigen Anbauort der Glycyrrhiza die Berge in Deutschland. In England hat er die Pflanze niemals wachsen sehen.[42]

Das Süßholz war zu jener Zeit jedoch nicht nur für die englische Ale-Brauerei oder als Gewürz für Lebkuchen unabdingbar, sondern fand als Pharmakon eine breite Verwendung. Elisabeth I. ließ sich noch im Jahre 1563 von ihrem Botschafter aus Madrid berichten, dass der spanische König Philipp II. (1527-

1598) aufgrund eines zu hohen Alkoholkonsums an Gicht litt und sein Hausarzt Dr. Vessalius ein Getränk aus Süßholz und Gerste verschrieb.[43] Während sich der englische Hof um das Wohlergehen des spanischen Königs sorgte, stand für die Londoner Untertanen jedoch die Bedrohung durch die Beulenpest auf der Agenda. Eines der Krankheitssymptome dieser Seuche war ein blutiger Auswurf, begleitet von starkem Husten, der mit Kampfer und Süßholz behandelt wurde. Hierdurch, wie auch bereits während der großen Pandemie auf dem europäischen Festland, konnte sich die Glycyrrhiza vollends im englischen Arzneischatz etablieren.[44]

Im 17. Jahrhundert pflanzte der Londoner Apotheker und seiner Majestät königlicher Botaniker John Parkinson (1567-1650) das Süßholz in seinem Garten in Holborn, jenem Hügel mit der ehemaligen Richtstätte vor den Toren Londons. Eine weite Verbreitung fanden auch seine Rezepte, die oft von nachfolgenden Ärzten kopiert wurden: Destilliertes Süßholz mit Rosenwasser und Traganth als wohltuender Tee, Süßholz aufgekocht mit Quellwasser, Widertod (Trichomanes) und Feigen gegen Husten und Heiserkeit, und feines Pulver zum Reinigen der Augen.[45] Der Arzt und Astrologe Nicholas Culpeper (1616-1654) lobte sogar den englischen Saft. Er sei besser als sein spanischer Verwandter. In alchemistischer Manier ordnete Culpeper die Pflanze dem Merkur als segenspendendem Planeten zu.[46]

Solche astronomischen Vorstellungen sind aus heutiger Sicht sicherlich individueller Natur und nicht auf die Allgemeinheit übertragbar, was aber unmittelbar die Frage nach den geschmacklichen Vorlieben jener Zeit aufwirft. Dies scheint sich vor allem während einer Epoche zu ändern – der Renaissance.

4 Süße Worte – Vom Raspler zum Confiseur

Wer kennt ihn nicht, den ›Süßholzraspler‹, jenen Gecken, der mit seinen schmeichlerischen Worten die Herzen betört und doch nichts anderes als Falschheit im Sinne hat? Dieses negative Image des Rasplers trug mit Sicherheit dazu bei, dass der heutige Lakritz-Konsument eher von zurückhaltender Natur ist. In Gesellschaft hütet er sich, seiner Leidenschaft zu frönen, wenn er sich der Zustimmung seiner Artgenossen nicht völlig sicher ist und keine schiefen Blicke ernten will. Doch sobald er sich unter Gleichgesinnten befindet, wird der Lakritz-Liebhaber hemmungslos, lässt alle Vorbehalte fallen und geht voll in seiner Schwärmerei auf.

Dieser Zwiespalt, dem der heutige Lakritz-Esser ausgesetzt ist, hat seine tiefgreifende Wurzel in der Geschichte. Denn er hängt unmittelbar mit den Veränderungen im Verhalten und der Weltsicht der Menschen zusammen, die seit der Renaissance unsere Einstellung gegenüber dem irdischen Dasein prägen. Ausgelöst durch die territorialen Entdeckungen und den erweiterten Fernhandel mit unbekannten Ingredienzien wie dem Süßholz, vermehrt sich zu jener Zeit nicht nur der Reichtum, sondern tragen die veränderten Lebensbedingungen auch zu einem neuen Lebensgefühl bei. Es treten bestimmte charakteristische Eigenschaften hervor, die nun den Renaissance-Menschen auszeichnen. Sie sind geprägt von seiner Sinnenfreude, seiner Hinwendung zur Natur, seiner Verwurzelung im ›Diesseits‹, seinem Individualismus, Paganismus und Amoralismus. Letztendlich dient alles, was unter seinen Händen entsteht, der Freude und dem Genuss.

Einen Eindruck von dieser Lebensfreude vermitteln die handkolorierten Abbildungen in den wenigen, erhaltenen Exemplaren des ›Tacuinum Sanitatis‹, eines Almanachs der Gesundheit aus dem 14. Jahrhundert.[1] Das Tacuinum Sanitatis erteilt Ratschläge zu allen Lebensbereichen, die für ein gesundes und glückliches Leben notwendig sind. Dazu gehört, neben den Ess- und Trinkgewohnheiten, der Unterhaltung und der Kleidung auch der Beischlaf. Ihm wird ebenfalls eine therapeutische Wirkung zugeschrieben, soll er doch kalte und müde Temperamente heilen. In dieser Auflistung durfte die Süßholzwurzel keinesfalls fehlen. Der Maler Giovannino di Grassi (gest. 1398) illustrierte in der Lütticher Ausgabe (ca. 1385-1400) eine einzigartige Szenerie (s. Abb. 10). Dieses Bild zeigt einen kleinen Jungen, der bei einem Händler eine Süßholzstange ersteht. Der Händler ist offensichtlich auf den Verkauf der süßen Stangen spezialisiert, denn nichts anderes lagert in seinen Regalen. Somit ist die Darstellung auch ein Vorbild für die heutigen Lakritz-Geschäfte.

Darüber hinaus verweist der Handel mit der puren Süßholzstange auf seine gebräuchlichste Verwendung – es wurde geraspelt. Die Wurzel in den Mund geführt, mit Daumen und Zeigefinger zwischen den Zähnen gedreht und die Rinde abgeknabbert, so dringt der Raspler seiner Zeit an den inneren Kern des süßen Holzes vor. Eben jener Vorgang ist die Grundlage der heutigen Redewendung, mit der der Raspler verhöhnt, verlacht und geschmäht wird. Dessen Bild vervollständigt nicht nur der altgediente ›Schmeichler‹, sondern in seiner extremsten Form auch der ›Schleimer‹.

Einen Hinweis, dass erstmals in der Renaissance nicht nur der Verzehr von Süßholz, sondern der Raspler selbst in Vordergrund tritt, liefert uns der Diplomat und Schriftsteller Baldassare Castiglione (1478-1529). Sein ›Buch vom Höfling‹ (Il libro del Cortegiano, 1515)[2] gleicht einem Verhaltenscodex des ›neuen‹ Renaissance-Menschen. In diesem ›Knigge‹ des 16. Jahrhunderts beschreibt er die äußeren und inneren Qualitäten des Hofmannes und sein gefordertes Verhalten am Hofe. Darin kritisierte er den Schmeichler, aus dem im übertragenen Sinne auch das Bild des uns bekannten Süßholzrasplers entstand.

Abb. 10 Süßholzstand der Renaissance (14. Jh.)

Um den Weg von der italienischen Hofgesellschaft zu der Redewendung nachzuvollziehen, müssen vorab noch zwei Faktoren bedacht werden. Zum einen hat sich in der Renaissance eine Zweisprachigkeit herausgebildet und die lateinische Schriftsprache wurde zunehmend von den Volkssprachen verdrängt. Zum anderen ist die literarische Ausbildung des Süßholzraspler auf den deutschen Sprachgebrauch einzugrenzen. Sie ist nicht von dem Bedeutungswandel zu trennen, den das griechische Wort ›Glycyrrhiza‹ erfahren hat und zu der heutigen Bezeichnung ›Lakritz‹ führte. Diesem Wandel folgte im deutschen Wortschatz auch eine semantische Veränderung. Stellte die Bezeichnung ›Liquiritia‹ zunächst lediglich eine Umwandlung von Glycyrrhiza dar, mit der vor allem die getrocknete Wurzel bezeichnet wurde, übertrug sich im Mittelalter der Name ›Lakritz‹ zunehmend auf den eingedickten Saft (Succus) in all seinen Formen. Als Beschreibung für die getrocknete Wurzel taucht nun das Wort ›Süßholz‹ auf.

Zu den ersten Zeugnissen der neuen Wortschöpfung zählt eine Benennung in dem »Büchlein der Ewigen Weisheit« des Konstanzer Theologen Heinrich Suso (Seuse, 1295-1366). Dort bittet ein Diener die ›ewige Weisheit‹ um Unterweisung, wie er sich verhalten solle, um das Leiden Christi angemessen zu betrauern. Die Betrachtung seiner Qualen sei mit herzlicher Teilnahme und Mitgefühl auszuüben, »denn anders bleibt das Herz so ungerührt von Andacht, wie der Mund von unverkautem süßem Holze«[3], antwortet die ›ewige Weisheit‹. Wenig später benutzt der Regensburger Arzt Konrad von Megenberg (1309-1374) in seinem ›Buch der Natur‹ (1349/50) den Ausdruck als »lakritzensaher saft, daz man süezholz haizt«.[4]

Nachdem die Wurzel benannt war, musste die Wortschöpfung nur noch Eingang in die literarischen Gefilde finden. Der englische Dichter Geoffrey Chaucer (ca. 1343-1400) wählte als einer der ersten Autoren in seinen ›Canterbury Tales‹ (nach 1388) öfters ›Licorys‹, um Schönheit, Lieblichkeit oder den feurig-sanften Blick seiner Helden zu kennzeichnen. Imposant ist die Passage in der Erzählung des Müllers zu lesen, in der sich ein Student aus Oxford bei einem Zimmermann einmietet und dessen Ehefrau verführt:

»Den flinken Niklaus hieß man den Scholaren;
In Liebeshändeln war er wohlerfahren
Und ein höchst schlauer und verschwiegener Gast,
doch mädchenhaft in seinem Äußern fast;
...
Mit süßen Kräutern war bedeckt der Flur;
Er selbst war süßer als das Süßholz nur
Und Baldrian es irgend sind.«[5]

Geoffrey Chaucer verbindet in seiner Sprachmetaphorik das Süßholz mit bestimmten Gefühlen, mit Sehnsüchten und Stimmungen, die dann auf Personen übertragen werden und Assoziationen von Glück, Wohlbefinden oder Sexualität hervorrufen. Im England des 16. Jahrhunderts ersetzen dann solche Süßholz-Empfindungen die ›zuckrigen‹ (sugared) oder ›honigsüßen‹ (honeyed) Töne, während die Liebesschwüre mit Süßholz zu einem ›süßen Gerede‹ (sweet-talking) verkommen.[6] Selbst die geschmackliche Wandelbarkeit der Wurzel scheint entlarvt, als in Shakespeares Othello der Diener Jago über seinen Herren raunt: »Die Speise, die ihm jetzt so würzig schmeckt als Süßholz, wird ihm bald bitterer dünken als Coloquinten.«[7]

Wird in den Canterbury Tales noch das äußere Erscheinungsbild der Helden bei einem Vergleich mit der Glycyrrhiza einbezogen, tritt in der deutschen Literatur der leibliche Aspekt des Rasplers in den Hintergrund und seine Tätigkeit gewinnt an Bedeutung. Einer, der Süßholz raspelt, wird zum Schmeichler, der schöne Reden führt. Dies könnte einer Anweisung des 13. Jahrhunderts aus einem Zisterzienserkloster entstammen, um »dünne Stimmen geschmeidig zu machen durch Saft von Süßholz [Liquiritiae]«[8], doch im 16. Jahrhundert klingt der Unterton der Falschheit mit. In diesem Sinne ist es eben eine vielbesprochene Eigenschaft des Höflings der Renaissance, denn auch bei Baldassare Castiglione hat die schmeichlerische Rede einen Beiklang der Falschheit und Ehrlosigkeit.

Zwar sei unter den Edelleuten ein Eifer entstanden, schöner zu sprechen und zu schreiben, schreibt er im ›Cortigiano‹, doch verfemt seien ihre gezierten Reden, »dass man jetzt und jetzt glaubt, sie würden ihre Seele aushauchen, und wenden desto mehr solche Mätzchen an, je höher die Person steht, mit der sie sprechen.« Baldassare Castiglione warnt davor, diesen Reden zu lauschen, denn »unserm Ohr ist seine Melodie angenehmer als der süßeste Sang oder Klang, obwohl der Wohllaut des Lobs so wie die Stimme der Sirenen zur Ursache unsers Untergangs wird, wenn wir uns nicht die Ohren vor der trügerischen Harmonie verstopfen.«[9] In Kenntnis dieser Gefahr verweist er auf einen Gelehrten der Antike, der niedergeschrieben habe, wie man den wahren Freund vom Schmeichler unterscheiden könne. Dieser Weise könnte Theophrast von Eresos gewesen sein, dessen Charakterbeschreibung des ›Schmeichlers‹ vielleicht zur literarischen Vorlage dieser Personage gedient hat. Bereits bei Theophrast ist die Schmeichelei ein ehrloses Benehmen im Umgang mit anderen, das auf den Vorteil des Schmeichelnden berechnet ist.[10] Der Kulturwissenschaftler Egon Friedell (1878-1938), der sich ebenfalls auf Theophrasts Charaktere bezieht, verstärkt dieses Bild noch, denn für ihn ist der Süßholzraspler ebendiesem ›Speichellecker‹ verwandt.[11]

In der deutschen Literatur empfiehlt erstmals der Meistersänger Hans Sachs (1494-1576) das Süßholzraspeln für die Schönrednerei:

»Pehilff dich nur mit solchen possen
Und nem nur süssholz in den mund;«[12]

Diese Zeilen aus einem seiner ›Pritschengesänge‹ (1549) sind einem Schützen gewidmet, der die Scheibe nie trifft und deshalb wohl ehelichen Streit zu erwarten hat. Um der Streitsucht seiner Frau aus dem Wege zu gehen, wird ihm geraten, das ›Süßholz zu raspeln‹. In einem weiteren Spiel richtet Hans Sachs diese Empfehlung jedoch an eine Frau. ›Das heiße Eisen‹ – ein Bügeleisen – soll einen Ehemann aufgrund des Argwohns seiner Frau und angestiftet von der Nachbarin, wegen Verdachts der Untreue auf die Probe stellen. Der Mann kann seine Unschuld beweisen. Er hält der Probe stand und lässt sich von dem heißen Eisen, das bei einer Lüge seine Haut verbrennen soll, nicht beirren. Doch fragt er seinerseits seine Gattin nach ihrer Tadellosigkeit, die angesichts der bedrohlichen Lage einige Fehltritte bekennen muss. Der Nachbarin rät der Mann am Schluss:

»Gevatt'rin trollt euch und schweigt still!
Ihr habt verloren hier das Spiel,
denn Euer Handel ist mistfaul,
drum nehmet Süßholz in das Maul!
Zieht nur recht sanfte Saiten auf,
sonst kommt heut' nacht Sankt Stockmann drauf,
und Euch für Euer Laster straf'!«[13]

Bei Hans Sachs ist das Raspeln noch nicht geschlechtsspezifisch und soll von Mann und Frau gleichermaßen ausgeführt werden. Was er als guten Rat erteilt, wird aber zunehmend zum Charakteristikum einer bestimmten Persönlichkeit, eines im Sinne von Baldassare Castigliones schmeichlerischen Zeitgenossen. Im Laufe der Jahrhunderte verlagert sich die Assoziation des Süßholzraspelns mit Schönrednerei und Schmeichelei auf den Mann, der seiner Angebeteten den Hof macht. In dieser einfachen Form hält sich die Redewendung bis in die Gegenwart. Hinzu kommt die direkte sexuelle Komponente, die in der Bedeutung »einem Mädchen schön tun« nur anklingt. Am kräftigsten bezeugt diesen Wortgebrauch das ›Kindlebens Studentenlexikon‹ von 1781: »Raspeln wird auch scherzweise gebraucht, um die Handlung des Beyschlafes zu bezeichnen.«[14] Zu jener Zeit verfestigt sich auch das negative Image des Rasplers. Er wird nun als Stutzer charakterisiert, dessen Raspeln weichlich und verächtlich ist. Der Satiriker Gottlieb Wilhelm Rabener (1714-1771) zeichnet um 1750 das Bild eines solchen Gecken: »Die Hände wusch er sich in Rosenwasser und kaute beständig Süßholz.«[15]

Von solchem Spott wurde auch der Philosoph der Aufklärung Jean-Jacques Rousseau (1712-1778) überhäuft. In seinem Erziehungsroman ›Emile‹ (1751) forderte er zwar in dem Abschnitt über das »Entwöhnen, Zahnen, feste Nahrung, Sprechen«, den unnützen und schädlichen Tand von Schellen und Klappern aus Silber, Gold, Korallen oder geschliffenem Kristall aus dem Kinderzimmer zu verbannen und stattdessen den Kindern »kleine Zweige mit ihren Blättern und Früchten; ein Mohnkopf, in dem man den Samen rasseln hört, eine Stange Süßholz zum Lutschen und Kauen« zu geben, um sie von Geburt an von allem Luxus fernzuhalten.[16] Seine harten Worte schützten ihn aber nicht davor, selbst mit Hohn überladen zu werden, sodass Rousseau sich an diese unbefangene Passage aus dem Roman noch bitterlich erinnern sollte. Nach Fertigstellung von ›Emile‹ kehrte er nach Paris zurück, nahm dort am gesellschaftlichen Leben teil und empfing in seiner Dachwohnung in der Rue Plâtrière hochstehende Besucher wie den Herzog von Alba und den Prinzen de Ligne. Dies endete abrupt, als er in der ›Correspondance littéraire‹, einer Zeitschrift mit Berichten über die literarischen und philosophischen Entwicklungen in Frankreich, einen Artikel von seinem früheren Freund und späteren Widersacher Friedrich-Melchior Baron von Grimm (1723-1807) lesen musste: »Herr Rousseau hat mit dem armenischen Gewand auch seine Bärenhaut abgelegt, ist wieder ein galanter Süßholzraspler geworden und soupiert wie in früheren Zeiten mit der Elite der Snobs und Höflinge.«[17]

Nach der französischen Revolution und den napoleonischen Kriegen verschlechtert sich das Image des Süßholzraspler zusehends, denn nun ist ›Härte‹ das neue Ideal von Männlichkeit. Brot und Käse statt Lebkuchen und Bärendreck kauft sich der Held in Jeremias Gotthelfs (1797-1854) Roman ›Der Bauern-Spiegel‹ für seine Bettelei.[18] Süßholz raspeln bedeutet nun, »den Angenehmen, Geleckten, Schmachtenden spielen«. Es ist einer, »der mit jeder Schürze süß liebäugelt, die Nase vorstreckt und mit dem Kopfe wiegt, als ob er ›Baumkuchen‹ röche, und mit den steifen Beinen Circumflexe in den Sand scharrt«, erklärt ein unbekannter Theaterrezensent.[19]

Von seinen männlichen Rivalen mit Spott überladen und der Lächerlichkeit preisgegeben, hält der Süßholzraspler nun vollends Einzug in die Satire. Sebastian Brunner nennt 1848 in der »Prinzenschule zu Möpselglück« in diesem Sinne die Schullehrer bei der Wahl des Abgeordneten Richters »angenehme Schmeichler und liebliche Süßholzraspler«.[20] Der Schriftsteller Max Waldau (1825-1855) beschreibt in seinem dreibändigen Roman ›Nach der Natur‹ (1850) eine seiner literarischen Figuren (Geibel) als »Süßholzraspler im Leben wie am Schreibtisch«.[21] In diesem Sinne wird der Ausspruch dann auf die Schulen und Universitäten übertragen, »den gelehrten Raspelhäusern«, die nur Blüten, aber keine Früchte hervorbrächten.[22] Und Johann Wolfgang Goethe schickt in einer Rezension den Autor Johann Gottlieb Schummel (1748-1813) für die lieblose Darstellung seines Protagonisten Yorik[23] »ins neue Arbeitshaus ..., wo alle unnützen und schwatzenden Schriftsteller morgenländische Radices raspeln, Varianten auslesen, Urkunden schaben, Tironische Noten sortieren, Register zuschneiden und andere dergleichen nützliche Handarbeiten mehr thun.«[24] Posthum wird in einem Wörterbuch erklärt: »Auch das studentische ›Süßholz raspeln‹ für den ›Hof machen, schöne Worte sagen‹ will wohl verächtlich damit eine Fronarbeit andeuten«, was bedeutet, eine nutzlose geistige Tätigkeit auszuüben. Mit dem Verweis auf die Raspelhäuser werden die Süßholzraspler auch gleich in den Schatten der öffentlichen Justiz, der Gefängnisse gestellt, denn der Ausdruck bezog sich ursprünglich auf Arbeits- oder Zuchthäuser, in denen die Gefangenen zum Raspeln (= hobeln) von besonders hartem Holz gezwungen wurden.

Abb. 11 Amsterdamer Raspelhaus (1662)

Zusätzlich wird der Süßholzraspler auf der Bühne verlacht. In einer Berliner Burleske macht sich der Schneidermeister Zwiebel über seinen Freund Süßholz lustig, der sich zu Hause mit Frau Zwiebel unterhält. »Nein ist dieser Süßholz dämlich – sitzt alle Abend stundenlang bei meiner Frau und erzählt ihr von seinen afrikanischen Reisen.«[25] Eine Wiener Posse zeigt den Gewürzkrämer Eustachius Süßholz gar als »affektierten Melancholiker«.[26] Zum Ende des Jahrhunderts wandelt sich das Bild des Rasplers so deutlich ins Negative, dass in einem Nachruf auf Gottfried Keller (1819-1890) zu lesen ist: »Nicht ein verbitterter Süßholzraspler von heute steigt vor uns einher, sondern der lächelnde feine Mann in seinem unsterblichen Nanking sommerlich gekleidet.«[27]

Im 20. Jahrhundert findet sich die Redensart in der Literatur kaum, und die negative Konnotation scheint fast vergessen, wenn ein amerikanischer Schriftsteller erklärt, dass Süßholzraspeln in der Rede verwendet werde, um seine Treue zu beschwören.[28] Trotzdem hält sich das negative Bild des Süßholzrasplers im allgemeinen Sprachgebrauch und endet schließlich auf dem politischen Parkett. Wird heute vom Rednerpult im Bundestag dieser Ausdruck in die Runde geworfen, kommt er zwar antiquiert daher, trifft aber den Adressaten in voller Härte. Jeder weiß, was dies bedeutet: Mit einer blumigen Sprache werden Realitäten verschleiert. In diesem Sinne titulierte auch eine angesehene Wochenzeitung das G8-Gipfeltreffen von Göteborg (2001) als »Gipfel der Süßholzraspler«.²⁹

Bloß der Kanzler und sein Pudel
Bleiben fett wie eine Nudel,
Weil man in der Wilhelmstraß'
Früher schon nur Süßholz aß.

Abb. 12 ›Der Kanzler und sein Süßholz‹ (1905)

Doch kehren wir zurück in die Renaissance. Diese Epoche mit ihren metaphernreichen Bildern brachte nicht nur die Redewendung des Süßholzraspels hervor. Vielmehr bildeten sich in jener Zeit auch die Métiers heraus, die sich mit der Weiterverarbeitung der Wurzel beschäftigten und mit ihren Veröffentlichungen den Grundstein für den verbreiteten medizinischen Nutzen der Pflanze legten. So definiert zum Beispiel der florentinische Arzt und Philosoph Marsilio Ficino (1433-1499) in seinen ›Büchern vom Leben‹ (De vita sana, 1489) die Rolle des Arztes neu und setzt damit den Menschen in Bezug zu seinem irdischen Dasein und dem Universum: »Der Landwirt bereitet Feld und Samen darauf vor, die himmlischen Gaben zu empfangen [...], und etwas Ähnliches tun der Arzt und der Chirurg in unserem Körper, sei es, um unsere Natur zu kräftigen, sei es, um sie besser an die Natur des Universums anzupassen.«³⁰

Doch nichts an dieser Wunschvorstellung weist auf den desolaten Zustand hin, in dem sich das gesamte Gesundheitssystem des Mittelalters und der Renaissance befand. Dringende Reformen zogen sich, anders als in der Gegenwart, über einen langen Zeitraum hin. Noch im Mittelalter überkreuzten sich die Aufgabenbereiche mehrerer heute voneinander getrennter Berufszweige. Vor allem zwischen Ärzten und Pharmazeuten herrschte eine erbitterte Konkurrenz, bis ihre Aufgaben 1241 durch ein Gesetzeswerk des letzten Stauferkaisers Friedrich II. (1194-1250) geregelt wurden. Die Ärzte hatten sich von nun an ausschließlich mit der Verwendung und Ordination von Heilmitteln zu befassen, während den Pharmazeuten deren Beschaffung und Zubereitung oblag. Nach dieser Verordnung kristallisierte sich der Apotheker aus ›apothekenähnlichen Betrieben‹ in den Städten und an den Höfen des Landes im heutigen Sinne zu einem selbständigen Beruf heraus und sollte im 16. Jahrhundert seine volle Anerkennung erfahren.

Wesentlich desolater blieb die Situation auf Seiten der Ärzteschaft. Da die Frauen durch die Verleumdungen ihrer männlichen Kollegen und die Einrichtung von Stadtärzten aus dem Heilberuf verdrängt wurden – sie besaßen nicht die gesellschaftlich anerkannte Qualifikation für den Medizinberuf, das Universitätsstudium – entstand eine Kluft in der medizinischen Behandlung. Einerseits sollten Patienten nach der überwiegend theoretisch orientierten Medizinausbildung der Universitäten kuriert werden, andererseits lagen die Erfordernisse der täglichen Praxis eher im handwerklichen Rahmen, den die ›Schulmedizin‹ nicht ausfüllen konnte.

Die Legitimation für ihre Schulmedizin suchte die männliche Ärzteschaft in den Wurzeln der Geschichte. So ermöglichte ihr die allgemeine Hinwendung der Renaissance zur griechisch-römischen Kultur und damit der Wiederentdeckung der Antike, an die alten Meister der Botanik und Medizin anzuknüpfen. Die weite Verbreitung der antiken Schriften in dieser Zeit des Umbruchs war vor allem der Erfindung des Buchdrucks in der Mitte des 15. Jahrhunderts zu verdanken.

Insbesondere die Neuauflagen der ›De Materia medica‹ von Dioskurides genossen eine uneingeschränkte Autorität. Als Übersetzer und Kommentator war der italienische Arzt und Botaniker Pietro A. Mattioli (1501-1577) besonders erfolgreich. Er popularisierte durch seine Übersetzungen wissenschaftlicher Werke aus dem Griechischen und Lateinischen in seine Muttersprache das gelehrte Wissen, das dann auch in weitere Sprachen übertragen wurde. In der deutschen Ausgabe des ›Neuw Kreütterbuch‹ von 1586 liest sich dann eine Abhandlung von Pietro A. Mattioli über die Süßholzwurzel folgendermaßen:

> »Die Wurtzel geweket / oder den Safft im Mund gehalten / bis er sanfft hinab schleicht / leschet den Durst / stillet den Hunger / bekompt wol der Lebern, dem hitzigen Magen / benimpt den Sodt / reinigt die Brust und Lungen / macht auswerffen / lindert die rauhe Kälte und Lufftrohr / erweycht die Aposten und Geschwäre. Wirdt derhalben fruchtbarlich gegeben wider die heyserkeit / husten / schweren Athem / Lungensucht und Seitenwehe.«[31]

Die Ausgaben von Pietro A. Mattioli enthalten jedoch nicht nur seine Texte, sondern auch prunkvolle Holzschnitte. Für seine Dioskurides-Ausgaben sind gerade die unterschiedlichen Darstellungen der Süßholzwurzel bezeichnend. Allein die deutsche Ausgabe von 1586 enthält zwei Holzschnitte nach Zeichnungen des Schweizer Arztes Conrad Gessner (1516-1565). Auch andere Kräuterbücher wurden mit hervorragenden Abbildungen der Glycyrrhiza illustriert. Zum Beispiel enthalten die Werke der Botaniker und Ärzte Otto Brunfels (ca. 1489-1543), Hieronymus Bock (1498-1554) und Leonhard Fuchs (1501-1566) Darstellungen des Schmetterlingsblütlers. Besonders hervorzuheben ist hier die Abbildung bei Hieronymus Bock. Auf seinem Holzdruck ist unterhalb der Pflanze auch ein Wurzelkranz und eine Succus-Tablette mit einem Reichsadler als Emblem abgebildet.

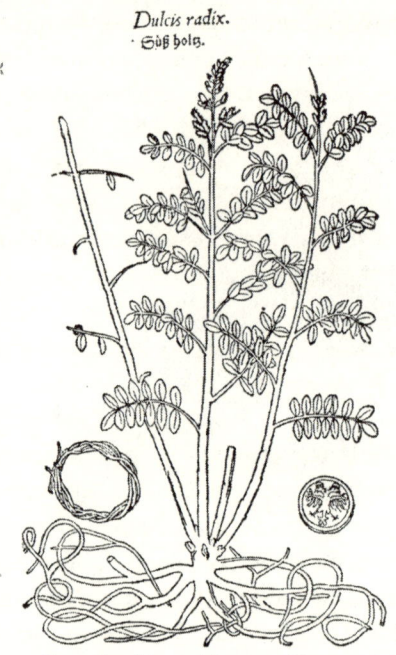

Abb. 13 Darstellung der Glycyrrhiza von Hieronymus Bock (1522)

Der Taler und der Kranz sind, neben der Süßholzstange, in der Renaissance die handelsüblichen Formen von Lakritz.

Die Kompendien der Botaniker lieferten den Ärzten und Apothekern eine so gute Bildvorlage, dass sie ihnen eine eindeutige Identifizierung von Pflanzen gestatteten. Die begleitenden Texte beruhen auf einzelnen Quellen, die vorher zu Versatzstücken zerlegt und dann zu einem neuen Flickenteppich zusammengefügt wurden. Ihre Ursprungselemente, oft unverkennbar verstellt, stammen u. a. von Theophrast, Plinius, Dioskurides und Galen. Ein frühes Werk, in dem diese Technik besonders zum Tragen kommt und das Süßholz erwähnt wird, ist der Mainzer ›Gart der Gesundheit‹ (1483), eine von vielen Händen vermehrte und veränderte Fassung des ›Circa Instans‹.

Neben den pharmakobotanischen Werken entstehen im 16. Jahrhundert auch die ersten gedruckten und von nun an für den Apotheker verbindlichen Arzneibücher. Sie heißen ›Antidotarium‹, ›Enchiridion‹, ›Dispensatorium‹ oder ›Dispensarium‹. Das früheste bis heute erhaltene Dispensierbuch einer Apotheke ist ›Ein new Artzney-Buch‹ des Arztes Christoph Wirsung (1500-1571) aus dem Jahre 1568.[32] Dieses Buch bezieht sich in erster Linie auf die häusliche Krankenpflege in kleinen Städten und auf dem Lande. Das Süßholz beschreibt Christoph Wirsung in der Tradition von Galen als »[...] gantz temperiert / Warm / mit etwas anziehen / unnd der süssen halb etwas feucht.« In bekannter Manier zählt er auch die heilende Wirkung auf und fügt neue Anwendungsmöglichkeiten hinzu. Dazu zählen das Nachlassen der Sehkraft, Schwindel, Geschmacksverlust, Zahnbelag und Mundgeruch. Mit Perlen und geschabtem Elfenbein vermischt, ist es wirksam bei Fallsucht. Darüber hinaus eignet es sich gut gegen Schuppen und zum Färben der Haare. Aber auch die Melancholie, eine der neuen Krankheiten der Renaissance, kann mit der Wurzel geheilt werden. Schließlich weist Christoph Wirsung darauf hin, dass die Glycyrrhiza während einer ruhrähnlichen Epidemie in Mosbach eingesetzt wurde.

Doch der Eindruck, den die Vielzahl der veröffentlichten Medizin- und Kräuterbücher hinterlassen, täuscht. Zwar vermehrte sich durch den Buchdruck das Wissen über die heilende Wirkung der Pflanzen, auch wurde die Behandlung nach Medizinbuch immer stärker verlangt und waren die Apotheken angewiesen, sämtliche in den amtlichen Arzneibüchern verzeichneten Medikamente vorrätig zu halten, doch hielt sich noch lange der Widerstand gegen die Buchmedizin und deren Vollstrecker. Denn für viele Menschen war es ein zu teures Unterfangen, die Dienste solcher ›Studiosi‹ in Anspruch zu nehmen. Vor allem in den ländlichen Regionen jenseits der neuerstandenen städtischen Zentren behandelten sich die meisten Menschen noch mit alt überlieferten Hausmitteln oder kauften ihre Salben und Mixturen weit billiger von den herumziehenden Händlern. In den Städten gab es auch eine große Anzahl von ›Winkelapothekern‹, die an Tischen in belebten Gassen und auf Marktplätzen ihren ärztlichen Rat erteilten und ihre Medikamente zu wohlfeileren Preisen absetzten. Zudem befassten sich bis ins 18. Jahrhundert auch andere Berufsgruppen mit der medizinischen Versorgung der Bevölkerung. Von jeher betätigten sich Alchemisten, Bader, Barbiere und Henker im Krankengeschäft. Dem sind noch jene Scharlatane, Wunderheiler, Quacksalber und andere Spezialisten aus dem Kreis der fahrenden Leute hinzuzufügen, die in marktschreierischer Weise ihre Waren anpriesen.

Zwischen den Stadt- und Landärzten, Apothekern, Badern, Barbieren, Henkern und Wunderheilern gab es jedoch eine Gemeinsamkeit. Sie alle beschworen die wundersame Heilkraft von Allheil- und Wundermitteln, wie den Latwergen ›Mithridaticum‹ und ›Theriak Andromachus‹. Diese opiumhaltigen Latwerge konnten leicht die Wirkung einer raschen Linderung und Heilung vortäuschen und sollten den Organismus unempfindlich gegen Gifte von schädlichen, unreinen Tieren, Würmern und Ungeziefer machen und einen wirksamen Schutz vor neuen Infektionen bieten – was vor allem bei der grassierenden Syphilis und der Pest die Gemüter beruhigte. Auch die Melancholie steht auf der Indikationsliste. Allerdings war die Einnahme des Theriaks den jungen Leuten im blühenden Lebensalter verboten, es sei denn, sie befanden sich in großer Not.[33]

Wie schon in der Antike waren die Ingredienzien für den ›Theriak Andromachus‹, dieser ›Königin der Arzneimittel‹, vorgeschrieben und das Rezept strikt einzuhalten. Demnach war auch das Süßholz als wichtiger Bestandteil in den Apothekerregalen unabkömmlich. Um die entsprechende Qualität sicherzustellen, wurden vielerorts alle Bestandteile des kostbaren Kompositums vor der Zubereitung öffentlich ausgestellt. In Nürnberg durfte zum Beispiel die Herstellung ab 1529 nicht ohne eine vorherige Besichtigung der Zutaten durch die Stadtärzte erfolgen.

Abb. 14 »Öffentliche ärztliche Besichtigung der Bestandteile zur Bereitung des Theriaks« (1512)

Neben der ›Königin der Arznei‹ versprach auch ›die Köstlichste der Arzneien‹ den Kranken eine Linderung – das Elixier. In der arabischen Heilkunde wurde es schon bei dem Alchemisten Gabir ibn Hayyan (721-776) im 8. Jahrhundert als al-iksir (Quintessenz, ›Stein der Weisen‹) erwähnt und wegen der verjüngenden Wirkung und immerwährenden Gesundheit von Leib und Seele gerühmt. Die Zubereitung des Elixiers erfolgte nach alchemistischen Küchenregeln, wobei neben den Substanzen aus dem Mineralreich und den pflanzlichen Stoffen Haare, Blut, Eierschalen, Dotter und vieles mehr in die Retorten wanderten. Galt das Elixier zunächst als ein Mittel zur Veredelung unedler Metalle, denn man glaubte an seine Gold erzeugende chemische Kraft, fand es in abgewandelter Form durch die chemischen Versuche des Arztes Theophrastus Aureolus Bombastus von Hohenheim, genannt Paracelsus (1493-1541), bald seinen offiziellen Eintritt in die Arzneibücher. Noch bis heute ist das Elixier in der Heilkunde ein in Wein oder Alkohol gelöster Auszug aus Heilpflanzen mit verschiedenen Zusätzen. Allerdings sind von den hunderten verschiedenen Elixieren nur noch zwei im Handel übrig geblieben, das ›El. Auranti compositum‹ (Hoffmanns Magenelixier) und ›El. e Succo Liquiritiae‹, das ›Elixier des Süßholzsaftes‹. Nach alten Überlieferungen werden hierzu »40 Teile gereinigter Süßholzsaft in 120 Teilen Wasser und 6 Teilen Ammoniakflüssigkeit gelöst. Nach 36 Stunden wird die Lösung von je 1 Teil Anis- und Fenchelöl in 32 Teilen Weingeist zur ersten Lösung zugefügt und nach kräftigem Umschütteln 1 Woche stehen gelassen. Nach Dekantieren des klaren Teils wird bei bedeckt gehaltenem Trichter filtriert, so dass ein braunes Präparat frei von Bodensatz resultiert.«[34]

In der Renaissance wurden solche Mittel mit einem hohen Reklameaufwand angepriesen, und geschäftstüchtige Marktschreier, Gauner und Betrüger verdienten ein Vermögen damit, ihre Kunden in den Glauben zu versetzen, dass ein Universalelixier alle Krankheiten heilen, Hässliche verschönern, Greise verjüngen und die ewige Liebesbereitschaft garantieren könne. Solcher Konkurrenz musste sich der ehrsame Apotheker erwehren, und es wundert nicht, wenn er in seiner Not selbst zum Giftmischer wurde. Shakespeare beschreibt in ›Romeo und Julia‹ (1562) das Bild eines solch ausgemergelten Apothekers, bei dem Romeo in Mantua sein tödliches Gift ersteigert: »Es wohnt hier herum, ich erinner mich dessen, ein alter Mann, der Heilmittel verkauft und sich mit Chemie abgibt; ich habe den Unglücklichen bemerkt; er sammelte Kräuter; er hatte dichte Augenbrauen und einige Lumpen auf dem Leibe; er war mager, man sah seine Knochen, das Elend hatte ihn aufgerieben.«[35]

Ein Ausweg aus dieser Misere bot sich dem Apotheker, wenn er seine Widersacher durch ein vergrößertes Warenangebot abschrecken und dadurch neue Kunden anlocken konnte. In der Tat war der Apotheker der Renaissance nicht nur Arzneihändler, sondern vor allem ein Kaufmann, der einen umfassenden Nebenhandel führte. Neben den klassischen Präparaten, wie Wurzeln, Kräutern und Gewürzen, hatte er Spirituosen, Räucher- und Schreibwaren und Artikel zur Körperpflege im Angebot. Und zwischen den chirurgischen Instrumenten, Giften zur Bekämpfung von Ungeziefer, Gerbstoffen und Pelzwerk lagen Heringe, Wurst und Schinken herum.

Zu den Besonderheiten in ihrem Warensortiment zählte der Zucker, dessen Verkaufsmonopol sich die Apotheker seit seiner Einführung aus dem Orient wegen der Heilkräfte, die man ihm zuschrieb, aneigneten. Angeblich wirkte seine Süße herzstärkend und leicht abführend, was dem Zucker eine therapeutische Bedeutung verlieh. Vornehmlich wurde er allerdings zum Würzen, Süßen, Einkochen und Verzieren genutzt.

Der Handel mit Gewürzen stellt auch die direkte Verbindung zu einer anderen Berufsgruppe her, die in Frankreich lange Zeit mit den Apothekern in einer Zunft geführt wurde und die schließlich mit der Zuckerverarbeitung die Grundlagen der späteren Süßwarenindustrie schaffen sollte – den Gewürzhändlern. Mitglieder dieses angesehenen Berufsstandes, der heute weitgehend in Vergessenheit geraten ist, standen sogar der Kochbrigade in Königshäusern vor. Zwar war ihnen der Verkauf von heilmittelartigen Waren untersagt, doch als Gewürz getarnt konnten Honig, Zucker und das Süßholz aus ihren Verkaufskontoren die Geschmacksvielfalt der Renaissance bereichern. In dem Statutenbuch »Livre des métiers« (ca. 1300) aus Paris wird Süßholz neben Pfeffer, Zimt und Kümmel als ein Gewürz aufgezählt und als solches auch in dem ›Roman de la Rose‹ (Rosenroman) von Guillaume de Loris (ca. 1350) benannt.[36]

Obwohl einstmals vereint, kristallisierten sich im Laufe der Jahrhunderte zwischen den beiden Métiers immer größere Unterschiede heraus, was sich besonders in den Lehrstatuten zur Erlangung des Meisterbriefes im 17. Jahrhundert manifestierte. Neben einer unterschiedlichen Lehr- und Gesellenzeit mussten die Apotheker ein ›Meisterstück‹ aus Kräutern, die Gewürzhändler allerdings eine Etagentorte aus Bonbons, Zuckerwerk, Gewürzkuchen, Konfekt oder kandierten Früchten zum Besten geben.

Abb. 15 »Der Zuckerbäcker« (1698)

Endgültig wurden in Frankreich die Berufszweige dann im 18. Jahrhundert voneinander getrennt. Den Apothekern war fortan der Gewürzhandel verboten, was auch den Zucker und die Zuckerwaren einschloss, und die Gewürzhändler gingen 1777 in den Berufstand der Confiseure (= Konditoren) über.[37] In den romanischen Sprachen ist seither die Confiserie (franz.), Confetteria (ital.) oder Confitteria (span.) für die Süßwarenherstellung zuständig.

Doch in der Renaissance war es noch die vereinte Berufsgruppe der Apotheker, die die beliebten und mit Zucker verfeinerten ›confectiones‹ herstellten. Hierbei handelte es sich zunächst um eingemachte, mit Zucker kandierte Pflanzenteile und Wurzeln, die als Arznei in verschiedenen Varianten gereicht wurden.[38] Dieses Handwerk perfektionierten die Apotheker dermaßen, dass selbst städtische Behörden sie anhielten, jedes Jahr eine gewisse Quantität Zuckergebackenes an die Stadtkämmerei abzugeben. Auch wurden die Ärzte vor ihren jährlichen Inspektionen der Apotheken mit den Zuckerwaren bestochen. Ferner schenkten Prozessführer den Richtern Süßigkeiten als Dank für den günstigen Prozessverlauf oder auf der Durchreise befindliche Persönlichkeiten wurden von den Stadtmagistraten mit ihnen beehrt. Sie erwiesen sich folglich als sehr nützlich, wenn es darum ging, die Gunst bedeutender Persönlichkeiten zu erwerben.

Darüber hinaus gehörte das süße Konfekt schon seit dem Mittelalter zu den festen Bestandteilen einer ausgeprägten Tischkultur des Hofes. Das üppige Mahl endete mit einer Nachspeise, die aus einem süßen und würzigen Wein (dem Hypocras), einer Art Oblaten, Schalenobst und Süßigkeiten bestand. Jedem Gast wurde eine eigene ›Bonboniere‹ überlassen, aus der er schon zwischen den Gängen und, um den therapeutischen Zweck zu betonen, zur Parfümierung des Atems knabberte und die Verdauung des Magens anregte. Daraus ging auch die Sitte hervor, immer etwas zum Naschen bei sich zu tragen und es selbst im Schlafzimmer vor dem Zubettgehen zu sich zu nehmen.

Zudem steigerten die teuren honig- und zuckerdurchtränkten ›Confectiones‹ als Symbol von Luxus und Raffinesse die Pracht bei Prunkmahlen in der Renaissance. 1549 wurde zu Ehren von Katharina von Medici im bischöflichen Palais in Paris ein Fest gegeben, auf dessen Rechnung der Apotheker und Gewürzhändler Pierre Siguier »sechs Dutzend Bund Fenchel, kandiert und Nelkenkörner, Rosen und Sternanis« aufführt, »alles mit feinem Zucker vergoldet, in Form von Bäumen gefertigt, die in Schalen gepflanzt worden waren, in denen sich Dragees befanden.«[39]

Das Süßholz spielte bei diesen kulinarischen Gelagen eine untergeordnete Rolle, wie ein Bericht über die Hochzeit des württembergischen Herzogs im Jahre 1511 zeigt. Hier behalfen sich die Stände mit Liquiritia, um die Ausgabe für den damals sehr teuren Zucker zu ersparen.[40]

Doch das Ansehen der Wurzel sollte sich im Laufe des 16. Jahrhundert ändern, wie bereits die Bemerkung von Hieronymus Bock, der lieber auf Zucker statt auf Süßholz verzichtete, andeutet. Im Zuge dieser Aufwertung ist es auch nicht verwunderlich, wenn der Straßburger Arzt Walther Ryff (Gualtherus Rivius, ca. 1500-1548), ein ehemaliger Schüler des Botanikers Otto Brunfels, in seinem ›Confect Büchlin und Hausz-Apothek‹ (1544) dazu aufforderte, das Süßholz neben Honig und Zucker auch zum Süßen von Confect und Latwergen einzusetzen.[41] Schon in seiner Einleitung weist Walther Ryff auf ein Rezept zur Herstellung einer Latwerge aus der Süßholzwurzel hin. Schließlich ist nach seinem Dafürhalten der Süßholzsaft aus Bamberg und Venedig »zu sehr verbrannt«, weshalb er gesondert darauf eingeht, »wie man einen solchen Saft recht und nützlich bereydten soll.« Dabei folgt er den Anweisungen von Matthaeus Platearius, die Wurzel zu zerquetschen, anschließend mit Wasser auszukochen und einzudicken. Allerdings rät Walther Ryff, die Wurzeln zuerst zu schälen, vor dem Auskochen in Wasser einzulegen und dann auszupressen. Erst danach soll der Saft auf niedrigem Feuer unter ständigem Umrühren bis zu einer zähflüssigen Konsistenz ausgekocht werden. Darüber hinaus schlägt er vor, während des Kochprozesses Zucker oder Honig hinzuzusetzen, um eine bessere Konsistenz zu erhalten. Doch auch ohne diesen Zusatz ist der Saft für Konfekt oder Latwerge, zu denen der Succus verordnet wird, nutzbar.[42]

In seiner Beschreibung zeigt sich, wie sehr sich der Charakter des Süßholzsaftes verändert hat, denn nicht allein die heilende Wirkung steht im Vordergrund, sondern der süße Geschmack. Allerdings ist der Succus hierdurch noch nicht von seinem Zusammenspiel mit anderen Drogen befreit. Ein gutes Beispiel liefert Walter Ryff in einem weiteren Rezept für Hustensirup. Nachdem das Süßholz mit Mauerkraut und Kirschhysop in einem Mörser zerquetscht und über Nacht in Wasser eingelegt wird, ist es am folgenden Tag mit Honig und Zucker aufzukochen und mit Rosenwasser abzuschmecken.[43] Noch wird der Wurzel nicht erlaubt, die Krankheiten mit alleiniger Kraft auszutreiben und den Saft in seiner reinen, süßen Variante zu genießen.

Gänzlich von weiteren Zusätzen befreit wird der ausgehärtete Süßholzsaft – das heutige Lakritz – ein Jahrhundert später. Ein Beweis lässt sich in den Schriften des Pariser Alchemisten Mosis Charas (1618-1698) finden, der in seiner ›Geschichte der Natur‹ alle erforderlichen Drogen des ›Theriak Andromachus‹ (Traité de la thériaque, 1668) aufzählt.[44] Mosis Charas rät ebenfalls, den Saft selber herzustellen und keine ›Fälschungen‹ zu verwenden. Nach seiner Beschreibung erhält der Succus nicht durch Honig oder Zucker, sondern durch eine (bereits gewohnheitsmäßige) Zugabe von Gummiarabikum oder Traganth eine geschmeidige Konsistenz. Anstatt den Saft in der Tradition der Komposita mit anderen Drogen oder Latwergen zu vermischen, empfiehlt der Alchemist vor allem den puren Succus als Hustenmittel und vermeidet alle weiteren Zutaten. Damit ist der Glycyrrhiza der Weg geebnet, um aus dem Schatten der Medizin zu treten und als Lakritz die süße Welt zu erobern. Zwar vergeht bis zu dem Bruch zwischen der medizinischen Indikation und dem Genussmittel ›Lakritz‹ noch ein weiteres Jahrhundert, aber die Zuordnung von Süßholz als Geschmacks-Korrigens, der alleinige Gebrauch seines Saftes, mit Zucker oder Honig gesüßt, und die Verfeinerung seiner Konsistenz durch Traganth oder Gummiarabikum sind die Grundlagen, auf denen die Herstellungstechniken zu dem heute bekannten Weichlakritz vervollkommnet wurden.

Die heutigen Begeisterungsstürme für Lakritz wären also ohne die Innovationen der Renaissance kaum vorstellbar. Die Wurzel gelangte nicht nur über den erweiterten Fernhandel und den Anbau in die Offizin der Apotheker, wo ihre Verwendung von der bitteren Medizin zum süßen Konfekt modifiziert wurde. Sie wurde auch ausführlich in den Kompendien der Botaniker beschrieben und in die Arzneibücher aufgenommen. Zur weiteren Verarbeitung der Wurzel bildete sich auch eine neue Berufsgattung heraus: Der Confiseur wurde zum Vorläufer des heutigen Süßwarenherstellers. Zusätzlich erlangte die Wurzel durch ihren süßen Geschmack einen so hohen Bekanntheitsgrad, dass ihr Genuss zur Vorlage für den Süßholzraspler diente und Eingang in die Literatur fand. Darüber hinaus gehört es zu den Paradoxien dieser an Gegensätzlichkeiten ohnehin nicht armen Epoche, dass mit der allmählichen Durchsetzung von modernen, wissenschaftlich fundierten praktischen Methoden auch die Glanzzeit der schwarzen Magie beginnt – wovon im nächsten Kapitel berichtet wird.

5 Schwarze Magie – Von Liebe, Gold und Bärendreck

Kaum den Windeln entflohen wird mancher ›Kunde‹ schon in seinen ersten Lebensjahren von einer magischen Aura der schwarzen Lakritz angezogen. Vielleicht ist es die geheimnisvolle, noch nicht mit dem Dunklen und Bösen konnotierte schwarze Farbe im Kontrast zu dem überraschend süßen Geschmack, die eine solche Faszination ausmacht und den Erwachsenen an den alchemistischen Glauben erinnert, aus ›dubiosen‹ Zutaten feinstes Gold spinnen zu können.

Das Refugium, in dem Phantasie und Wirklichkeit der Alchemisten zusammentreffen, ist die Küche. Zwischen all den Utensilien und Maschinen wird auch heute noch der Koch zum Magier, wenn er neben Kräutern und Gewürzen auch das Süßholz mit einem Braten zum Schmelzen bringt. Ebenso erhebt sich der Confiseur zum Meister durch eine simple Vermengung von exotischen Früchten mit dem Süßholzpulver, aus der dann eine abenteuerliche Lakritz-Variation entsteht. Solche ›Zauberer‹ agieren nach den magischen Prinzipien, dem Gesetz des Kontaktes und dem Gesetz der Ähnlichkeit. Nach diesen Prinzipien wird eine Verbindung zwischen unterschiedlichen Bereichen hergestellt, die ein ›Mittler‹ miteinander verknüpft. Der Zauber entfaltet sich dann vollends, wenn zum Beispiel die als positiv bewertete süße Geschmacksempfindung auf unseren Zungen auch auf andere Lebensbereiche übertragen und das Süße mit Lebensfreude, Wohlgefühl und Liebe assoziiert wird. Das Lakritz ist dann per se der magische Mittler zwischen der physischen Wahrnehmung und der psychischen Deutung.

Von jeher ist aber die Medizin jener Bereich, dem eine magische Potenz zugeschrieben wird. Hier birgt die Magie allerdings übernatürliche Kräfte, die auf den Kranken einwirken. Auf magische Praktiken wurde insbesondere dann zurückgegriffen, wenn die gängigen Erklärungsmuster ihre Grenzen erreichten und alle Möglichkeiten ausgeschöpft waren, um unheilbare Krankheiten oder Seuchen unter Kontrolle zu bringen. Als Hilfsmittel dienten vor allem die Schätze der Natur und insbesondere jene Stoffe, die durch ihre vielfältige Wirkung ein möglichst breites Spektrum von Krankheiten abdecken. Aufgrund ihrer Wirkung bei Krankheiten der Atmungsorgane und des Magen-Darmbereiches ist die Süßholzwurzel seit Jahrtausenden eine dieser Pflanzen, denen eine magische Potenz zugeschrieben wird.

Zwar sind die heutigen Erfolge, die durch den Wirkstoff Glycyrrhizin im Versuchslabor erzielt werden, auf jahrelange wissenschaftliche Forschungen zurückzuführen. Ungeachtet dessen spielt aber nach wie vor der Glaube eine wichtige Rolle bei der Auswahl und Anwendung von Süßholz. Ein solches Beispiel lieferte in den 1990er-Jahren eine kasachische Lakritz-Fabrik, die ihre Stangen mit dem Hinweis versah, Lakritz senke im Körper den Anteil von Radio-Nukleiden!

ЛАКРИЧНЫЕ ПАЛОЧКИ

Применяются при заболевании верхних дыхательных путей. Эффективны при лечении сердечно-сосудистых, аллергических заболеваниях, интоксикациях и для снижения радионуклеидов в организме.
Употреблять после еды по 0,1-0,2 гр.
Хранить в сухом, прохладном месте
Срок годности 10 лет.

Abb. 16 »Lakritz-Stäbchen – Anwendung bei Erkrankungen der oberen Atemwege. Effektiv zur Behandlung der Herzgefäße, bei allergischen Krankheiten, zur Entgiftung und Senkung der Radio-Nukleide im Organismus.« (1994)

In Bezug auf die Reaktorkatastrophe von Tschernobyl wirkt diese Empfehlung beinahe zynisch. Dahinter könnte die Verblendung von unwissenden, potentiellen Opfern stehen, um über die Risiken und Folgen einer möglichen atomaren Katastrophe hinwegzutäuschen. Sie verweist aber gerade auf die Leichtgläubigkeit verunsicherter Hypochonder, die ein solches Produkt bereitwillig kaufen, um sich danach in Sicherheit zu wähnen.

Der Glaube und nicht die wissenschaftliche Erkenntnis stand vermutlich auch Pate, als im 8. Jh. v. Chr. im assyrischen Sultantepe auf Tontafeln zwei Rezepte mit Süßholz gegen Gelbsucht festgehalten wurden. Zum einen wird die Wurzel in Wasser eingelegt, noch vor Sonnenaufgang herausgenommen, ihr Saft durchgeseiht und dann zum Trinken gegeben, zum anderen wird die Wurzel im Wasser auf dem Ofen aufgekocht und der Kranke mit dem Sud eingerieben. Bis in die frühe Neuzeit lassen sich ähnliche Rezepte gegen Gelbsucht finden.

Ein Paradox der Geschichte ist, dass heute tatsächlich der Extrakt der Süßholzwurzel in medizinischen Versuchen erfolgreich gegen die chronische Leberentzündung Hepatitis C eingesetzt wird. Doch die Überlegungen, nach denen die Rezepte damals verfasst wurden, beruhten allenfalls auf Erfahrungswissen und richteten sich eher nach magischen Prinzipien als nach wissenschaftlichen Erkenntnissen. Die jahrhundertealte medizinische Erfahrung wurde hier erst spät von der naturwissenschaftlichen Erkenntnis eingeholt. Im Fall der Drogenliste von Sultantepe war es nach dem Gesetz der Ähnlichkeit die gelbliche Farbe des Suds der ausgekochten Süßholzwurzel, die mit dem gelblichen Teint des Hepatitis-Erkrankten in Berührung kam. Einfach ausgedrückt: Das Gelbe sollte Gelb kurieren.

Aufgrund der Farbe wurde dieser Sud auch zum Färben von Haaren verwendet. Schwarzes Haar sollte hierdurch einen goldschimmernden Effekt erhalten. Darüber hinaus war der Lakritz-Succus ein unabkömmlicher Bestandteil der Alchemistenküche – zur Herstellung von Gold. Bevor sich der geneigte Leser nun fieberhaft auf die Suche begibt, sei ihm direkt ein Rezept aus der Ptolemäerzeit (3.-1. Jh. v. Chr.) zur Nachahmung empfohlen:

»Über eine Methode, das Kupfer goldähnlich zu machen. Nimm 3 Teile Tutia (Zinkoxyd), 1 Teil Curcuma, ferner: je 1 Teil Rosinen, getrocknete rote Feigen, Honig und Bohnen, 1 Teil von der inneren Schale der Mandeln, Süßholz, Eigelb und Safran, 1 Teil rote trockene Ochsengalle. – Zerreibe das Zinkoxyd, wie man Zinnober zerreibt, mit Öl, so dass es eine Paste gibt; dann zerreibe die übrigen Zutaten, tue alles in den Tiegel, schließe ihn nach der Kunst, stelle ihn aufs Feuer; blase gut mit dem Blasebalg. Wenn das Ganze stark erhitzt ist, tu jene Zutaten davon und das Kupfer wird schön wie Gold.«[1]

War ein solches Rezept darauf ausgelegt, den Reichtum zu vermehren, gab die Apothekerküche auch Gelegenheit, seinen Reichtum zu zeigen. Dass Gold und Silber begehrte und teure Rohstoffe waren, hielt die Apotheker nicht davon ab, damit auch ihre Arznei zu veredeln. Pillen wurden früher aus pulverisierten Wirkstoffen mit neutralen Bindemitteln – Wachs oder Spucke – gedreht und auf Wunsch mit Blattgold oder Blattsilber überzogen. Um die Wirkung solcher Pillen zu verlängern, fügte der Apotheker im 17. und 18. Jahrhundert Antimon hinzu. Dieses silberweiß-glänzende Halbmetall, eigentlich in pulverisierter Form als Schminke oder bei Augenleiden verwendet, entging ebenfalls nicht der Vergoldung. Solch kostbare Arznei gelang selbstverständlich nicht nur einmal in Gebrauch, sondern wurde, nachdem sie geschluckt und ausgeschieden, mehrmals verwendet und sogar von Generation zu Generation weitergereicht. Noch heute erinnern die Silber-Salmiaks, dragierte Salmiakpastillen, die mit Aluminium überzogen sind, an diese aufwendige Prozedur, mit dem Unterschied, dass sie nicht nur schmecken, sondern sich sofort nach der Einnahme im Magen auflösen. Die Einnahme solch edler Pillen ist jedoch der beste Beweis für die unterstützende Kraft des Glaubens bei der Genesung von Krankheiten.

Mit einer Portion dieses Glaubens ausgestattet, sollten bestimmte Drogen in Verbindung mit Gold als dem edelsten aller Metalle auch der Garant für ewige Jugend und ein langes Leben sein. Dies belegen indische Rezepte in den Ayurvedas von Susruta. Hierin verstreut das Süßholz seine magische Potenz als Schönheitsmittel und Lebenselixier, denn »wer Schönheit erlangen will, trinke ein Dekokt aus Myrtenöl, indischem Stechapfel, Süßholz und Gold.«

Um ein hohes Lebensalter zu erreichen, empfiehlt ein anderes Rezept, »ordnet [der Mensch] die Pflanzen und nachdem er nachmittags mit kaltem Wasser besprengt ist, genießt er die gekochten Körner von Oryza sativa und praecox [Reissorten] mit Milch, Zucker und Süßholz. Dieses setzt er sechs Monate hindurch fort, dann wird er von allen Fehlern befreit, erhält Kraft und Schönheit, Sprache und Gehör werden vermehrt, und er kann ein Alter von 100 Jahren erreichen.«[2]

Eine solche Lakritz-Schönheitskur beschränkt sich in Indien nicht allein auf den menschlichen Körper, auch die Götter werden einbezogen. Nach alter Tradition ehren am achten Tage des achten Monats die indischen Buddhisten ihren Gott Buddha zu dessen Geburtstagsfeier mit einem Bad in Süßholztee. Von den gläubigen Mönchen muss an diesem Tag seine Statue mittels einer großen Kelle dreimal mit dem Tee übergossen werden. Die abtropfende Flüssigkeit wird wiederum gesammelt und ist ein geschätztes Heilmittel.[3]

Ihrem süßlichen Geschmack verdankte es die Süßholzwurzel, dass sie als Zaubermittel für Liebeskünste in Betracht kam und Bestandteil vieler Erotika war. Ein raffiniertes Beispiel für einen solchen Liebestrank liefert ein ägyptisches Rezept aus dem sogenannten »Demotic Magical Papyrus« (3. Jh. n. Chr.). Hiernach wird zunächst jeweils eine Unze Mandragora-Wurzel, Süßholz und Bilsenkraut mit reichlich Wein gemischt, um jemanden für zwei Tage einzuschläfern. Allerdings macht die Tinktur, wenn von jeder Zutat vier Unzen zugemischt werden und sie als klarer Sud genossen wird, den Partner willig.[4]

Auch in Indien dient das Süßholz dem Liebeszauber. Mit Milch und Honig versetzt, soll es sexuell anregend wirken. Schon das Ratirahasya, eine altindische Liebeslehre, führt ein solches Süßholz-Aphrodisiakum auf: »Lutscht man [...] Süßholz mit eben soviel Butter und Honig und trinkt darauf Milch, so verleiht dies höchste Potenz.«[5]

Leider liegen uns für den europäischen Raum aus älteren Zeiten, insbesondere dem Mittelalter und der Renaissance, keine Rezepte für süßholzgetränkte Liebessäfte vor. Der Grund ist darin zu sehen, dass ihre Herstellung im zunehmend christlich geprägten Abendland früh den magischen Künsten rechtlich gleichgestellt und bestraft wurde. Dies geschah zum ersten Mal unter Kaiser Justinian (527-567). Der Staufer-Kaiser Friedrich II. erließ im 13. Jahrhundert ein Gesetz, wonach der Verkauf, Kauf und das Verabfolgen von Liebestränken schwer geahndet wurden. Ebenso sind im preußischen Landrecht aus dem Ende des 18. Jahrhunderts besondere Strafparagraphen enthalten, die die Verabreichung von Liebestränken unter Zuchthaus- oder Festungsstrafe stellen. Und dies, obwohl ein Gutachten der Leipziger Fakultät aus dem Jahre 1697 die Wirkung solcher Mittel ausdrücklich bestätigte.[6] Dagegen sind die Liebesempfehlungen mit Süßholz im 20. Jahrhundert wesentlich freizügiger. Der neopagane Autor und praktizierende Hexenmeister Scott Cunningham (1956-1993) ordnet die Wurzel dem weiblichen Geschlecht, dem Planeten Venus und dem Element Wasser zu. Aus ihren Zweigen lassen sich auch nützliche Zauberstäbe herstellen. Seine magische Kraft entfaltet das Süßholz in der Begierde, Liebe und Treue. Wobei das Kauen auf einem Süßholzstab die Duldsamkeit erhöht, und als Bestandteil von Liebes- bzw. Lustsäckchen die Liebe anlockt, weiß der Magier zu berichten.[7]

Nach einem Liebesakt folgt oft die Nachtruhe, zu der Plinius bereits feststellte, dass Süßholz »auch gegen Gaukeleien der Faune im Schlaf« helfe.[8] Zu einem süßen Schlaf verhalf nach dem hethitischen Mythos auch die Göttin Ištar der ›alles-verschlingenden‹ Schlange Hedammu, als sie Süßholz in ein bierähnliches Gebräu gab.

»Sie schüttete das Aphrodisiakum Assiyatar, Süßholz und [parnul]li in die starken Wasser und Assiyatar, Sü[ßholz], parnulli zerging in den Wassern. Als nun Hedammu nur einen [Trop]fen Bier schluckte, da ergriff den mächtigen Hedammu, nämlich sei[nen] Sinn, [süßer] Schlaf und er – wie Rind und Esel dösig – [...] unterscheidet [ni]chts und frißt Frösche und Molche.«[9]

Im Mittelalter listet Konrad von Megenberg ein Rezept für ein Latwerg aus dem Succus, Sandelholzpulver, Fenchelrinde, Gummiarabikum, weißem Mohn oder Opium auf. Dieses Präparat wurde in den Apotheken unter dem Namen ›Diasandalum‹ geführt und soll unter Beimischung von Alraunpulver ebenfalls tiefen Schlaf hervorgerufen haben.[10]

Die ›Signatura plantarum‹ des 16. und 17. Jahrhunderts ist ein weiterer medizinischer Bereich, der auf einen magischen Hintergrund deutet. Hierbei wurde aufgrund von gewissen äußeren Merkmalen und Ähnlichkeiten gewisser Pflanzenteile mit menschlichen Organen bestimmt, welche Pflanzen und welche Teile derselben als Heilmittel zu verwenden sind. Diese Lehre ist allerdings keine spezielle Eigentümlichkeit jener Zeit, sondern findet sich weitaus früher im chinesischen Kulturkreis. Die chinesische Medizin behält die Verwendung bestimmter Pflanzenteile, wie Knospen und Blüten, den Krankheiten der oberen Körperhälfte vor, für die Krankheiten der mittleren Körperteile werden die Stängel und für die untere Hälfte des Organismus die unterirdischen Teile der Pflanze, die Wurzeln, genutzt. Nach diesem Prinzip lässt sich auch erklären, warum durch innere Einnahme nicht nur die unteren Organe des Menschen, sondern selbst Fußschmerzen mit dem Saft der Süßholzwurzel zu behandeln sind.

Eine andere Form der Magie ist die ›magische‹ Philosophie, die sich in der Renaissance entwickelte und bei der die Seele im Visier der Heilkunst stand. Nun waren es nicht mehr allein die magischen Grundsätze der Ähnlichkeit oder des Kontaktes, nach denen die Alchemisten und Zauberer wirkungsvolle Heilmittel für ihre Patienten erstellten, sondern der Philosoph selbst wurde zum Magier. In diesem Sinne empfahl der

Philosoph Marsilio Ficino das Süßholz als Bestandteil einer ausgeglichenen Ernährung, um die Schwermut zu vertreiben und den Geist frei und unbeschwert zu halten. Marsilio Ficino war selbst ein Melancholiker, der die Angelegenheiten der Welt sowohl belachte als auch beweinte. Seine These von der »Magie der Natur« war mit der Überzeugung verknüpft, dass gerade der Philosoph ein Zauberer sei, da er sich nicht nur mit der Naturwissenschaft befasse, sondern auch selbst auf die Natur einwirke.[11]

Dahinter verbirgt sich ebenfalls die Vorstellung, die Kräfte der Natur nicht nur zu nutzen, sondern zu gestalten. Ein solcher Gestaltungswille erklärt vielleicht die Auswüchse, die eine andere Abteilung der Pharmazie seit der Renaissance in Anspruch nahm und durchaus magischen Charakter hatte – die ›Dreckapotheke‹. Es wäre überflüssig, auf dieses Thema einzugehen, gäbe es nicht die kursierenden Gerüchte, Lakritz werde aus Ochsenblut hergestellt oder sei eine Gattung des ›Bärendreck‹ – wie es nördlich der Alpenregionen genannt wird. Insbesondere die leichtgläubigen Lakritz-Skeptiker lassen sich gerne von solchen Vorurteilen beeinflussen.

In der Dreckapotheke scheint sich die Grenze zwischen den natürlichen und übernatürlichen Heilkräften, der menschlichen Zauberei und der natürlichen Magie, zu verwischen, denn hier hat sich die Überzeugung, dass die Einnahme ›ekelhafter‹ Substanzen wirksam sei, besonders zäh gehalten. In Mitteleuropa fand die Dreckapotheke vor allem im 17. Jahrhundert weite Verbreitung und noch im 19. Jahrhundert machte sich der Maler Charles Jacque (1813-1894) in einer Lithographie der Zeitschrift Charivari darüber lustig (s. Abb. 17).

Die Vorläufer dieser Behandlungsmethode sind allerdings bereits im Heilschatz der Antike, in China und Ägypten zu finden und beruhen auf einer langen Tradition vom Einsatz tierischer Substanzen zur Herstellung von Arzneimitteln.

Abb. 17 »So, wir haben eine Unze Lakritze und fünfzehn Kellerasseln genommen ... ein bißchen Eibisch, einen Schuß Zucker ... Nun brauchen wir nur noch diese beiden Schnecken und die charmante Eidechse hinzutun ... Wenn wir das Ganze verreiben und in den Zeitungen richtig Schaum schlagen, ist unser Glück gemacht!« (1840)

Die Dreckapotheke des späten Mittelalters und der Renaissance enthält ebenfalls tierische, aber auch menschliche Exkremente und Sekrete. So überrascht es kaum, dass der Apotheker Walther Ryff in seinem Konfekt-Büchlein neben Hühnerfett, Enten-, Gänse-, Bären-, Dachs-, Fuchs- und Katzen- auch Menschenschmalz zur Herstellung von Salben und Pflaster benennt.[12] Gebräuchlich waren neben Fett, Urin und Kot auch Hirnschale, Mumien, Fingernägel, Ohrenschmalz, Speichel, Schweiß, Samen, das warme frische Blut, Plazenta und Frauenmilch. Bei der Zusammensetzung von Rezepten aus solcherlei Mitteln scheint es, dass die Arznei selbst zu einem mit magischen Kräften versehenen Stoff wird. Sie brauchen nur äußerlich auf bestimmte Körperpartien gebracht zu werden, um einen Schutz gegen die Krankheit und Dämonen zu gewährleisten, oder innerlich zugeführt zu werden, in der Hoffnung, eine zauberhafte Wirkung zu erreichen.

Ein beredtes Zeugnis für die Verbreitung und Verwendung der Dreckapotheke liefern die Beispiele, die in der berühmten Rezeptsammlung »K. F. Paullini's heilsame Dreck-Apotheke, wie nemlich mit Koth und Urin die meisten Krankheiten und Schäden glücklich geheilet worden« enthalten sind. Der Apotheker und Arzt Kristian Frantz Paullini (1643-1712), Leibarzt des Münsteraner Bischofs Bernhard von Galen, studierte in Hamburg und reiste durch Holland, England, Skandinavien und Island, um sich, gemäß den Gepflogenheiten seiner Zeit, zu bilden. Das Wissen über alte und neue Heilmethoden, das er auf seinen Reisen zusammentrug, fasste er in einem Kompendium zusammen und veröffentlichte es 1696. Besonders die zahlreichen Neuauflagen des Werkes zeigen eine breite Rezeption durch die Bevölkerung, und es darf deshalb davon ausgegangen werden, dass die Rezepturen nicht nur mit Schauder gelesen, sondern auch angewendet wurden. Kein Wunder, denn hierin finden sich nicht nur Anweisungen, wie Geschwüre mit Taubenkot zu heilen wären, sondern auch die Manneskraft mittels Urinieren durch den eigenen Ehering wieder herzustellen sei.

Einige der Rezepte aus der Dreckapotheke enthalten auch Süßholz. So empfiehlt K. F. Paullini bei ›Halsgeschwär und Bräune‹:

»Weissen gedörrten Hundskoth, 1. Loth,
Gedörrten Knabenkoths, 2. Loth,
Vom Schwalbennest oder Koth dessen, 2. Quintl.
Gepülverten und durchsiebten Süßholtzes, anderthalb Quintlein,
Zuckercan, 3. Quintlein«[13]

Bei diesem Rezept wurde das Süßholz sehr wahrscheinlich zur Geschmacksverfeinerung eingesetzt, um den Brei appetitlich anzureichern. Ob aber der Kot oder die Süßholzwurzel eine Linderung der Halsschmerzen hervorrief, falls überhaupt, bleibt Spekulation.

So grenzwertig diese Ausführungen über die Dreckapotheke auch sein mögen, für uns bietet sich hier die Möglichkeit, eine Verbindung zwischen den Synonymen ›Ochsenblut‹, ›Bärendreck‹ und dem Lakritz herzustellen. In beiden Fällen handelt es sich um Ausdrücke, die der Dreckapotheke entstammen könnten, denn beide Male sind die Tierexkremente die Namensgeber. Jedoch ließ sich nur für die Verbindung von Ochsenblut und Lakritz ein Beleg auffinden, der einen möglichen Zusammenhang erklärt. Hierbei handelt es sich um die Anweisung aus dem Artzney-Buch des Augsburger Arztes Christoph Wirsung. Demnach sollen 10 Pfund Ochsenblut, halb soviel Essig und ein Pfund Salz mit mehreren Kräutern und Pflanzen, darunter neben Süßholz auch Rettich, Baldrian, Zimt, Anis, Fenchel, Kümmel, geriebene Petersilie und weitere Ingredienzien, vermischt werden. Das Gebräu wird in ein Glas gefüllt, mit einem Deckel verschlossen und versiegelt, um anschließend zwei bis drei Wochen im Pferdemist zu gären. Mit Wasser vermischt, destilliert und mit Wein verdünnt, helfe es gegen Wassersucht und fördere die Schweißbildung.[14] Ob das Süßholz hier zur Konservierung und Gärung des Ochsenblutes dienlich war oder als Geschmacks-Korrigens das Destillat gegen Wassersucht schmackhafter machen sollte, wird nicht erwähnt. Auch ist dies kein Beweis, dass Lakritz aus Ochsenblut hergestellt wurde, doch stellt das Rezept eine Verbindung zwischen beiden Stoffen her.

Tatsächlich ist eine Verwendung von Ochsenblut während des Herstellungsprozesses des Lakritzensaftes nicht auszuschließen. Berichte über die Salzherstellung aus dem 18. Jahrhundert erzählen von einem Verfahren aus Halle, wonach Ochsenblut auf die erhitzte Sole gegeben wurde, um einen Schaum zu erzeugen. Dieser Schaum band die Verunreinigungen und wurde von den Siedern abgeschöpft.[15] Ein ähnliches Verfahren wendeten auch die holländischen und norddeutschen Zuckerraffinerien an. Um den Rohzucker zu reinigen, wurde er unter

Zugabe von Kalkwasser aufgelöst, mit Ochsenblut oder Eiweiß in einer Pfanne gekocht, wobei die Blutgerinnung einen Kläreffekt hatte, und anschließend abgeschäumt.[16] Deshalb bestand auch die Möglichkeit, mit diesem Verfahren den Lakritz-Succus zu klären. Ebenfalls könnte die Schlacke aus Zuckermelasse und Ochsenblut gewinnbringend als Lakritz verkauft worden sein, denn die Farbähnlichkeit zwischen dunkelrotem Blut, schwarzbrauner Melasse und dem goldschwarzen Lakritz könnte zu einem solchen Täuschungsmanöver verleitet haben. Allerdings gibt es weder über ein solches Herstellungsverfahren noch über einen solchen ›falschen‹ Handel schriftliche Belege. Lediglich ein bekannter Lakritz-Hersteller gab noch im 20. Jahrhundert den Anlass für die Glaubwürdigkeit solcher Vermutungen, als er sich in einer mittelrheinischen Stadt ein 120 Hektar großes Gut kaufte, um dort Charolais-Rinder zu züchten.[17]

Ein weiterer Aspekt zur Erhellung des Rätsels erschließt sich bei der genaueren Betrachtung des Ochsenblutes als Pharmazeutikum und Opfergabe. Vom Ochsen wurden die Hörner gerieben, die Galle zerkleinert oder der Hoden als Aphrodisiakum gelutscht, auch wurde Ochsenblut als Opfergabe reichlich vergossen. Dennoch war es in bestimmten medizinischen Kreisen, sogar bei Alchemisten, verpönt – schließlich sollte es giftig sein. Dieser Topos von der Giftigkeit des Ochsenblutes entstammte griechischen Quellen. Als Ursache wurde angeführt, dass der Trinker augenblicklich an dem geronnenen Blut ersticke, sobald er einen Schluck zu sich genommen habe. Was bedeutet, dass Ochsenblut zwar etwas Heiliges, aber gleichzeitig etwas Tabuisiertes und Geheimnisvolles war, und, wenn überhaupt, nur mit Vorsicht zu genießen. Diese Assoziationskette kann heutzutage auch eine Vorlage für die Erwachsenen sein, die ihre Kinder vor dem übermäßigen Verzehr von Lakritz warnen wollen und deshalb schlicht und einfach behaupten, Lakritz sei mit Ochsenblut hergestellt.

Um den Ausdruck ›Bärendreck‹ zu erklären, seien hier zunächst einige Überlegungen vorangestellt, die ebenso glaubwürdig wie absurd sein könnten. Im Gegensatz zum ›Ochsenblut‹ liegt kein Rezept vor, dass Bärendreck mit Lakritz oder Süßholz in eine direkte Verbindung bringt. Doch ist auch hier eine solche Möglichkeit nicht ausgeschlossen. Bekanntermaßen wurde in der Dreckapotheke Bärenschmalz zur Herstellung von Pflastern und Salben verwendet. Bislang fand sich aber für den Einsatz des echten Bärendrecks kein Beweis. Eine andere These basiert auf der ähnlichen Gestalt zwischen einigen Lakritz-Produkten und ›Bärendreck‹. Möglicherweise bot der Auswurf von Tanzbären, die als Jahrmarktsattraktion von Dorf zu Dorf zogen, eine Vorlage für diese Vorstellung, denn der Schauplatz des Bärentanzes war meist in unmittelbarer Nähe von kleinen Buden, die auch das Lakritz anpriesen. Auch könnte der einsame Sammler im Wald hierauf gestoßen sein, als er die Spuren eines Bären ausgemacht hatte und dabei genüsslich ein Lakritz in den Mund schob. Dessen ungeachtet zieht diese These aber die Frage nach sich, warum ausgerechnet der Bärendreck und nicht die ›Hasenköttel‹ mit Lakritz in Verbindung gebracht werden?

Hilfreich bei der Suche nach dem Ursprung dieser Bezeichnung könnte auch die Verbindung zwischen den Apotheken, die Produkte aus der Dreckapotheke vertrieben haben, und ihrer Namensgebung sein. Viele Apotheken sind nach herrschaftlichen Tieren – Adler, Löwe oder Bär – benannt. Hiervon könnten sich insbesondere die Bären-Apotheken auf die Dreckapotheke spezialisiert und hausgemachte Lakritz-Pastillen als Bärendreck verkauft haben.

Ein Merkmal sticht allerdings hervor. Die Bezeichnung ›Bärendreck‹ ist regional einzugrenzen. Der Ausdruck wird hauptsächlich in den Regionen der Nordalpen (Schwaben, Bayern, Österreich und Schweiz) verwendet. Zwar weist die Mundartkarte eine gleichartige Verwendung bereits südlich der Mosel auf, doch nur in diesen Regionen wird der Bärendreck bis heute mit einem meist verächtlichen Unterton versehen, während die Frage nach dem Ochsenblut als Ingredienz eher zaghaft gestellt wird. Mit der gleichen Nonchalance wird nun erklärt, der Name sei von dem Nürnberger Süßwarenfabrikanten Karl Bär

(1913-1976) aus Ulm abgeleitet. Eine solche Erklärung berücksichtigt allerdings nicht, dass zwischen der frühesten Benennung des Bärendrecks im 17. Jahrhundert und der Tätigkeit von Karl Bär Jahrhunderte liegen.

Jenseits dieser Spekulationen gibt es einen anderen Ansatz mit höherer Glaubwürdigkeit. Schließlich ist es fraglich, ob dieser Ausdruck überhaupt mit der Dreckapotheke in Verbindung zu setzen ist und die Bezeichnung sich in direkter Weise auf die Bären-Losung bezieht. Die Bezeichnung war zwar auch in den Apotheken geläufig, sie ist aber der schöpferischen Mundart entsprungen, wie die verwandten Ausdrücke Bärenschiss und Bärenzucker. Ihre lautmalerischen Varianten gehen hier vom Baa'drack und Baan'drack in der süddeutschen Umgangssprache zu Bärndreeg in der Oberpfalz, Baandraack in Thüringen zu Bärendreck in der hochdeutschen Lautung im Rheinland.[18] Eine frühe, schriftliche Erwähnung als ›Beerndreck‹ findet sich auf einem Bamberger Einblattdruck aus dem Jahre 1632 (Kap. 6), einer Zeit, in der die Dreckapotheke noch nicht ihre spätere Popularität genoss, aber das Leben von magischen Ritualen bestimmt war. Zu solchen Ritualen gehörte es, bestimmte Dinge und insbesondere Arzneimittel mit Decknamen zu versehen. Gerade medizinische Pflanzen erhielten Doppelnamen, um ihre Wirkungskraft nicht zu gefährden. Bei der Namensfindung wurden aus heutiger Sicht auch abenteuerliche Analogien aufgestellt. Die Vorlage für eine doppelte Namensgebung des Lakritzes war unter anderen die schwarze Farbe (nicht zu verwechseln mit dem goldähnlichen Teint des Süßholzsuds). Darauf verweisen Ausdrücke wie ›Pechzucker‹. Das Gegenstück zu dieser schwarzen Verführung ist der kristallisierte Zucker, dessen weiße Farbe auch mit Reinheit assoziiert wird.

In der Magie kann die Namensgebung einzelner Pflanzen auch die Rolle eines Mittlers ausfüllen, um verschiedene Materien durch einen Analogiezauber miteinander in Beziehung zu setzen. Die ebenfalls synonyme Verwendung von ›Teufelsdreck‹ und ›Adebarwurzel‹[19] für Lakritz verweisen auf diesen magischen Ursprung. Nach dem Motto: »Gebt dem Teufel was des Teufels ist«, soll hier der Teufel, damit auch die ›teuflischen Krankheiten‹, mit seinem eigenen – dem Teufels-Dreck – ausgetrieben werden. Dementsprechend spricht auch viel für den magischen Hintergrund der Bezeichnungen ›Bärendreck‹, ›Bärenschiss‹ und ›Bärenzucker‹. (Bei wem stellt sich schließlich nicht der ›Zungenzauber‹ ein, wenn er die magischen Silben von ›BaaDrack‹ mehrmals hintereinander und laut ausspricht?) Zu bedenken ist hierbei die magische Symbolkraft, die Bären für die mittelalterliche Bevölkerung hatten. Da die Bären ihren Winterschlaf hielten und erst bei wärmeren Temperaturen gesichtet wurden, waren sie ein Zeichen des herannahenden Frühlings und dem Ende der kalten, gefahrvollen Winterzeit. Verkörpert wurde dies zum Beispiel in den Fastnachtsspielen von dem ›Lichtmeßbär‹ als zottelhaarigem Wetterpropheten, dem man in den großen europäischen Bergregionen begegnete.[20] So sollte mit ›Bärenzucker‹ vielleicht der Bär angelockt werden. Und vielleicht war es nicht nur ein Glückstreffer, den ›Bärendreck‹ zu sichten, sondern ihn auch zu verzehren, um damit tödliche Krankheiten wie die Grippe abzuwehren. Mit dieser ›falschen‹ Namensgebung, so die Vorstellung, würde gleichzeitig auch die Heilwirkung der Lakritze unterstützt.

Derartige Namen wie der Bärendreck hatten also durchaus nichts Negatives oder Ekelhaftes. Im Gegenteil, durch ihren magischen Charakter waren sie sehr positiv besetzt. Dem heutigen rationalen Denken fehlt allerdings oft der (Aber-)Glaube und die darauf beruhende Vorstellungskraft, um die magische Bedeutung solcher Ausdrücke zu erfassen. Viel lieber freunden wir uns mit anderen Bezeichnungen, wie ›Christensaft‹ als Synonym für Lakritze, an. Dessen Ursprung ist ebenfalls ungeklärt, aber er hat einen rationalen, beruhigenden Verweis – die Kirche wird indirekt zum Leumund für den ungefährlichen Verzehr von Lakritz, was ein Ausdruck mit paganem, magischem Hintergrund nicht bietet.

Mit diesen Überlegungen wäre das Kapitel über die Magie nicht nur durch die menschliche Fabulierkunst bereichert, sondern auch vollendet, wenn nicht die Magie selbst die Fähigkeit hätte, jegliche Grenzen zu überwinden. Insbesondere die Wortzauberei überschreitet gerne diese Grenzen und reißt imaginäre Hürden ein. So taucht zum Beispiel der Ausdruck Bärendreck als deutsches Lehnwort in der tschechischen Umgangssprache unter ›Pendrek‹ auf und bezeichnet hier nicht nur die schwarze Lakritze, sondern auch die Gummiknüppel der Prager Polizei.[21]

6 Wirre Zeiten – Kampf gegen unliebsame Konkurrenten

Der ›Zeit des Schwelgens in magischen Gefilden‹ folgt nun Chaos, Streit und Krieg. Hierfür kann Lakritz durchaus den Auslöser liefern. Schließlich gibt es keine andere Süßigkeit, die gleichermaßen polarisiert. Nicht selten verläuft die Grenze zwischen Liebhabern und Gegnern durch ganze Familien, die sich in zwei Fraktionen aufteilen. Eine imaginäre Lakritz-Front wird einer Marzipanfraktion gegenübergestellt und Lakritz als schwarze Magie gegenüber der weißen Verführung dämonisiert. Manchmal erinnert sogar die Hartnäckigkeit, mit der die eigenen Vorlieben verteidigt werden, an kriegerische Akte.

Wer nun beschwichtigen will und glaubt, es gäbe keine gewalttätige Auseinandersetzung, zu der das Süßholz ähnlich anderen Drogen einen Anlass gegeben hätte, wie etwa das Opium zum gleichnamigen Krieg, der irrt. Den Beweis liefern die Umstände, die zur sizilianischen Bauernrevolte von 1848 geführt haben. Auslöser für den Aufstand war ein ›Süßholzklau‹. Dieses Diebstahls wurde ein ortsansässiger Landarbeiter aus Camporano bezichtigt, bevor er im Gefängnis seine Strafe absaß. Als nach einer Amnestie am 28. Januar 1848 in Palermo alle Inhaftierten freigelassen wurden, der Landarbeiter jedoch weiter seine Haftstrafe abbüßen sollte, kam es zu Protesten, die schließlich in der Bauernrevolte mündeten und das Ende der Bourbonen-Herrschaft auf Sizilien einläuteten.[1]

Doch neben dieser historischen Episode – ausgelöst durch einen Süßholzklau – hatten vor allem die Auswirkungen eines Krieges in einer bestimmten Region solcherlei Folgen, dass sie den Untergang ihrer Süßholzkultur einleiteten. Die fränkische Gärtnerstadt Bamberg hatte im 16. Jahrhundert ihren Anbau und Handel mit der Pflanze so weit ausbauen können, dass sie über die Landesgrenzen hinaus einen exzellenten Ruf genoss und in jedem medizinischen Kompendium genannt wurde.[2] Als Wahrzeichen der Regnitzstadt wurde sie schon in Wort und Bild festgehalten. Doch zu der Erwähnung in Michael Linderers Schwank ›Katzipori‹ und der Süßholzranke auf dem Zweidler-Plan gesellt sich ein Einblattdruck, der den Bamberger Süßholz- und Zwiebelhandel während des Dreißigjährigen Krieges zum Gegenstand hat und den Beginn seines Niedergangs dokumentiert (s. Abb. 18). Dieser Druck mit dem Titel: »Verwächselter [Zwiegespräch] Bambergische Süßholtz und Zwiffel Handel / uff die art / einer Comödi / mit zwölff Personen / in vier Actus abgetheilt« wurde in der ersten Hälfte des 17. Jahrhunderts von einem unbekannten Autor verfasst. Die Parallelen zu einem Stück aus dem Jahre 1621 und die Zuschreibung an eine Druckerwerkstatt ermöglichen eine ungefähre Datierung auf das Jahr 1632.

Der Hintergrund der Handlung ist die dritte Phase des Dreißigjährigen Krieges – der Schwedische Krieg (1630-1635). In dieser Phase wollte König Gustav Adolf von Schweden (1594-1632) seine hegemonialen Ansprüche in Nordosteuropa durchsetzen. Nach der Landung seiner Armee auf Usedom (4. Juli 1630) konnte er in den Folgejahren einen schnellen Vormarsch nach Süddeutschland vorantreiben, bis München vordringen und Österreich bedrohen. Trotz schwerer Verluste, die Gustav Adolf durch den Oberbefehlshaber der kaiserlichen Truppen Wallenstein (1583-1634) bereits 1632 in der Schlacht an der Alten Veste (bei Nürnberg) zugefügt wurden, errangen die kaiserlichen Armeen erst 1634 den ersten Sieg über die Schweden. Während dieses Zeitraums wurde Bamberg mehrmals Schauplatz von Plünderungen, zunächst 1631, als schwedische Truppen in der Stadt einquartiert wurden, dann durch die kaiserliche Armee, die Ende 1631 und im März 1632 in die Stadt einfiel, und letztendlich nach den schwedischen Rückeroberungen Bambergs von 1633 und 1634. Hunger, Zerstörung und Plünderungen waren die Folgen. Die Gärtnerstadt und ihr Süßholzanbau benötigten fast ein Jahrhundert, um sich von den Folgen dieses Krieges zu erholen. Von den Schwierigkeiten für den Süßholzanbau während des Kriegsgeschehens weiß unser Bamberger Einblattdruck zu berichten.

Abb. 18 Bamberger Einblattdruck (1632)

In dem Prolog des Blattes erklärt ein Herold die Problematik der Handlung: Finnische Händler (›Lappen‹) machen dem heimischen Süßholzhandel Konkurrenz.

»Ehrenhold:
Wie das Bambergisch Zwiffel Gschlecht /
Durch Frembde Leut / umb Haab und Gut /
Sein Kommen / und welches ihm den Muth
Gar nimbt / das auch ihr größt Gewerb /
Mit Süßholz / Safft / und Zwibeln herb /
Auff Finn: und Lappländer ist kommen
Ja ihnen so gar abgenommen.«

Im zweiten Akt tritt ein finnischer Händler mit zwei Büscheln Süßholz auf. Er bedauert, dass er der deutschen Sprache nicht mächtig ist, will er doch hier mit Süßholz handeln. Aber der Eindringling wird abgewiesen. Nach seiner Schilderung sollte er mit Hilfe des Zwiebelduftes aus dem Land vertrieben werden, worauf er entgegnete, dass er nur den süßen Saft hinzufügen brauche, um auch die Zwiebel schmackhaft zu machen.

Im nächsten Akt der Posse zeigt sich, wie unentbehrlich das Süßholz in jenen Zeiten war. Ein Chorschüler hat sich »gar heisser« gesungen und möchte in einer Apotheke Lakritze kaufen:

»Ich bin gar heisser gestern wordn /
Mögt gern wissen / ob man hie an Ortn
Könnt haben aus der Apoteck
(Sie nennens hier ein Beerndreck /
Verzeyh mirs Gott es ist nicht recht)
Gliezeriza / wird es sonst genennt /
Ey wann ich doch was bekomm könnt.«

Eine Passantin bedauert, dass der »Beerndreck« nirgends mehr zu finden sei, und verweist den Chorschüler an den

Fremden, da der Bamberger ›Handel sich zerschlug‹. Schließlich schenkt der finnische Händler dem erkrankten Domschüler seinen gewünschten Bärendreck. Allerdings muss als Danksagung noch das alte protestantische Kirchenlied »Ein Feste Burg ist unser Gott« angestimmt werden, wodurch in dem Einblattdruck auch die religiöse Problematik des Konfessionskrieges aufgegriffen wird.

Vor dem Epilog des Herolds lamentieren noch ein Bauer und seine Bäuerin über die Plünderungen und die Orientierungslosigkeit in dieser wechselhaften Zeit:

»Und wann ichs in der Summa sag
Ist der Krieg ein allgemeine Plag.«

Dieser Einblattdruck ist ein unverzichtbares Zeitdokument für die Lakritz-Geschichte des 17. Jahrhunderts. Zunächst bezeugt es schon früh den Ausdruck ›Beerndreck‹. Der Herold beschreibt den ›Süßholtz Safft‹ bereits im Prolog als solchen, danach erwähnt ihn der Chorschüler und dies mit einem schmachvollen Unterton, als ob es sich um eine Gotteslästerung handelt. Darüber hinaus zeigt der Druck aber auch, wie sehr der Anbau und Handel in Folge des Krieges darniederlag. In Bamberg selbst wurde kein Süßholz mehr angebaut, weshalb die Frau den Chorschüler an den Finnen verwies. Dies offenbart wiederum einen zweiten Aspekt der Geschichte, die Konkurrenz auswärtiger Händler, die die Preise niederdrückten. Der Finne verschenkte sein Süßholz freigiebig an die Bamberger, die bislang auf ihren eigenen Anbau so stolz gewesen sind. Indirekt wird mit dieser Passage nicht nur die Brache des Bamberger Süßholzanbaus, sondern auch ein zunehmender Welthandel mit der Wurzel angedeutet.

Es mutet tatsächlich merkwürdig an, dass der Widersacher der Bamberger Gärtner in der Gestalt eines ›Lappen‹ erscheint. Auf der Abbildung des Einblattdruckes ist sein Haupt mit einem Turban bedeckt – wohl eine Anlehnung an orientalische Händler und ein allgemeines Zeichen für das Fremde.

Abb. 19 ›Finnischer‹ Süßholzhändler

Überhaupt mag die Erwähnung von Finnen während des Dreißigjährigen Krieges erstaunen, aber mit den Schweden kamen auch finnische Söldner nach Süden. Deshalb ist es möglich, dass sie sich während der vorübergehenden Besatzung Bambergs durch Gustav Adolfs Scharen auch in der Regnitzstadt als Händler niederließen.

Bleibt die Frage, warum sie mit Süßholz Handel trieben, schließlich würde niemand einen solchen Wuchs in Finnland vermuten. Der Eindringling erwähnt aber gerade das große Vorkommen in seinem Land. Hier öffnet sich ein Feld der Spekulationen, das durch einige Überlegungen ein wenig erhellt werden könnte.

Der Süßholzhandel von Finnen ist nicht so abwegig, wie er scheinen mag, denn das Süßholz könnte in dieser Epoche bereits als Handelsware eingeführt worden sein – aus Russland. Hier koordinierte die 1620 gegründete Apotheker-Behörde (Aptekarskij prikaz) einen Drogenhandel zwischen dem russischen Reich und Westeuropa.[3] Die Moskauer Zentralbehörde war für einen Ärzte- und Arzneimittelaustausch verantwortlich, worunter sich nachweislich seit der Regierungszeit des Zaren Alexej Michajlovič (1645-1676) auch das Süßholz befand. Der Zar befahl, jene Kräuter und Pflanzen sammeln zu lassen, die teuer aus dem Ausland eingeführt wurden, obwohl sie in Russland besser wuchsen. Dazu gehörte das Süßholz aus den Gegenden der Wolga, der Nagaischen Tartarei und Astrachan. Diese Wurzeln waren so wohlfeil, dass ein Pfund im Jahre 1670 nur ein ›Altin‹ kostete und 1674 hierfür sechs Kopeken bezahlt wurden.[4] Von diesen Regionen über Moskau nach Norden in die Hansestädte des Baltikums transportiert, hätte das Süßholz auch seinen Weg nach Finnland und Schweden einschlagen können und wäre so als Kriegsproviant während der Besatzungszeit des Dreißigjährigen Krieges und als Konkurrenzprodukt nach Bamberg gelangt.

Der Druck, der im 17. Jahrhundert von ausländischen Konkurrenten auf den Bamberger Süßholzanbau ausgeübt wurde, ist in diesem Einblattdruck deutlich erkennbar und verständlich angesichts des Umstands, dass zunehmend auch das spanische Süßholz auf den Markt drängte und zu billigeren Preisen verkauft wurde. Die Zolltarife aus der nördlichen Hafenstadt Bayonne im französischen Teil des Baskenlandes belegen diesen zunehmenden Handel mit der spanischen Wurzel.[5] Doch erst zum Ende des 17. Jahrhunderts sollte die Stadt Bamberg Maßnahmen gegen diese Konkurrenz ergreifen. Gleich in mehreren Verordnungen wird der Billigverkauf von Süßholz verboten, werden Minimalpreise festgesetzt und Missbräuche der Händler gerügt. Schließlich fiel der Preis von 50 Gulden für einen Zentner zu Ende des 16. Jahrhunderts auf 15 Gulden pro Zentner im Jahre 1671. Als weiterer Grund für den Preisverfall wird nicht nur die Einfuhr ausländischen Süßholzes angegeben, sondern auch der Missbrauch, der mit dem Saft getrieben wurde. Ungeachtet der Bemerkung von Walther Ryff, das der Bamberger Succus oft zu verbrannt sei, soll er angeblich noch mit dem Spanischen Saft – der qualitativ als minderwertig galt – und ›Erbeismehl‹ gestreckt worden sein. Hierdurch sei ein Glaubensverlust an die hohe Qualität des Bamberger Lakritzes entstanden.[6]

Mit dem ersten Schritt gegen diesen Preisverfall wurden in bekannter Manier die Löhne gesenkt. In einem Kanzleidekret vom 29. März 1686 wird die Lohnauszahlung von 4 Batzen, sowie ›Speis und Trank‹ als Missbrauch bezeichnet.[7] Gefordert werden

3 Batzen ohne Verköstigung. Das ›Süßholzbadt‹, ein ausgelassenes Fest nach Endigung der Arbeit, unterlag fortan einem Verbot. In dem darauffolgenden Jahr, mit einem Dekret vom 18. September 1687, wurde diese Verordnung noch einmal bestätigt. Der Preis für einen Zentner Süßholz war so weit gesunken, dass seine ›hochfürstlichen Gnaden‹ sogar um die Steuereinnahmen aus dem Verkauf fürchten musste: »daß endlich die darauff gehende Unkosten / und herschaftliche Schuldigkeit nit werden daraus erschwingen seyn.« Dies hatte zur Folge, dass der Zentner des kleinen und grob vermischten Wurzelwerks nicht weniger als 2 Taler, das grobe immerhin 3 Gulden kosten sollte. Eine Zuwiderhandlung wurde mit Strafandrohung geahndet, die laut einer zweiten Verordnung des folgenden Jahres 50 Taler betrug. Mit diesen Maßnahmen versuchte man in Bamberg am Ende des 17. Jahrhunderts der Konkurrenz zu trotzen.

Daneben machte den Gärtnern auch das Ungeziefer zu schaffen. Festgehalten in den Raupenmandaten wurden fast jährlich Erlasse erteilt, um die Gärten, Bäume und Felder von Schädlingen zu reinigen und im Feuer zu verbrennen. Eine späte Folge des Krieges war auch der zunehmende Vandalismus. Gegen das Zerschneiden von Bäumen und Sträuchern drohte die Stadt in einem Mandat vom 22. April 1679 mit Verbannung und Todesstrafe.[8] Noch am Ende des Jahrhunderts wurde als Urheber für Plünderungen die jüdische Bevölkerung als Sündenbock ausgemacht. Ihnen warfen die Bamberger Bauern und Gärtner vor, trotz der herrschenden Knappheit, die Getreidevorräte der Stadt an niederländische Juden verkauft zu haben, was beim Verladen der Ware am 29. April 1699 zu einem Aufstand führte. Als Folge wurde den jüdischen Kaufleuten aus Bamberg der Handel mit Lebensmitteln, Sämereien, Süßholz, Hopfen usw. verboten.[9] Dieses Verbot weitete der Magistrat offensichtlich auch auf Italiener aus, denn in einem Mandat vom 8. Juni 1713 (»Italiener und Juden betreffend«) wurden beide Gruppen zum Süßholz- und Samenhandel ausdrücklich wieder zugelassen.[10]

Die Handelseinschränkung für Italiener mag aus Sicht der Bamberger Gärtner berechtigt gewesen sein, denn mit zunehmender

Nachfrage drängte nicht nur die spanische, sondern auch die italienische Glycyrrhiza auf den Markt. Die italienischen Bauern führten aber weniger die Wurzel, sondern direkt den verarbeiteten Succus aus. Dies war für die Bamberger Gärtner ebenfalls eine Konkurrenz, denn ihre eigenen ›Süßholzküchelchen‹ erfreuten sich noch auf der Frankfurter Messe von 1695 großer Beliebtheit.[11]

In Italien spezialisierten sich ab dem 18. Jahrhundert zunehmend Landadlige aus Sizilien, Kalabrien, Basilicata, Apulien und den Abruzzen auf die Verarbeitung der Süßholzpflanze. Sie hatten gegenüber den Bamberger Gärtnern einen Standortvorteil: Die Pflanze musste aufgrund der Bodenbeschaffenheit und des milden Klimas nicht kultiviert werden, sondern sie wuchs auf freiem Felde als ›Unkraut‹.

Durch die Erwähnung des sizilianischen Süßholzes von Plinius wäre zu vermuten, dass es eine lange Tradition für deren Kultivierung gab. Dem war aber nicht so. In Sizilien waren seit dem Mittelalter die Zuckerverarbeitung und die Seidenherstellung die wichtigsten Einnahmequellen. Allerdings musste die Zuckerverarbeitung aus Brennstoffmangel für die Raffinerien stillgelegt werden. Auch fehlte es an angemessenen Investitionen, und die Einfuhr von Zucker wurde billiger als die Verarbeitung vor Ort. Hinzu kam die Konkurrenz aus den Azoren, den Kanaren und Brasilien, die eine sizilianische Zuckerproduktion unrentabel machten. Ähnlich im Abnehmen begriffen war die einst hohe Produktion von Baumwolle, Seide und Wolle.[12] Hier waren die hohen Steuerabgaben an den König und die Konkurrenz aus Lyon mit neueren Maschinen der Grund, warum die Seidenraupenzucht eingestellt wurde. Auch Kalabrien, insbesondere die Region um die Stadt Reggio, lebte von der Seidenraupenzucht und hatte riesige Felder mit Maulbeerbäumen. Hier machten ebenfalls die Steuerabgaben an den König und der Konkurrenzdruck aus Lyon die Seidenraupenzucht unrentabel.

Die Süßholzverarbeitung sollte sich als eine Alternative zum Zuckerrohranbau und zur Seidenraupenzucht entwickeln und bis ins 20. Jahrhundert eine expandierende Wirtschaftskraft bleiben. In Sizilien wurde Catania, neben Trapani und Messina, das

Zentrum der Süßholzverarbeitung. In Kalabrien verteilten sich die Produktionsstätten von der Gouverneursstadt Cossenza über Rossano und der Stadt Caporizzuto bis zum Adelssitz von Corigliano Calabro als Zentrum der Süßholzverarbeitung.

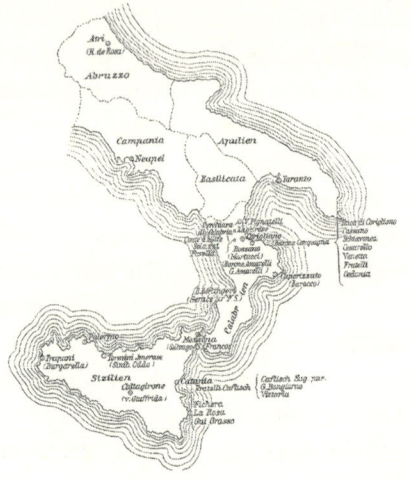

Abb. 20 Die wichtigsten Fabrikationsorte in Süditalien. (1912)

Von den vielen Firmen, die sich bis zu Beginn des 20. Jahrhunderts hier gründen sollten, sind im 21. Jahrhundert allerdings nur wenige übrig geblieben. Ihre Namen, vorwiegend mit einem Adelstitel versehen, weshalb sie im weiteren Verlauf auch als ›Süßholzbarone‹ genannt werden, waren auf Lakritzstangen als unverkennbare Markenzeichen aufgedruckt.

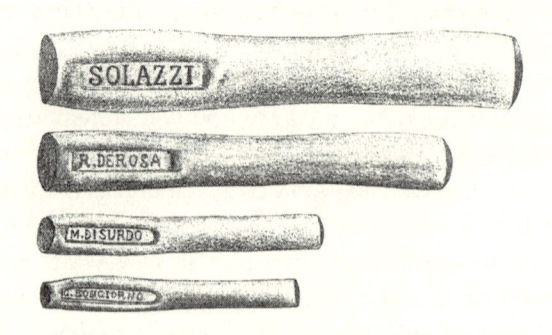

Abb. 21 Lakritz-Stangen mit Firmenlogo (1912)

Doch waren es nur einfache Familiennamen jener Adelshäuser oder Großgrundbesitzer, auf deren Ländereien das Süßholz wuchs. Vielen wurden diese Ländereien für ihre Verdienste bei einer Kriegshandlung oder als Treuepfand vom spanischen bzw. neapolitanischen König geschenkt. Für einige war es nicht mehr als ein Zeitvertreib, sein eigenes Lakritz wie die Hausmarke ›Champagner‹ herzustellen. Schließlich stand der Süßholzanbau noch ganz im Zeichen des Feudalismus. Die Adligen hatten das Land vom König für ihre Kriegsdienste erhalten und waren Vasallen des Staates. Auf ›ihrem‹ Land ließen sie ›ihre‹ Bauern arbeiten, die wiederum an die ›Scholle‹ gebunden und von den Adligen persönlich abhängig waren. Die Süßholzernte, auch wenn es sich dabei um Unkraut handelte, musste an die Adligen abgeliefert werden. Dementsprechend war es Mundraub, wenn ein Arbeiter unerlaubterweise eine Stange Süßholz kaute, der, wie im sizilianischen Camponaro, mit Haftstrafe geahndet wurde.

Das Zentrum für die kalabresische Süßholzverarbeitung sollte lange Zeit die kleine Stadt Corigliano Calabro bleiben. Das Städtchen beschrieb der deutsche Reisende Johann Herrmann Riedesel Freiherr zu Eisenbach (1740-1785) folgendermaßen:

»Corigliano liegt in der besten und schönsten Gegend von Kalabrien, und alle seine Produkte sind vortrefflich: Hier wird das meiste und beste Öl gezogen; der Wein von dieser Gegend ist der beste in der Provinz […]; eine hinlängliche Menge Getreide wird gebaut […]; Pomeranzen und Zitronen sind in der größten Menge und von der besten Art, die Viehzucht ist vortrefflich, […]; die Wolle ist sehr gut; Manna, Teer und Pech werden in großer Menge gesammelt; Seide wird auch gebaut. Unter der Erde wird die Regolizia, oder die Wurzel des Süßholzes gegraben, wovon der Saft jährlich dem Ducca 4.000 Ducaten, nach Abzug von 4.000 Ducaten Unkosten, einbringt. […] Alle Arten von Obst, als Äpfel und Birne, welche sonst in Italien weder häufig noch gut, sind hier in großer Menge und vortrefflicher Art; und damit nichts fehle, so ist die Meeresfläche in dieser Gegend die reichste an Fischen, ...«[13]

Diesen paradiesischen Landstrich in der Ebene des Sibari am Golf von Tarento hatte 1616 die Genueser Handelsfamilie Saluzzo von dem überschuldeten Lehnsherren Sanseverino für 315.000 Dukaten erworben. Den Adelstitel erhielt Agostino Saluzzo II. (1608-1700) von dem spanischen König Phillip IV. (1605-1665) für seine finanzielle Unterstützung zur Niederschlagung des Volksaufstandes von 1648 verliehen. Er half dem König, seine Zugeständnisse an die Bevölkerung durch Wertpapiere und andere finanzielle Gefälligkeiten abzudecken. So konnte sich Agostino Saluzzo ab 1649 ›Ducca di Corigliano‹ (Herzog von Corigliano) nennen.[14]

Doch erst zum Ende des 17. Jahrhunderts fand das Süßholz im Leben der Saluzzos mehr Beachtung. Damals waren das kalabresische Süßholz und der Succus noch keine Handelsware, mit der sich große Gewinne erzielen ließen. Die Wurzel wurde von den Bauern noch während der Ernte auf den Feldern unter offenem Feuer zu Lakritz verarbeitet.

Den Anstoß für eine Verarbeitung in größerem Maßstab mag 1677 die Anfrage eines neapolitanischen Händlers nach dem Lakritz-Extrakt aus Corigliano gegeben haben. Doch erst als zu Beginn des 18. Jahrhunderts die Nachfrage aus England, Holland und Deutschland für kalabresischen Succus stieg, sah der Ducca hierin die Möglichkeit, einen Teil seiner Einkünfte zu bestreiten. Der Grund für die erweiterte Nachfrage war zum einen der zunehmende pharmazeutische Verbrauch. Zum anderen wurde Süßholz zu dieser Zeit bereits als Geschmacks-Korrigens und Schaumstabilisator für die Kautabak- und Bierherstellung genutzt. Besonders im England des 17. Jahrhunderts stieg die Nachfrage nach den Biersorten Porter und Ale ungemein, sodass auch der Bedarf an Süßholz stark zunahm.[15]

Um dieser steigenden Nachfrage entgegenzukommen, leitete der Ducca di Corigliano zum Ende des 17. Jahrhunderts mehrere Reformen ein. Zunächst verlagerte er den Verarbeitungsprozess von den Feldern in die erste zentralgelegene Manufaktur (Concio).

Abb. 22 Concio – Italienische Lakritz-Manufaktur (18. Jh.)

Zwar beschreibt der deutsche Enzyklopädist Johann G. Krünitz (1728-1796) noch zum Ende des 18. Jahrhunderts die ›wandernden‹ Siedereien, die weiterzogen, sobald in einer Gegend die erforderliche Wurzelmenge nicht mehr geerntet werden konnte.[16] Aber das Modell des Herzogs Saluzzo sollte Schule machen, sodass bald darauf der Saft nur noch in den festerbauten Concios ausgezogen wurde. Darüber hinaus führte er eine Arbeitsteilung ein. Wie in den nachfolgenden Fabriken schnitten auch hier Wurzelschneider das Süßholz vor, zermahlten Müller die Wurzeln unter den Mühlsteinen, kontrollierten Heizer den Feuerdruck in den Öfen und wog der Tariermeister die Ware aus. Dazu kamen jene schlechtbezahlten Hilfsarbeiter, die die Mühlsteine mit Wasser oder die Öfen mit Luft versorgten.

Der Ducca hatte bereits 1717 die komplette Weiterverarbeitung der Pflanze vom Feld in die Manufaktur verlagert und konnte so den Succus gewinnbringend herstellen und ins Ausland exportieren. Er war damit der erste Landadlige aus Kalabrien, der einen Lakritz-Handel betrieb. Der Freiherr von Riedesel, den der Herzog Saluzzo auf seinen Landsitz eingeladen hatte, beschrieb die Herstellung des Succus zur Mitte des 18. Jahrhunderts in seinem Reisebericht:

»[Die Wurzel] wird in Stücke zerschnitten, angefeuchtet, und hernach in einer Mühle geknirscht; gleichsam in einen Teig gebracht, wird sie folgend in einem großen Kessel gesotten, und zwar 8 Stunden lang; während der Zeit aber mit Wasser begossen; alsdann zweimal gepresst, da der harzigste zähe Saft heraufgetrieben wird, welche in einem andern Kessel 24 Stunden lang kochen muss, um die gehörige Zähigkeit zu bekommen, damit man solchen in einem Teig in Tafeln schneiden kann, welche mit Lorbeerblättern in Kisten gepackt, und nach Holland und England verkauft werden.«[17]

Im Vergleich zu der Beschreibung von Matthaeus Platearius zeigen sich hier bereits die Erneuerungen, die vom Ducca eingeführt wurden. Vor allem sind die Arbeitsabläufe zeitlich festgelegt. Die Bemerkung, den Succus in Lorbeerblätter zu hüllen, zeigt wiederum die Umsichtigkeit, mit der das Lakritz auf lange Reisen geschickt wurde. Die Blätter sollten sowohl einen Bruch bei starker Trockenheit verhindern, als auch ein Schwitzen und Kleben der Blöcke vermeiden. In Russland wurden hierzu die Blöcke in Eichenblätter gewickelt.

Doch kehren wir zurück zu unseren Süßholzgärtnern aus Bamberg. Ihnen machte nicht nur der zunehmende Handel mit dem italienischen Succus oder der Süßholzwurzel aus Spanien und Russland schwer zu schaffen. In den letzten Jahren des 18. Jahrhunderts richteten Überschwemmungen große Schäden an, sodass nicht nur die Ernte von Jahren vernichtet wurde, sondern auch die notwendigen Wurzelausläufer zur Weiterzüchtung der Pflanze ausgingen. Als Folge sank der Preis des Bamberger Süßholzes, der sich mittlerweile wieder erholt hatte, für einen Zentner Süßholz auf 8 Taler.[18]

Zudem erhöhten die bahnbrechenden Innovationen in der Verarbeitung des Süßholzsaftes, die von der internationalen Konkurrenz angepriesen wurden, den Druck auf die Bamberger Gärtner. Bereits zur Mitte des 18. Jahrhunderts geriet eine kleine Stadt im englischen Yorkshire in den Mittelpunkt des Geschehens – Pontefract. Diese Stadt, benannt nach einer ›Zerbrochenen Brücke‹ (Pontus fractus) und bekannt durch das berüchtigte Gefängnis, in dem König Richard II. hingerichtet wurde und das Shakespeare mit dem Ausspruch »O Pomfret, Pomfret! O thou bloody prison!«[19] verewigte, sollte nicht durch einen expansiven Handel mit der Süßholzwurzel, sondern mit der Herstellung des ›Lakritzkuchens‹ zu einem wichtigen Schauplatz unserer Geschichte werden.

In Pontefract wurde ebenfalls Süßholz angebaut. Die Quellenlage über die Herkunft der Pflanze ist ähnlich derjenigen in Bamberg. Auch hier gibt es keine Belege, sondern nur Spekulationen. Einerseits wird vermutet, dass die Pflanze bereits im 11./12. Jahrhundert von rückkehrenden Kreuzfahrern eingeführt wurde. Nachfahren der Erbauer der Burg aus dem Adelsgeschlecht der ›de Lacy‹ hätten sich Richard I. auf seinem Weg nach Palästina angeschlossen und die Pflanze bei ihrer Rückkehr nach England gebracht. Andererseits wird die Kultivierung der Glycyrrhiza Mönchen zugeschrieben. Die Benediktiner unterhielten seit 1090 ein Kloster in Pontefract, Karmeliter- und Dominikanermönche siedelten dort seit dem 12. Jahrhundert. Somit besteht die Möglichkeit, dass sie das Süßholz in ihren Klostergärten kultivierten. Klösterliche Quellen über einen Süßholzanbau, insofern sie vorhanden waren, gingen allerdings während der Regentschaft von Heinrich VIII. (1491-1547), der mit der Konvertierung der britischen Staatskirche zum anglikanischen Glauben auch die katholischen Klöster zerstören ließ, verloren.

Eine dritte Variante vermutet einen Anbau erst ab der Mitte des 16. Jahrhunderts. Die Pflanze soll demnach als Handelsware nach London eingeführt und dann von dem Earl von Shrewsbury in Pontefract und Worksop (einer kleinen Stadt in unmittelbarer Nähe zu Robin Hoods Sherwood Forest) angepflanzt worden sein. Der Earl hatte in beiden Städten Ländereien und Gartenanlagen. In Camdens ›Britannia‹ wird ein Anbau der Wurzel in diesen beiden Städten für 1637 notiert. Darüber hinaus wuchs das Süßholz auch in Knottingley, der Nachbarstadt von Pontefract, in Knaresborough im Norden von Yorkshire, in Surrey (südliches England) und an den Ufern der Themse.[20]

Ein weiteres Zeugnis für den Anbau in Pontefract ist die Zeichnung zweier großer Süßholzgärten vor dem Pontefract-Castle auf einem Stadtplan von 1648.

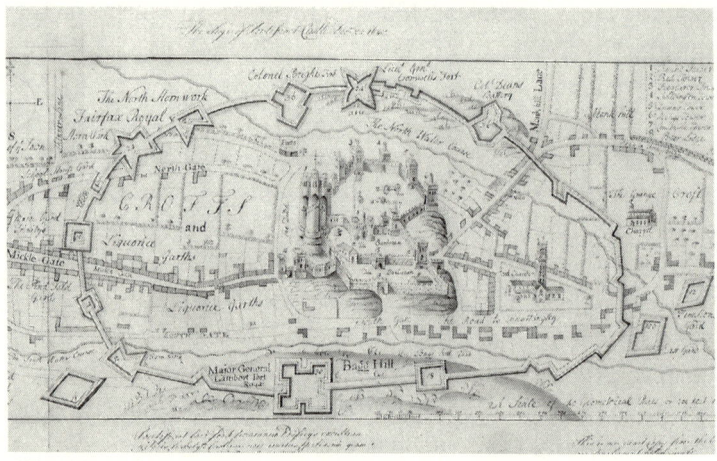

Abb. 23 Pontefract-Stadtplan mit Süßholzfeldern vor der Burg (1648)

In dieser Zeit wurde auch das Schicksal der Stadt besiegelt. Während des englischen Bürgerkriegs (1642-1651) wechselten mehrmals die Burghalter von den Royalisten zu den Parlamentariern. Zuletzt verschanzten sich in der Burg die Royalisten, die 1648 durch Belagerung unter der Führung von Oliver Cromwell (1599-1658) besiegt wurden. Nach der Eroberung bekamen die Stadtbewohner die Erlaubnis, das Kastell zu schleifen und das Land zu verteilen. Durch die Zerstörung der Burg und die Vertreibung der Royalisten hatte die Stadt jedoch ihre mittelalterliche Funktion als herrschaftliches Machtzentrum verloren. Stattdessen musste ein

Wirtschaftszweig gefunden werden, um Pontefract am Leben zu erhalten. Der Anbau von Süßholz bot sich geradezu an, und nun wurde selbst innerhalb der Burgmauern das Süßholz angepflanzt. Bereits drei Jahre später, also 1652, wird dieser Anbau lobend hervorgehoben.[21] Im Laufe der Jahrhunderte kamen noch die Minen, der Malzanbau und die Gerbereien als Einkommensquelle hinzu.

In Pontefract wurde aber nicht nur das Süßholz angebaut, sondern der Succus auch sehr früh zu kleinen Kugeln gedreht, mit einem Stempel versehen und zu Talern geformt – den Pontefract-Cakes. Bereits 1612 stempelte sie der Großgrundbesitzer Sir George Savile mit seinen Initialen und dem Castle als Markenzeichen ab.

Abb. 24 Lakritz-Stempel für ›Pontefract-Cakes‹

Vor allem ein Name aus Pontefract ist bis in die heutige Zeit mit dem Süßholzanbau und der Verarbeitung verbunden – George Dunhill (1753-1826). Mitglieder seiner Familie bauten bereits das Süßholz im Burghof an und trockneten in den Kellerräumen die Wurzeln.[22] George Dunhill soll im Alter von 7 Jahren, wir schreiben das Jahr 1760, eine Vorliebe für die Chemie gezeigt und den bitteren Lakritzensaft mit Zucker vermischt haben.[23] Sehr wahrscheinlich erinnerte er sich an dieses Experiment, als er mit 20 Jahren (1773) die Süßholzfelder seines Vaters erbte. George perfektionierte sein Kindheitsrezept, indem er außer Zucker noch Mehl, Wasser und andere süße Ingredienzien hinzufügte, und festigte damit seinen Ruf als Apotheker. Den Talern drückte er in der Pontefract-Tradition einen Stempel von Pontefract-Castle auf und führte sie kommerziell als süße Variation der Pontefract-Cakes ein. Mit der ›Erfindung‹ dieser Taler im Jahre 1760 wird von britischen Süßwarenspezialisten bis in die Gegenwart der zeitliche Wendepunkt markiert, an dem in England eine Trennung zwischen dem medizinischen Nutzen der Glycyrrhiza und dem einzig für den Genuss bestimmten süßen Konfekt ›Lakritz‹ gezogen werden kann.[24]

Doch zuerst musste die süße Erfindung von George Dunhill auf dem Markt eingeführt werden, bevor sie ihre erfolgversprechende Karriere einschlagen konnte. Hierbei spielten mehrere Faktoren eine Rolle. Zum einen wurde der Süßholzanbau in den Konkurrenzregionen eingestellt, zum anderen führte der Kanalausbau im Distrikt zu einer besseren Anbindung an die Nachbarstädte von Pontefract. Georg Dunhill zog daraus seinen Nutzen, als er 1779/1780 eine eigene Succus-Manufaktur gründete. Dies war ein ungewöhnlicher Vorgang, denn bislang verarbeiteten die Bauern ihr Süßholz nicht selber, sondern lieferten es zur Weiterverarbeitung an ortsansässige Raffinerien. Der Anbau in ihren kleinen Gärten nahm oft nicht mehr als einen Morgen Land ein.[25] Für die Bauern war eine große Anbaufläche mit einer Monokultur, an die das Land über Jahre gebunden war und intensiver Pflege bedurfte, eher unrentabel. George Dunhill, selbst Besitzer kleiner Süßholzfelder, kaufte die Wurzel von den anderen Bauern auf, um seine Fabrik auszulasten. Darüber hinaus verfügte er über gute Handelsbeziehungen und konnte auf ein weites Netzwerk zurückgreifen, um sein Süßholz und seine Taler anzubieten. Immerhin zählte die Wurzel damals zu den »vornehmsten ausgehenden Waaren«, mit denen Handel getrieben wurde.[26] Eine Preisliste aus seinem Geschäftsbuch von 1778 listet seine Kunden und die veräußerte Ware auf. Demnach lieferte er in diesem Jahr vor allem an Drogisten aus London, Leeds, York, Darlington, Halifax und Liverpool.[27]

Als beste Ware bot er die langen, dicken Süßholzstangen an. Die kleinen Stücke, die bislang nur als ›Bückware‹ gehandelt wurden, verkochte er zum Succus, den er mit Zucker und Mehl streckte und daraus seine Taler formte. Der Durchbruch seiner süßen ›Lakritzkuchen‹ sollte jedoch erst im 19. Jahrhundert erfolgen, als mit verbessertem Rezept, zunehmender Industrialisierung und verändertem Kaufverhalten neue Kundenkreise angesprochen wurden.

Für die Bamberger Gärtner wurde im 18. Jahrhundert noch ein weiterer Schauplatz bedrohlich – Paris. Hier konnte sich der Berufsstand der Confiseure ungehindert ausbreiten, sodass die besten Spezialisten mit ihren süßen Pastillen, Konfekt und Dragees um die Gunst der Einwohner warben. Um den einmaligen Geschmack zu schaffen, der ihnen einen langen Ruhm sichern sollte, wurden nicht nur Früchte, sondern auch Blumen und Gemüse verarbeitet, die als süße Kompositionen getrocknet, kandiert oder in Sirup eingelegt in den Auslagen von luxuriösen Geschäften landeten. Aus einer nie dagewesenen Phantasie gingen täglich neue Kreationen hervor, die das allgemeine Interesse hervorriefen und den ›gastronomischen‹ Rubriken der Zeitungen regelmäßig Nahrung lieferten.

So kommt es wohl auch, dass das ambitionierteste Projekt zur Erfassung der Welt, die Enzyklopädie von Denis Diderot und Jean-Batiste le Rond d'Alembert, diverse Spezereien aufführte und vor dem Lakritz nicht haltmachen konnte.[28] In einem mehrseitigen Artikel wird nicht nur auf den Anbau in Bamberg und Pontefract und die Einfuhr des Succus aus Holland, Marseille und Spanien verwiesen, sondern der Succus in seinen modifizierten Formen beschrieben. Er werde in platten Pastillen oder runden Talern angeboten, enthalte oft nur wenig Lakritz-Pulver, das allerdings mit Gummiarabikum und Traganth angereichert zu einer längeren Haltbarkeit und geschmeidigeren Konsistenz beitrage, und sei mit Zucker zu einem harten Teig eingekocht und beliebig formbar, heißt es in der Enzyklopädie. Dies könnte der arabischen Heilkunst entsprungen oder ein direkter Verweis auf den Alchemisten Mosis Charas sein, dessen Rezept im Laufe des 18. Jahrhunderts noch verfeinert wurde. Denn in der Enzyklopädie werden noch zwei weitere Rezepte angegeben, die sich größter Beliebtheit erfreuen. Zum einen wird für den ›weißen‹ Succus die getrocknete Wurzel mit Iris und Traganth zuerst erhitzt, dann reduziert und anschließend mit Zucker, Mandeln, Muskatnuss, grauem Amber und Rosenwasser eingekocht. Zum anderen werden Süßholz, Gummiarabikum und Zucker in einem Wasserbad evaporiert, danach mit Alraun- und Iriswurzeln und Zitronenöl abgeschmeckt und abschließend auf einem Marmortisch zu phantastischen Figuren geformt, um den ›gelben‹ Succus zu erhalten. Einen Verweis auf den ›weißen‹ und ›gelben‹ Lakritzensaft enthält bereits zu Beginn des Jahrhunderts das Nachschlagewerk des Kaufmannssohnes Jaques Savary des Bruslons (1657-1716). Er lobt nicht nur die runden Lakritz-Taler aus Blois, Reims und Paris, sondern hebt auch hervor, dass sie nicht etwa für den Kranken, sondern auch für jene, die gerne ihre Krankheit vortäuschen, bestimmt sind. Schließlich enthalten sie nur wenig Lakritz-Pulver.[29]

Streng genommen wären mit diesen Angaben die Erfinder des ersten Lakritz-Konfekts in Frankreich zu suchen. Denn Georg Dunhill, der zwar als Kind seine süße Entdeckung machte, dürfte in seinem ersten Geschäftsjahr nach dem Tode seines Vaters (1773) kaum in der Lage gewesen sein, solche Kreationen zu erfinden, dass sie im Erscheinungsjahr der Enzyklopädie (1774) Aufnahme gefunden hätten. Der wesentliche Unterschied zu der Verwendung des Succus von George Dunhill ist allerdings die Anreicherung mit Bindestoffen und Stärkemittel (Mehl). Letztere veränderten nicht nur die Konsistenz der einst harten, brüchigen Lakritz-Taler, -Pastillen oder -Stangen und führten zu der ›Weichlakritze‹, sondern gaben dem Lakritz auch einen (zwar geringen) Nährwert an Kohlenhydraten. Ein allgemeiner Vorteil dieser neuen Rezepte lag darin begründet, dass nur noch ein geringer Teil des Succus verwendet werden musste und trotzdem die gleiche Geschmacksintensität erhalten wurde.

Doch während im Paris des 18. Jahrhunderts solch ausgefeilte Rezepte ersonnen wurden und Pontefract als neues Zentrum der Süßholzverarbeitung von sich reden machte, sollte in Bamberg eine Zeit der Stille eintreten. Einzig Landstreitigkeiten, wie eine neunjährige Streitsache (1726-1735) zwischen der Gärtnerzunft und Einzelpersonen aus Bamberg belegt, wurden noch aktenkundig.[30] Es wurde sogar so still, dass Zeitgenossen darauf aufmerksam machten und nach dem Bamberger Süßholz fragten. Der Hofrat Johann Beckmann (1739-1811) äußerte sich in seiner ›Vorbereitung zur Warenkunde‹ sogar ganz befremdet, dass nirgends eine Silbe vom Bamberger Süßholzanbau zu finden sei. Doch dies und die Kritik, dass der Anbau nicht mehr beträchtlich sei, wurden postwendend bestritten. In Fachkreisen genieße die Wurzel nach wie vor ihren guten Ruf. Schließlich stellte der Hofrat eine beträchtliche Ernte von jährlich 200-300 Zentnern fest. Im Vergleich zu der spanischen Süßholzausfuhr ist dies jedoch eher bescheiden. Dort wurde der gesamte Export zum Ende des 18. Jahrhunderts auf 4.000 Zentner (beinahe 200 Tonnen) geschätzt.[31]

Trotz solch niedriger Zahlen bestätigte auch der Bamberger Landesdirektionsrat und Statistiker, Franz Adolph Schneidawind (1766-1808) den guten Handel mit der Süßholzpflanze. In seinem ›Versuch einer statistischen Beschreibung des kaiserlichen Hochstiftes Bamberg‹ von 1797 bemerkt er noch, dass die von Johann Beckmann angesetzte Summe zu hoch sei, er bestreitet aber, dass der Süßholzanbau abgenommen habe, und verzeichnet eine jährliche Ausfuhr von 150 Zentnern nach Böhmen, Österreich und Ungarn, was den Bamberger Gärtnern jährlich ungefähr 1.500 Taler einbringe. Darüber hinaus sei nach Franz A. Schneidawind die Süßholzpflege »die höchste Stufe der Kenntnisse ..., die der vollendete Gärtner erreicht haben« müsse. Denn es gehörte zum Bestandteil der Meisterprüfung, eine Wurzel unbeschädigt und vollständig auszugraben. Nach den Statuten der Gärtnerzunft hatte der Meisteraspirant 3-4 Stunden Zeit, um die 4-8 Fuß tiefe und mit ihren Ausläufern bis zu 20 Fuß ausgedehnte Wurzel freizulegen. Sollte er die Wurzel mit ihren Seitenarmen verletzen, musste er bei einer anderen Wurzel von neuem anfangen. Bei Misslingen oder Überschreitung des Zeitlimits war er dem Spott seiner Kollegen ausgeliefert. Am übelsten erging es dem Grabenden, wenn sich die Wurzel in der Erde zu einem Ring zusammengerollt oder zu einem Knoten verdreht hatte. Dann musste ein großer Kessel ausgehoben werden, welcher einstürzen und den Grabenden selbst bis zum Kopf verschütten konnte und so das Gelingen des Meisterstückes vereitelte.[32] Bei Gelingen wurde die ausgegrabene Wurzel allerdings auf ein Brett genagelt und zur Schau durch die Gärtnerstadt getragen.

Abb. 25 Ausgraben der Wurzel in Pontefract (ca. 1900-1915)

Auch das alltägliche Ausheben war mit Regeln versehen. Vier Mann gruben in einem Team von 6 Uhr früh bis 8.30 Uhr abends.

Wer sich während der Arbeit entfernte und zu lange Pausen machte, galt als unehrlich. Desgleichen, wenn sich einer während der Arbeit umdrehte, um zu urinieren. Von Spöttern wurden den Gärtnern auch tote Tiere, ein Maulwurf oder eine verendete Katze, in den Graben geworfen. Der ›Finder‹ musste sich dann mit Bier oder Presssack von seiner ›Schuld‹ freikaufen.

Obwohl diese Regeln noch bis in das 19. Jahrhundert Gültigkeit besaßen, womit auch die Wertschätzung gegenüber der Süßholzpflanze bekundet wurde, konnten solche Maßnahmen den Untergang des Bamberger Süßholzanbaus nicht verhindern. Vielleicht sollte mit einem solchen Regelwerk noch das Vertrauen der Kunden gestärkt und der Ruf der Gärtner und ihres Süßholzanbaus erhalten werden.

Dies war eine dringende Notwendigkeit, da es genug Anlass für üble Nachrede gab. Wie schon ein Jahrhundert zuvor waren die ›Lakritzküchelchen‹ der Anlass für die Besorgnis. Noch in den 1750ern soll die Ausfuhr nach Nürnberg, Frankfurt am Main und Leipzig 170 bis 200 Zentner betragen haben. Ihr Verkauf wurde zum Ende des Jahrhunderts aber komplett eingestellt. Denn zur Herstellung bedienten sich die Gärtner, nach der Darstellung von Johann Beckmann und Franz A. Schneidawind, eines eigenen Verfahrens, »das von dem, in Spanien und Sicilien übliche[n], verschieden ist.« Die Gärtner formten den lauwarmen Saft direkt zu kleinen, runden Kuchen von der Größe eines Sechskreuzerstückes. Um die notwenige Konsistenz eines Backwerks zu erhalten, fügten sie noch einen geheimen Zusatz hinzu. »Dieser Zusatz ist ein so großes Geheimnis, daß bey dem Zubereiten nicht einmal das Gesinde gegenwärtig seyn darf. Jedoch scheint das dabey beobachtete Verfahren viel Ähnlichkeit mit jenem zu haben, das man beym Backen der Honig- oder Lebkuchen befolgt, und der Zusatz vornehmlich in Mehl, oft auch in Holundersaft, der sich durch den Geruch verräth, sogar, um die Klebrigkeit zu mindern, in Schmalz zu bestehen. Diesen Kuchen wird auf obrigkeitlichen Befehl das Gepräge eines Hirsches aufgedrückt, und das Pfund derselben um 20 Kreuzer verkauft.

Abb. 26 Bamberger Lakritz-Taler

Da die Bambergischen Lakritzenkuchen (Brustkuchen) sehr bald zu hart, auch nicht selten von den Maden der Insekten angegriffen werden, und überhaupt nun bekannt ist, daß sie einen Zusatz enthalten, so zog ihnen dies auswärts eine böse Nachrede zu.«[33] Neben dem Vorwurf der Verfälschung mit undefinierbaren Ingredienzien, war der Preis von 20 Kreuzern durchaus zu beanstanden. Denn noch 50 Jahre zuvor hatte das Pfund 10 oder 12 Kreuzer gekostet und stieg auf 15 Kreuzer an, bevor nun diese hohe Summe veranschlagt wurde.

Diese Nachrede hatte zur Folge, dass der Verkauf abnahm und die Herstellung eingestellt werden musste. Zwar setzte Bamberg noch 1797 einige Zentner dieser Lakritz-Taler ab, doch schon 30 Jahre später war von der Herstellung des Succus keine Rede mehr, und selbst der Süßholzanbau nahm ab.

Der Landesdirektionsrat Franz A. Schneidawind entschuldigt noch, dass die Verleumdung nicht ganz begründet sei, denn »pfiffige Materialisten« hätten absichtlich den guten Ruf geschädigt, um den besten Bamberger Süßholzsaft für spanischen zu verkaufen. Auch sei die Nachfrage der Apotheker nach spanischem und russischem Süßholz für ihre Teebereitung der

Grund für den Rückgang des heimischen Bamberger Süßholzes. Tatsächlich war die üble Nachrede kein unerheblicher Faktor für den rückgängigen Süßholzanbau und mit den missratenen Rezepten für Lakritz-Taler wurde eine Chance verspielt, den Anschluss an die Verarbeitung des Süßholzsaftes zu süßem Lakritz, wie in Pontefract geschehen, zu gewinnen. Zwar verlangte Franz A. Schneidawind noch weitsichtig, nicht nur den Grund der ›Verleumdung‹ aufzuklären, sondern auch die Verarbeitungsmethoden von Süßholz zu verbessern, um diesen Erwerbszweig wieder zum Erstarken zu bringen. Doch ein Wettbewerb mit einem Preisgeld von 500 Gulden, der zwischen 1800 und 1826 von der Universität Landshut ausgesetzt wurde und sich mit der Frage beschäftigen sollte, »ob nicht aus den Wurzeln des Bamberger Süßholzes ein fester Zucker ohne Beimischung von Rohrzucker brauchbarer für das gemeine Leben sowohl als für Arzneien gewonnen werden könnte?«, blieb von den Bamberger Chemikern unerörtert. Offensichtlich hatte man dieses Preisausschreiben achtlos übersehen.

Zusätzlich versiegte im 19. Jahrhundert noch die beständige Einkommensquelle durch die Ausfuhr von Süßholz nach Böhmen, Österreich und Ungarn. Die K.-u.-k.-Monarchie bezog das Gros der genutzten Wurzeln zwar aus Triest und Venedig[34], doch auch die Bamberger Gärtner konnten hier eine gesicherte Menge an Süßholz absetzen. Zur Mitte des 19. Jahrhunderts berichtete allerdings der liberale Politiker Christian d'Elvert (1803-1896) aus Brünn von einem eigenen, ausgedehnten Anbau in Österreich.[35] Das Süßholz wuchs in Znaim und anderen Ortschaften um Auspitz in großen Mengen. Die Ernte betrug jährlich im Durchschnitt 6.000-7.000 Zentner und brachte 18.000 Gulden ein. In Folge des Anbaus siedelten sich in dieser Gegend auch Süßholzraffinerien an und lieferten den größten Teil des Lakritz-Bedarfs der Habsburger Monarchie. Erzeugt wurden »nur feinere Sorten des Süßholzsaftes auf calabreser Art in dicken Stangen und mittelfeine Sorten auf sicilianische Art in dünnen Stangen«.[36] Schließlich fand der mährische Süßholzsaft seinen Absatz nicht nur im Inland, sondern er wurde auch nach Preußen und Bayern ausgeführt. Er erhielt bei den Weltausstellungen in Paris (1878), Melbourne (1880) und London (1884) sogar hohe Auszeichnungen.[37] Zu Beginn des 20. Jahrhunderts wurde der Anbau aber jäh gestoppt. Große Teile der Feldbestände wurden 1911 von dem Pilz Rhizoctonia violacea Tul. (Wurzeltöter) zunichte gemacht[38], was auch die abhängige Succus-Industrie zum Erliegen brachte.

In Bamberg ließ sich trotz der Einführung neuer Zolltarife – die Einfuhr wurde mit 3 Gulden 20 Kronen belegt, die Ausfuhr mit 6,25 Kronen besteuert[39] – ein starker Nachfragerückgang kaum vermeiden. Als Folge wurde der Süßholzanbau auf gewinnbringendere Gemüse- und Getreidesorten wie Frühkartoffeln und Spargel umgestellt. Lediglich reiche Gärtner, die eine dreijährige Ernte abwarten konnten und dies eher als Sparanlage ansahen, bauten noch die Stauden an. Und selbst die Bamberger Apotheken deckten ihren Bedarf an Süßholz durch die billigeren Wurzeln aus dem Süden ab.[40]

Als weitere Begründung für den Rückgang der Bamberger Süßholzkultur wird heute gerne die organische Chemie als neue Wissenschaft mit ihrer Suche nach billigeren Konkurrenzprodukten wie Rohr-, Trauben- oder Milchzucker angeführt. Insbesondere die Fortschritte in der Rübenzuckergewinnung in der ersten Hälfte des 19. Jahrhunderts hätten den Rückzug des Süßholzes als Heil- und Genussmittel vorbereitet. Dasselbe Schicksal habe auch den eingedickten Saft ereilt.

Die Verdrängung von Süßholz durch billigen Rübenzucker als Süßungsmittel ist sicherlich nicht zu unterschätzen, wobei der Einsatz der Süßholzwurzel in der Medizin gerade durch die chemische Pharmazie bestätigt werden sollte. Auch zeigt das Beispiel von Pontefract, dass ein Handelsrückgang mit der Wurzel durch neue, innovative Verarbeitungsmethoden ersetzt werden konnte und somit die Wirtschaftskraft einer Stadt oder Region stärkte. Hierzu fehlte in Bamberg vielleicht auch der Wille. Bei der Suche nach den Ursachen für einen Rückgang ab der zweiten Hälfte des 19. Jahrhunderts ist auch nach der Unterstützung der Stadt Bamberg zu fragen. Denn städtebauliche Maßnahmen haben mit Sicherheit nicht dazu beigetragen, den Anbau von Süßholz weiter zu fördern. Hier ist zunächst auf den Ausbau der Bahnlinie oberhalb der Gärtnerstadt hinzuweisen, wodurch sich nicht nur die Parzellen verminderten, sondern auch der Grundwasserspiegel abgesenkt wurde. Ein weiterer Grund ist die Einführung der Kanalisation und damit der Verlust der Abortgruben. Die Gärtner hatten diese Gruben als Düngerreservoir gepachtet. Nach dem I. Weltkrieg kam hier noch die Garnisonsverminderung erschwerend hinzu. Den Gärtnern stand bis dahin die ganze ›Matratzenstreu‹ von fünf Reiterschwadronen des 1. Bayrischen Ulanen-Regiments zur Verfügung. Diese wurden durch eine Schwadron des 17. Reiterregiments ersetzt. Für die Gärtner war dies ein unsäglicher Verlust an Pferdemist und Menschendung, der aber für die Aufzucht und Pflege der Glycyrrhiza unentbehrlich war.

Die letzte Funktion, die das Süßholz noch für die Bierbrauerstadt Bamberg haben konnte, wurde durch das Biersteuergesetz vom 15. Juli 1909 unterbunden.[41] Die Mischung von Bier und Süßholz ist aus alten Hausrezepten auch in Deutschland bekannt. Vor allem gegen Erkältung sollte der aufgekochte Sud helfen.[42] So überrascht es nicht, wenn Süßholzpulver, Kreide und Pottasche vermischt und in einem kleinen Säckchen in saures Bier gehängt wurden – einzig, um das Bier länger haltbar zu machen.[43] Dies wird auch in Johann C. Leuchs Braulexikon von 1867 als Begründung angegeben:

> »Süßholzsaft und Süßholz werden schon seit den ältesten Zeiten sowohl in Deutschland als auch in England zu Schiffsbieren, die sich lange halten sollen, gesetzt, ohne daß man den Nutzen dieses Zusatzes anders kannte, als aus der Erfahrung, daß damit versetztes Bier nicht leicht sauer wird. Nachdem aber die Chemiker herausgefunden haben, daß der im Süßholz enthaltene eigenthümliche Zucker die Eigenschaft hat, mit Säuren eine unlösliche Verbin-

dung (einen Niederschlag) zu bilden, erklärt sich der Nutzen dieses Zusatzes.«[44]

Süßholz war also auch ein Mittel, um die Säurebildung im Bier zu verhindern. Mit dem Biersteuergesetz wurden aber solche Zusätze verboten, wodurch der Süßholzanbau auch noch seine letzte Funktion für die Bamberger Gärtner verlor.

Zwangsläufig berichtete 1910 ein Bamberger Apotheker, dass der Anbau auf »wenige, kleine Parzellen zurückgegangen [sei], deren Erträgnis ungeschnitten in kleine Bündel verflochten am Gemüsemarkt zum Verkauf kommt.«[45]

Abb. 27 Süßholzverkauf auf dem Bamberger Markt (ca. 1900)

Am Freitag, den 3. Mai 1935 verfasst das Bamberger Volksblatt dann »Ein[en] Nachruf auf einen ausgestorbenen Erwerbszweig der Bamberger Gärtnerei – Das letzte Bamberger Süßholz wurde gegraben.«[46] Gelegentlich waren in den 1960ern noch Süßholzbündel auf dem Bamberger Wochenmarkt zu finden. Heute werden Süßholzstauden noch in dem Gärtner- und Häckermuseum als Vorzeigeobjekte zur Schau gestellt. Allerdings führt die 1993 erworbene Auszeichnung als Stadt des Unesco-Weltkulturerbes zu großangelegten und umstrittenen Versuchen, die Glycyrrhiza als einstiges Vorzeigestück der Bamberger Gärtnerstadt wieder einzuführen.[47] Hierfür setzt sich im Besonderen die Bamberger Süßholzgesellschaft ein und bepflanzt seit 2011 eine größere Fläche mit Süßholz. Skeptiker sehen darin nichts anderes als eine nostalgische Anwandlung, denn der gute Ruf des Bamberger Süßholzes aus dem Mittelalter scheint eh verloren.

Voll der Nostalgie wird der Süßholzwurzel auch gedacht, wenn vermerkt wird, dass mit ihrem Verschwinden ein Stück Poesie dahingegangen sei. Dann wird das Walberlafest bei Forchheim angeführt, bei dem die Wurzel zu allerlei Schabernack diente. »Süßholz, unvergessliches Wort«, schrieb hierzu der Volkspoet Ludwig Storch bereits im 19. Jahrhundert in stimmungsreichen Worten, »das mir noch heute den schönsten Traum der Kindheit vor das innere Auge zaubert! Köstliche Mädchenluft, mit der Süßholzkrone im flatternden Haare durch die Straßen zu laufen! Köstliche Knabenlust, sich mit der Süßholzpeitsche gegenseitig einige Hiebe zu versetzen, und dann aus der Krone und Peitsche gemeinschaftlich den bittersüßen Saft zu saugen!«[48]

Harmlos mutet dieses Spiel an, denn andere Berichte erzählen von den Erlanger Studenten, die solche reifenartigen Gewinde in den Buden kauften und beim Tanze um Schultern und Hüften trugen. Nach ausgelassenen Gelagen und Bierlieferungen fingen sie dann an, sich gegenseitig damit auszupeitschen.[49] Zu Beginn des 20. Jahrhunderts sollte dieser Schabernack noch eine phantasievolle Erklärung als vorchristliches Ritual erfahren. Denn schließlich sei der Walpurberg bei Forchheim, der ähnlich dem Blocksberg auf dem Brocken zum 1. Mai als Schauplatz eines Hexentanzes diente, ursprünglich eine Opferstätte des Göttervaters Donar gewesen. »Dabei ist es bezeichnend genug, dass dort oben an diesem Tage reifenartig gewundene Wurzeln des einer gelben Farbe halber dem Donar heiligen, in der Nähe von Bamberg stark angebauten Süßholzes in Menge zum Verkauf ausgeboten und von den jungen Tänzern schärpenartig um Schultern und Hüfte getragen werden.«[50] Diese Ehre sollte der Wurzel einzig wegen ihrer gelblichen Farbe zuteil werden, was dem Donar wiederum als heilig galt. Uns beweist dies wieder einmal, dass die Wurzel selbst nach diesen ›schweren‹ Zeiten in Bamberg nichts von ihrer magischen Wirkung eingebüßt hat.

7 Gesunde Entdeckungen – Lakritze unter dem Mikroskop

Bei all der Aufmerksamkeit, die der Bamberger Süßholzwurzel im Mittelalter und der Frühen Neuzeit zuteil wurde, ist es nicht verwunderlich, wenn die letzte Apotheker-Rechnung des berühmten Feldherrn Wallenstein, der an Gicht, Verstopfung und Sodbrennen litt, und häufig von einem Hustenanfall überkommen wurde, die Radix Liquiritiae aufführt.[1] Wurde ihm die Wurzel noch in Kombination mit anderen Drogen gereicht, sollte sie bei den englischen Dramatikern Francis Beaumont (1584-1616) und John Fletcher (1579-1625) allein im Rampenlicht stehen. In der Parodie ›Der Ritter der brennenden Keule‹, uraufgeführt 1607, unterbrechen ein Krämer und seine Frau die Aufführung eines Theaterstücks, um sich lautstark zu beschweren, dass die Handlung am Leben der einfachen Bürger vorbeigehe und nur die Eskapaden des Adels vorgeführt würden. Als Antwort auf diese Kritik wird ihnen gestattet, in die Handlung einzugreifen und einen Schauspieler ihrer Wahl zu stellen – den Lehrling Rafe. Um seine Stimme für die voraussehbaren Strapazen zu kräftigen, schickt ihm die Meisterin vor seinem ersten Auftritt ein Süßholzstäbchen, in das er hineinbeißen soll, um ›seine Lungen zu öffnen‹.[2] Auch der französische Dramatiker Molière (Jean-Baptiste Poquelin, 1622-1673) zaubert das Lakritz auf die Bühne. In seinem Theaterstück ›Tartuffe‹ empfiehlt der gleichnamige Held seiner Angebeteten Elmire, der Frau seines Wohltäters Orgon, »ein Stück Lakritzensaft« gegen ihren ›bösen‹ Husten. Dabei will sie mit ihrem Husten nur den Anzüglichkeiten des Ehebrechers Einhalt gebieten und Tartuffe vor ihrem Mann, der sich unter einem Tisch versteckt hält, der Falschheit überführen.[3]

Das Süßholz hätte sich in jener Zeit keine bessere Werbekampagne wünschen können als die beiden vielgesehenen und belachten Theaterstücke. Der Geschmack lag nun im Trend der Zeit. Dessen Profiteure waren die Apotheker, die das Süßholz in allen Varianten – roh, geröstet, pulverisiert und als Succus in Stangen- und Münzform – verkauften. War die Anzahl ihrer Wirkstätten im 16. Jahrhundert noch beschaulich, vermehrten sie sich im 17. Jahrhundert trotz oder gerade wegen der verheerenden Folgen des Dreißigjährigen Krieges und zahlreicher Epidemien. Unser Apotheker-Chronist Adrien Phillipe bezeichnete sie jedoch als ›archäologische Physiognomien‹, denn in einem hundertjährigen Mobiliar wurden noch immer Ochsengalle gegen Magenübel, trinkbares Gold gegen Schlagfluss, pulverisierte Regenwürmer und Öl von jungen Hunden gegen Hüftschmerzen, Schwalbennester gegen Halsschmerzen, Vipernsirup zur Blutreinigung oder in Salpetersäure gelöste Stahlnadeln gegen Gelenkschmerzen angeboten.[4] Erst im 18. Jahrhundert leerten sich die Regale. Unwirksame Mittel wurden ausgesondert und das räumliche Chaos durch eine übersichtliche Anordnung der Drogen ersetzt. Nach einem neuen Einrichtungsplan einer Apotheke aus diesem Jahrhundert sollten die Komposita und seltene, kostbare Mittel wie Süßholz, Tamarinden, Rosinen, Engelsüß und Sennesblätter als Zeichen des Reichtums im Laden ausgestellt werden. Darüber hinaus war ein wichtiges Augenmerk auf einen kleinen Schrank für das Zuckerwerk zu legen. Wenn auch nicht mehr in kleinen Schränkchen verborgen, so findet man noch heute in den Apotheken Lutschbonbons gegen Husten und Heiserkeit und eine gut sortierte Pharmazie verfügt über ein breites Angebot an Lakritz. Dies ist ein Verweis auf den Ursprung der Süßigkeiten in den Offizien, jenen Werkstätten, in denen die Apotheker ihre Arzneien herstellten, bevor sie dafür eigene Laboratorien einrichteten. Mit dem Privilegsverlust der Zuckerverarbeitung und des Konfektverkaufs traten die Apotheker den Bereich der Süßwarenherstellung allerdings an die Confiseure ab.

Im 18. Jahrhundert wurden die Apotheken auch endgültig den institutionellen Vertretern der Medizin, den Stadtärzten, unterstellt. Damit ordneten sich die Pharmazie und das allgemeine chemische pharmazeutische Wissen der medizinischen Wissenschaft unter, aus der heraus sich im 19. Jahrhundert die Chemie als wissenschaftliche Disziplin entwickeln sollte. Zeitgleich drängten technische Neuerungen in das Gesundheitswesen. Bereits im 17. Jahrhundert konnten mit Hilfe des Mikroskops ausführlich Pflanzenzellen beschrieben werden. Hinzu kamen nun genauere Probierwaagen, verbesserte Destillieranlagen und Apothekerpressen, die eine zuverlässige Analyse von Drogen durch eine Extraktion mit Lösungsmitteln, Sublimation, Einäscherung oder durch eine fraktionierte Destillation ermöglichten.

Salt of Liquorice.

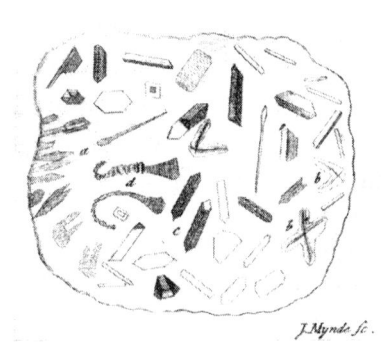

J. Mynde fc.

Abb. 28 Süßholzwurzel aus mikroskopischer Sicht (1764)

Diese Neuerungen kamen dem Forscherdrang entgegen, der im 16. Jahrhundert einsetzte und seinen Ursprung in der Lehre des Arztes und Alchemisten Paracelsus über die drei fundamentalen, den Körper beeinflussenden Grundsubstanzen, Schwefel (Sulphur), Quecksilber (Merkurius) und Salz (Sal) hatte. Deren Gleichgewicht sei durch die Verabreichung geeigneter, auch künstlich hergestellter Mittel wiederherzustellen, so die Doktrin. Damit legte Paracelsus den Grundstein der chemischen Pflanzenmedizin. Einerseits erweiterten sich hierdurch die Möglichkeiten, in vielfältiger Kombination neue Arzneimittel zu entwickeln, andererseits führten die Arbeitsmethoden im Zeitalter der Aufklärung auch zur Erforschung der heilenden Wirkstoffe einzelner Pflanzen. Ein Zeitalter der Entdeckungen begann, und die Glycyrrhiza stand zunehmend im Mittelpunkt der Forschung. Dies beweisen zwei Dissertationen, die zu Beginn des 18. Jahrhunderts veröffentlicht wurden. Verfasst von dem Botaniker Johann Christoph Goez (Götze) aus Nürnberg[5] und dem Arzt Johann Andreas Schmid aus Helmstedt[6], liefern diese Doktorarbeiten einen guten Einblick über den Wissensstand jener Zeit. Johann C. Goez erstellte 1711 die erste Monographie über das Süßholz. Der erste Teil handelt von der botanischen Zuordnung der Pflanze, der zweite von der Droge und dem Succus in der Materia medica. Auch werden einige chemische Experimente angestellt. Die nicht viel später folgende Monographie Johann A. Schmids (1717) ist ähnlich angelegt wie die Arbeit von Johann C. Goez. Doch nimmt in seiner Arbeit der Abschnitt über die chemischen Experimente mehr Platz in Anspruch. Er untersucht die Wurzeln mikroskopisch in frischem und getrocknetem Zustand, in der Annahme, chemische Elementarteilchen (Mercurius, Sulphur) zu erkennen.

Erstaunlich ist, dass beide Autoren bereits das ›amerikanische‹ Süßholz benennen. Ebenfalls sind beide mit dem Anbau der Pflanze und der Herstellung der Taler in Pontefract vertraut, der dementsprechend schon zu Beginn des Jahrhunderts eine internationale Bedeutung hatte. Der Anbau und Handel aus Kalabrien wird nicht erwähnt. Als Handelsorte der Wurzel werden neben London, Hamburg und Antwerpen auch die Niederlande mit einer Weiterverarbeitung zum Succus genannt, und Johann A. Schmid geht auf einen Anbau in Thüringen ein.[7] Jedoch beschränken sich beide Autoren in ihren Beschreibungen auf die Herkunft und Anwendung der Pflanze und wenden, trotz der chemischen Untersuchungen, keine weiterführenden Analysemethoden an.

Hierfür bestand aber eine dringende Notwendigkeit, hauptsächlich zur Identifizierung von Geheimmitteln, die in ihrer Zusammensetzung unbekannte Ingredienzien enthielten. Der Handel mit solchen Mitteln war im 17. und 18. Jahrhundert sehr gewinnbringend, obwohl sie oft wirkungslos oder sogar schädlich waren oder zu einem unangemessenen Preis verkauft wurden. Eines dieser Mittel war das ›Ailhaudische Lacierpulver‹, eine stark abführende Arznei, die von dem provenzalischen Arzt Jean d'Ailhaud (1674-1756) bereits seit den 1720ern entwickelt und vertrieben wurde. In einer eigenen Werbeschrift über die Wirkung des Pulvers bestätigten viele hilfesuchende Patienten dessen heilende Kraft.[8] Sein Erfolg brachte dem Arzt letztendlich den Adelstitel ›Baron de Castellet‹ und eine Sekretariatsstelle am Hofe des französischen Königs Louis XV. (1710-1774) ein. Die Zusammensetzung dieses begehrten Geheimmittels entlarvte 1751 der in russischen Diensten stehende Apotheker Johann Georg Model (1711-1775). Er schloss aus seinen Versuchen mit warmem Wasser, Weingeist und mit Hilfe eines Mikroskops, dass das Pulver aus einem pflanzlichen Extrakt oder eingedickten Saft der Skammoniumwurzel bestehe, dem etwas Süßholz und Gummiarabikum beigemengt worden seien. Schließlich folgerte er: »Der große Mißbrauch, und die allzu marktschreyermäßig angepriesenen Thugenden machen es [dieses Mittel] nicht sowohl verdächtig als verächtlich.«[9]

Der Drang nach Ordnung beschränkte sich im 18. Jahrhundert nicht nur auf die Apotheken und ihren Warenkatalog, sondern erweiterte sich auch auf die botanische Wissenschaft. Durch die Schaffung der binominalen Nomenklatur als Grundlage der modernen botanischen und zoologischen Taxonomie wurden von dem schwedischen Arzt und Botaniker Carl von Linné den verschiedenen Gattungen der Glycyrrhiza nun ihre Beinamen angefügt und am Ende mit seinem botanischen Autorenkürzel »L.« versehen.[10] Die Pflanze hieß nun nicht mehr Glycyrrhiza, sondern Glycyrrhiza glabra L. (die Kahle, Glatte), Glycyrrhiza echinata L. (die Dornige, Stachlige) oder Glycyrrhiza hirsuta L. (die Langhaarige, Rauhe). Von seinem Sohn, Carl von Linné jr. (1741-1783), wurde die Glycyrrhiza asperrima L. fil. (die Scharfe) als eigene Gattung benannt. Doch all diese Namen sollten sich nicht sofort durchsetzen. In der französischen Enzyklopädie wird die Glycyrrhiza echinata noch als das ›fremde‹ Lakritz bezeichnet und zwischen der ›vulgairen‹ (die Glycyrrhiza germanica) und der ›wilden‹ Wurzel unterschieden.[11]

Abgesehen von der deskriptiven Aufzählung der Pflanzen nach Carl von Linné und seinen Nachfolgern stand auch die Erforschung der Bestandteile und Wirkstoffe der Glycyrrhiza im Raum. Hierzu gaben die biochemischen Versuche des Apothekergehilfen Friedrich Wilhelm Adam Sertümer (1783-1841) aus Paderborn, dem 1805 die bahnbrechende Isolierung des Morphins als wirksamen Prinzips des Opiums gelang, den Anstoß. Als Folge seiner Entdeckung wurden verstärkt Experimente mit dem Ziel durchgeführt, weitere Pflanzenbasen zu isolieren und zu identifizieren. Der französische Chemiker Pierre-Jean Robiquet (1780-1840) entschlüsselte kurz darauf das Asparagin, die erste Aminosäure, später kamen von ihm Codein und Narkotin hinzu, und er verwendete 1809 als erster die Bezeichnung ›Glycyrrhizin‹ für den Wirkstoff der Süßholzpflanze. In seinen Experimenten zur Erlangung dieses Wirkstoffes kochte er die Wurzel auf, filtrierte sie anschließend, um das Eiweiß zu entfernen, und wandte Essigsäure als Fällungsmittel an.[12]

In den folgenden Analysen zur Mitte des 19. Jahrhunderts standen jedoch nicht die Pflanze und ihre Wurzel im Vordergrund der Forschung, sondern ihr Produkt, der Succus Liquiritiae.

Einerseits ging es um Fragen der Reinheit, denn man fand heraus, dass der ›rohe Lakritzsaft‹ – Succus Liquiritiae crudus – mit Kupfer verunreinigt sei.[13] Zur Herstellung eines ›gereinigten Lakritzensaftes‹ – Succus glycyrrhizae depuratus – stellten viele Apotheker nicht nur den eingedickten Saft aus der Süßholzwurzel selbst her, sondern lösten auch die handelsüblichen Lakritzstangen auf und entfernten durch Destillieren, Colieren und Filtrieren die unreinen und schädlichen Teile. Dieser reine Saft ist nach der Beschreibung des Enzyklopädisten Johann Georg Krünitz »braun, von angenehmen, zuckerhaften, stechenden Geschmack, der den Schleim nicht reizt und nicht branstig, wie der Kaufsaft schmeckt. Ganz löst er sich im Wasser und Munde auf; zu Fäden gezogen ist er goldfarbig. Er färbt den Äther gelblich, den Weingeist gelbrötlich, und macht ihn süßlich; den Wasseraufguss braungelb, süßschmeckend, von Lakritzengeruche. Er gärt mühsamer, als andere Süßigkeiten, sowohl geistig, als sauer.«[14]

Andere Fragestellungen zur Erforschung der Glycyrrhiza zeigten aber deutlich ein wirtschaftliches Interesse hinter solchen Vorhaben. Zum Beispiel wollte in den 1850ern der Deutsche Apotheker-Verein in einem Preisausschreiben wissen, wieviel reines, trockenes Süßholz die im Handel vorkommenden Succus-Sorten – unter Angabe von Preis und Stempel (Herkunft) – liefern, und erwartete eine eindeutige Markenempfehlung.[15] Auch die zweite Frage des Preisausschreibens nach dem Glycyrrhizin-Verhältnis zwischen dem gereinigten und dem einfachen, ungereinigten Succus hatte einen ökonomischen Hintergrund. In der Ausschreibung ging es um eine Empfehlung für oder gegen den einfachen Succus als günstigen Rohstoff.

Als Antwort auf diese Preisfragen legte ein Chemiker aus Lemgo, Albrecht Overbeck, seinen ausführlichen Bericht vor. Er bestätigte in einem Vergleich von sechs verschiedenen Succus-Produkten, dass die Marke Ducca di Corigliano den besten Succus herstellt und verwendete diesen für seine weiteren Versuche. Desweiteren verglich Albrecht Overbeck den gereinigten und den ungereinigten Succus in seiner puren Variante und in seinen drei handelsüblichen Formen – den dickflüssigen Lakritzensaft, die festen Stangen und das Pulver. Er löste beide Extrakte in destilliertes Wasser auf und setzte Ammoniumchlorid (Salmiak) zu. Nach mehreren Tagen war in beiden ein Niederschlag entstanden, der gefiltert und aus dem Filtrat durch Schwefelsäure das schwefelsaure Glycyrrhizin gefällt wurde. Das Ergebnis zeigte, dass der Glycyrrhizin-Anteil in dem gereinigten Succus wesentlich höher lag als in dem ungereinigten Saft. Das Verhältnis von 73:33 g auf einer Unze des jeweiligen Succus war mehr als doppelt so hoch. Folglich besaß das gereinigte Extrakt eine wesentlich größere Wirksamkeit als der unreine Succus. Und so sprach Albrecht Overbeck den Wunsch aus, »dass das ungleich wirksamer und doch wohlfeilere Extrakt aus den trockenen Wurzeln recht bald den schlechteren, weit weniger wirksamen und dabei doch teuren Succus verdrängen möge.«[16]

Während nun A. Overbeck allgemein den höheren Glycyrrhizin-Gehalt im Extrakt vermutet, verweisen spätere Forscher darauf, dass Glycyrrhizin in Wasser nur schwer löslich sei und erst die Verbindung mit Ammonium den Wirkstoff löslich mache. In der Wurzel sei zwar Ammoniak enthalten, dieser würde sich beim Einkochen aber verflüchtigen, weshalb auch das Glycyrrhizin unlöslich werde. Deshalb kamen einige Wissenschaftler auf die Idee, bereits dem Wasser zum Ausziehen des Succus Ammoniak zuzusetzen. Das Resultat war eine leichte quantitative Verbesserung im Glycyrrhizin-Gehalt und eine qualitative im Geschmack, da dieser Saft mit Ammoniak-Zusatz eine stärkere und angenehmere Süße aufwies. Ein weiterer Vorteil bestand darin, dass der ammoniakhaltige Succus schneller zu bearbeiten war, ohne trübe und unklärbare Rückstände zu erhalten. In solchen Versuchen ist auch einer der Ursprünge für die Apotheose von Salmiak und Lakritz zu sehen, wie sie in Salmiakpastillen und in vielen nordeuropäischen Ländern als Weichlakritz heute angeboten wird.

Bei weiteren Forschungen mit der Süßholzwurzel wurde festgestellt, dass sich verschiedene Geschmacksergebnisse bei unterschiedlichen Herstellungsverfahren ergaben. Demnach zeigten sich unterschiedliche Ergebnisse, wenn die Wurzel geschält oder ungeschält, geschnitten oder ungeschnitten weiterverarbeitet wurde. Differenzen ergaben auch die sofortige oder spätere Verarbeitung, der Auszug mit kaltem oder warmem Wasser oder mit Dampf, bei niedriger Temperatur über einen längeren Zeitraum oder bei hoher Temperatur in wenigen Stunden. Letztendlich war auch entscheidend, ob und wie der Saft geklärt, ob Teile des Saftes durch Ausfällen abgeschieden und durch Filtrieren abgetrennt wurden und ob bei dem Eindampfen das Vakuum benutzt wurde. Viele dieser Feinheiten zählten seit jeher zu den Geheimnissen der italienischen Süßholzbarone und erklären noch heute die geschmacklichen Unterschiede zwischen ihren Lakritz-Sorten.

Festgestellt wurde auch, dass die in der Süßholzwurzel enthaltenen Stoffe durch die Verarbeitung erheblichen Veränderungen unterliegen. Als Bestandteile der Wurzel wurden erstmals zu Beginn des 20. Jahrhunderts neben der Glycyrrhizin-Säure auch Flavonoide, Fett, Zucker (Glucose und Saccharose), Mannit, Stärke, Asparagin, Gummi, Eiweiß, Bitterstoff, Gerbstoff und Harz ausgemacht.[17] Davon ist die Glycyrrhizin-Säure bis heute der meist untersuchte Wirkstoff.[18] Desweiteren wurden Unterschiede im Glycyrrhizin-Gehalt zwischen den Gattungen und Varietäten einer Gattung festgestellt. Er ist abhängig von den Wachstumsbedingungen, dem Standort und dem Fundort in der Pflanze. Die Glycyrrhiza glabra L. hat zum Beispiel einen Glycyrrhizin-Gehalt von 2-15 %. In den Wurzeln steigt dieser Gehalt mit dem Pflanzenwachstum und erreicht ihre maximalen Werte in den Spitzen der Hauptwurzeln. Auch die Seitenwurzeln weisen einen höheren Gehalt auf als die horizontalen Rhizome. In den Wurzeln der Glycyrrhiza echinata L. und Glycyrrhiza uralensis Fisch. ist der Glycyrrhizin-Gehalt bedeutend höher als in Wurzeln der Glycyrrhiza glabra L.

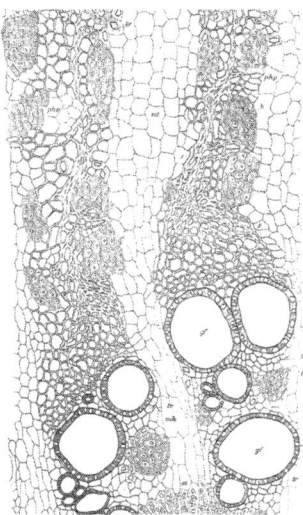

Abb. 29 Querschnitt durch einen Ausläufer am Kambium (1912)

Im 19. Jahrhundert gingen die meisten Forscher davon aus, dass das Glycyrrhizin einzig eine Ammoniumverbindung sei und selbst der süße Geschmack erst durch die Einwirkung des Alkalis im Mund hervorgebracht würde. Der schwedische Apotheker Knut H. Cederberg konnte in seiner Dissertation von 1907 aufklären, dass die Glycyrrhizin-Säure in der Droge auch in Form von Kalium- und Calciumsalzen vorkommt[19] und dies in einer glycosidartigen Verbindung, wie sie für Saponindrogen charakteristisch ist. Saponindrogen, zu denen alle Hülsenfrüchte, aber auch andere Gemüsepflanzen wie Sojabohnen, Spinat, Tomaten, Kartoffeln und Knoblauch zählen, sind nach ihrer schäumenden Wirkung benannt, da sie beim Schütteln mit Wasser einen seifenartigen Schaum ergeben (sapo = Seife). Sie haben einen meist bitteren Geschmack. Eine seltene Ausnahme ist hier die Glycyrrhiza.[20]

Durch ihre Zugehörigkeit zu den Saponindrogen lassen sich viele der Eigenschaften, die dem Süßholz zugeschrieben werden, erklären. Saponine haben die Fähigkeit, in wässriger Lösung stark zu schäumen, und eignen sich somit zur Herstellung von Emulsionen. Dies erklärt zum Beispiel den Einsatz von Süßholzextrakt in Feuerlöschern. Erstmals wird dies von dem russischen Chemiker Alexander G. Laurent erwähnt, der im Jahre 1904 in St. Petersburg vor der »Kaiserlich-Russischen-Technischen-Gesellschaft« einen Vortrag über erfolgreiche Löschversuche mit diesem Mittel auf den Ölfeldern von Baku hielt.[21] Schließlich nutzten in den 1920er Jahren die meisten amerikanischen Ölfirmen ein Gebräu mit Süßholz, um ihre Öltanks zu sichern.[22] Darüber hinaus hindern Saponine die Kohlensäure am Entweichen aus kohlensauren Bädern und aus kohlensauren Getränken. Hierdurch eignet sich Süßholz besonders für die Bier- und Limonadenherstellung. Hinzu kommt ihre Süßkraft, weshalb sie auch als Geschmacks-Korrigens in der Süßwarenindustrie eingesetzt wird.[23]

Doch vor allem sollten viele medizinische Aspekte des süßen Holzes nun durch die Zuordnung zu den Saponindrogen wissenschaftlich belegt werden.[24] Die durststillende Eigenschaft und die expektorierende Wirkung bei Husten und Heiserkeit sind seit der Antike bekannt. Hier ist es eben durch die Schaumbildung ein mildes und daher unschädliches Expektorans, das zur Schleimlösung und Erleichterung des Auswurfes bei Katarrhen der oberen Atemwege (Bronchitis) eingesetzt wird. Ein geringer Teil des Glycyrrhizin findet sich im Harn wieder, durchläuft also den Kreislauf und macht den seit uralter Zeit üblichen Zusatz von Süßholz zu harntreibenden und blasenspülenden Teemischungen verständlich. Dabei lässt sich heute die Glycyrrhizin-Säure bis zu 130 Stunden nach Einnahme eines Extraktes im menschlichen Urin nachweisen.

Süßholzwurzel und -saft werden in der Heilkunde schon seit langem mit Erfolg gegen Magenschmerzen angewendet. Hierbei werden heute vor allem den Flavonoiden krampflösende und entzündungshemmende Eigenschaften zugeschrieben, die bei einer Magenschleimhautentzündung (chronische Gastritis) die Behandlung unterstützen. Bei Magengeschwüren (Ulcera) soll wiederum die Glycyrrhizin-Säure ein erfolgreicher Wirkstoff sein. Dies geht auf die Zufallsentdeckung eines holländischen Apothekers im Jahre 1946 zurück, der bemerkte, dass von den magenkranken Patienten seines Bezirks der Succus Liquritiae hinsichtlich einer symptomlindernden Wirkung bei Magengeschwüren besonders gelobt wurde.[25] Diese Erfolge bei der Verwendung von Süßholz in einem eher volksmedizinischen Rahmen führten auch dazu, dass das Mittel zunehmend klinisches Interesse fand. Schließlich war bis dahin der klinische Gebrauch der Wurzel sehr begrenzt und bezog sich im Wesentlichen auf die Verordnung der offizinellen Species und der Komposita, die die Droge als Komponente enthalten. Das Gleiche galt auch für den Succus, der bislang außer in der Rezeptur als Expektorans oder Geschmacks-Korrigens eine bescheidene Rolle spielte.[26]

Seit der Entdeckung von Helicobacter Pylori als Verursacher von Magengeschwüren wurde die bakterizide Wirksamkeit von Glycyrrhizin-Säure gegen verschiedene Helicobacter-Stämme nachgewiesen. Allerdings wird auch gewarnt, dass Saponine die Durchlässigkeit des Darmes für giftige Substanzen erhöhen und die Darmzellen schädigen können.[27]

Darüber hinaus wird dem Glycyrrhizin heute auch eine antivirale Aktivität gegen verschiedene andere RNA- und DNA-Viren zugeschrieben. Der Nachweis erfolgte zum Beispiel bei Herpes-, Stomatitis- und Polioviren. Glycyrrhizin-Säure ist im Test auch bei HIV[28] und der Vogelgrippe SARS[29] wirksam und zeigt einen Hemm-Effekt auf einige Krebsarten, so z. B. in Tierversuchen bei der Behandlung von Hautkrebs. Die Einsatzmöglichkeit bei der Behandlung von Hepatitis wird ebenfalls erprobt. Dies soll aber nicht heißen, dass Süßholz auch wirklich gegen Aids, Grippe und Hepatitis hilft – denn was im Labor die Erreger bekämpft, muss im konkreten Krankheitsfall noch lange nicht funktionieren.

Nichtsdestoweniger sind Wissenschaftler immer wieder erstaunt, mit welcher Raffinesse das Süßholz im Kampf gegen Viren vorgeht. So stehen sie in der Therapie von Herpes-Infektionen vor dem Problem, dass die Erreger nicht nur akute Infektionen auslösen, sondern sich auch über viele Jahre tarnen und inaktiv im Körper verbergen können, um dann im Falle einer Immunschwäche wieder in Aktion zu treten. Das Glycyrrhizin ist einer der wenigen Wirkstoffe, die dieses Versteckspiel unterbinden können.[30] Bei Herpesviren ist die nötige Dosis allerdings viel zu hoch, um durch einen unbedenklichen Konsum von Lakritz die Viren auszuschalten.

Umstritten ist die Wirkung des Glycyrrhizins auf den Cortison-Haushalt. Einige Forscher beschreiben die unterstützende Wirkung des Cortisons durch Glycyrrhizin. Untersuchungen ergaben unter normalen Bedingungen eine Hemmung und unter Stressbedingungen eine Verstärkung der Cortisonwirkung. Bei der Addinsonschen Krankheit, einer Störung der Nebennierenrinde, die zu einer verringerten Produktion des Nebennierenhormons Cortisol führt, kann demnach Süßholz eingesetzt werden, denn als Folge der Krankheit sinkt der Blutdruck, der durch regelmäßigen Lakritz-Konsum wieder ausgeglichen werden kann. Desweiteren sind in Japan Versuche zur Behandlung von niedrigem Blutdruck (Hypotonie) gemacht worden. Bei dem Inhibitor-Effekt, der die Umwandlung von Cortisol in Cortison katalysiert, kann der Verzehr von Lakritz allerdings zu Symptomen wie Bluthochdruck und Wassereinlagerungen führen.

Daneben ist für viele Männer auch die Auswirkung von Lakritz auf den Testosteronspiegel besorgniserregend. Dieser soll, nach einer Untersuchung des italienischen Professors Decio Armanini (1999) bei einem täglichen Verzehr von 7 g naturreinem Lakritz bis zu 44 % sinken, was sich angeblich im Libido-Verlust oder anderen Sexualstörungen manifestiert.[31] Allerdings sei die hormonsenkende Wirkung schon nach wenigen Tagen vollständig reversibel. Dafür habe Lakritz eine nachhaltige Wirkung auf die Gehirnleistung älterer Männer und beuge einer Demenz vor. Ebenso spekulativ ist die östrogenähnliche Aktivität von Lakritz auf den weiblichen Hormonhaushalt, wonach »eine Frau, welche die Süßholzwurzel kaut, leidenschaftlich in Begierde entbrennt«.[32] Einer US-Studie zufolge soll sogar eine Duftmischung aus Lakritz und Gurken auf Frauen sexuell stimulierend wirken, wodurch die Durchblutung der Genitalgegend um 14 % ansteige. Ebenfalls nicht belegt ist die Wirksamkeit von Süßholz zur Förderung der Menstruation und Milchbildung, bei Verstopfung, Entzündungen des Blinddarms, des Darm- und Urogenitaltraktes sowie bei Epilepsie.

Während es für den Menschen eine appetithemmende Wirkung aufgrund des süßen Geschmacks haben und damit eventuell Heißhungerattacken verhindern kann, ist es bei Haustieren als Futterzusatz in Form von Trockenpulver ein wachstumsförderndes Mittel, das zum Beispiel bei 17 Wochen alten weiblichen Schweinen eine Gewichtszunahme bewirkt. Von Vorteil ist auch der niedrige Kaloriengehalt von Süßholz. Es böte sich daher als Süßmittel an, wenn nicht die Nebenwirkungen den Konsum einschränken würden.

Weitere heilende Eigenschaften entfaltet das Süßholz in Verbindung mit Salmiak. Bereits im 18. Jahrhundert wurde eine Mischung aus Salmiak, Süßholz und Anisöl als ›dänischer Königstrank‹ bezeichnet.³³ Angeblich war seine Wirkung so kräftig, dass nur eine ›starke Natur‹ seinen Genuss unbeschadet überstand. In Deutschland ist diese Mischung daher im 20. Jahrhundert verboten worden. Der Trank (Elixir pectorale Regis Daniae) war ein altes, beliebtes und wirksames Hausmittel gegen Katarrh und Husten, wovon man drei- bis sechsmal täglich einen Teelöffel zu sich nehmen sollte.

Salmiak und Süßholz können sich tatsächlich in ihrer medizinischen Wirkung ergänzen. Denn auch Salmiak ist ein Expektorans, das bis heute in vielen Hustenpräparaten enthalten ist und über eine Irritation der Magenschleimhaut auf die Bronchien einwirkt. Daneben hat es eine schweißtreibende Eigenschaft, wird zur Behandlung von Harnweginfektionen verschrieben und kann die Vermehrung von Viren, z. B. Herpes, verhindern. Dabei sollte es nur in geringen Mengen, oral und über einen nicht allzu langen Zeitraum verabreicht werden.³⁴

Die Bezeichnung ›Salmiak‹ ist eine Abkürzung aus dem 17. Jahrhundert, die auf die antike Bezeichnung des ›Sal Ammoniacum‹ zurück geht. Dieses Sal Ammoniacum, ein einfaches Steinsalz, wurde in der Nähe des Jupiter-Tempels in den Ammon-Bergen (Lydien) – daher stammt die Namensbezeichnung ›Salz des Ammons‹ – und in großen Teilen Nordafrikas gefunden.³⁵ Seine Entstehung wurde vulkanischen Exhaltationen oder Erdbränden zugeschrieben. Im Mittelalter und in der Frühen Neuzeit lehnte sich eine künstliche Herstellung des Salmiaks an die Gepflogenheiten der Dreckapotheke an. Arabische Schriften erwähnen ihn als ein Salz, das durch Sublimierung mit Harn, Schweiß, Ruß oder Rückständen von verbrannten Leichen gewonnen werden könne.³⁶ Und im Abendland glaubten noch bis in das 18. Jahrhundert die meisten Chemiker, dass Urin und Salz zur Fertigung des Salmiaks nötig seien. Ein Beispiel hierfür liefert die Ausführung des Salmiak-Fabrikanten Christoph Alberti aus Braunschweig. Zu dessen Gewinnung bezieht er sich unter anderem auf ein Rezept des niederländischen Chemikers Herman Boerhaave (1668-1738):

»Sie nehmen von solche Urin (Kamel) 10 Theile, Meersalz 2 Theile und des besten Rußes von Holze 1 Theil, diese kochen sie in Wasser, seihen es durch und trocknen es aus, nachmals sublimieren sie es in gehörigen Gefäßen, lösen es wiederum auf, reinigen es und kochen es wieder ein.«[37]

Christoph Alberti selbst verwendete zur Herstellung in seiner Fabrik am liebsten menschlichen Urin und bevorzugte hiervon die gefaulte Variante, die er mit Talg vermischte und anschließend destillierte. Als Endprodukt erhielt er ein weißes Salz, das allerdings nicht geruchsfrei war. Zur Rohstoffgewinnung schlug er eine öffentliche Sammlung des Urins vor:

»Die Sammlung des Urins bedarf wohl die wenigsten Kosten. In großen Städten, wo viele Soldaten sind, können an den Wachhäusern Tonnen gesetzt werden, darin solcher aufgefangen wird. Eben das kann in allen Gasthöfen und bey den Bierschenken geschehen, ja in allen Häusern würden die Mädchen diesen Unrath gern in ein hingesetztes Gefäß aufsammlen, wenn sie nur ein Biergeld damit zu verdienen wüßten.«[38]

Dieses Salz ist aber nicht gleichzusetzten mit dem heutigen Salmiak. Salmiak ist seit dem 17. Jahrhundert auch eine allgemeine Bezeichnung aller Salze, die durch eine Vermischung von Salzsäure und einem flüchtigen Alkali (Laugensalz) entstehen. Es wird durch Neutralisation von wässriger Ammoniaklösung mit Salzsäure oder durch die Reaktion von gasförmigem Ammoniak mit gasförmigem Chlorwasserstoff gewonnen und fällt zum Beispiel als Nebenprodukt bei der Gewinnung von Soda nach dem Solvay-Verfahren an. In den Handel kommt Salmiak in Form von farblosen Kristallen oder als weißes, kristallines Pulver. Es ist geruchslos und hat einen stark salzigen Geschmack.

Lakritz und Salmiak können durch exzessiven Konsum auch unerwünschte Nebenwirkungen hervorrufen. Bei einer Überdosierung von Glycyrrhizin kommt es zu einem vermehrten Hormonausschuss der Nebenniere sowie der Entstehung von Bluthochdruck und Ödemen.[39] Bei Salmiak treten gelegentlich Kopfschmerzen, Verwirrtheit und Benommenheit auf. Übelkeit, Erbrechen und Appetitlosigkeit sind weitere Nebenwirkungen bei zu hoher Dosierung.[40]

Deshalb ist ein vorsichtiger Umgang geboten und soll eine maximale Tagesdosis nicht überschritten werden. Der Lebensmittelausschuss der Europäischen Kommission empfiehlt, täglich nicht mehr als 100 mg Glycyrrhizin-Säure aufzunehmen.[41] Dies entspricht ungefähr einer Tagesdosis von 5 g an naturreinem Lakritz. In Weichlakritz, das nur einen geringen Anteil des getrockneten Süßholzextraktes enthält, soll nach deutschen Richtlinien der Gehalt von Glycyrrhizin unter 0,2 g/100 g des Fertigerzeugnisses liegen. Das Bundesinstitut für Risikobewertung gibt allerdings die Empfehlung, davon nicht mehr als 50 g pro Tag zu konsumieren.[42] Nach der europäischen Lebensmittel-Kennzeichnungsverordnung müssen seit Mai 2005 Süßwaren und Getränke ab einem Gehalt von 100 mg/kg bzw. 10 mg/l mit der Aufschrift »Enthält Süßholz« versehen werden. Ab einem Gehalt von 4 g/kg bzw. 50 mg/l wird der Zusatz nötig: »Enthält Süßholz – bei hohem Blutdruck sollte ein übermäßiger Verzehr dieses Erzeugnisses vermieden werden.« In Deutschland wurde bislang Lakritz mit einem höheren Glycyrrhizin-Anteil als 0,2 g/100 g als »Starklakritz« deklariert. Darüber hinaus gibt es hier eine Kennzeichnungspflicht für salziges Lakritz. Salziges Lakritz mit einem Zusatz von mehr als 2% Salmiaksalz – einige Produkte enthalten bis zu 7,99 % Salmiaksalz – ist mit der Aufschrift »extra stark«, »Erwachsenenlakritz – kein Kinderlakritz« zu versehen.

Keine Kennzeichnungspflicht besteht allerdings für den Einsatz von Süßholz in der Körperhygiene.[43] Hier ging es ursprünglich darum, unangenehme Gerüche zu übertünchen. In diesem Sinne wurden schon im Altertum die Blätter der Glycyrrhiza als Umschläge gegen Achselschweiß und Fußgeruch verwendet. Heute schreiben Dermatologen den Gelen des Glycyrrhizin aufgrund ihrer entzündungshemmenden Wirkung eine gute Hautverträglichkeit zu. Deshalb ist die Wurzel auch Bestandteil von Hautcremes und schützt in Sonnencremes vor Sonnenbrand. Aber auch in Shampoos oder in Lippenstiften entfaltet das Süßholz seine zauberhafte Wirkung. Letztere profitieren von dem süßen Geschmack, der die fettige Masse überdeckt. Daneben besitzt es eine antikariogene Wirkung, wodurch eine Bildung von Zahnbelag und Karies erschwert wird. Zahnpasta und Mundwasser enthalten deshalb häufig Glycyrrhizin.

Der Einsatz von Süßholz zur Zahnpflege hat aber eine ältere Geschichte und geht zurück auf das 18. Jahrhundert, als erstmals der Mund- und Rachenraum als große Problemzone angesehen wurde. Bevor sich ab dem 19. Jahrhundert die Nutzung der Zahnbürste verbreitete, waren Zahnstocher, Schwämme, Tücher und Pulver in Gebrauch, mit denen die Zähne abgerieben und poliert wurden. Zu den Werkzeugen zählten auch Zahnpinsel, die unter anderem aus der Süßholzwurzel zugeschnitten wurden.[44] Während in einigen Kulturkreisen die Nutzung solcher Wurzeln bereits seit Jahrhunderten üblich war, zum Beispiel in arabischen Ländern die Siwâk oder Miswâk, verfeinerte die europäische Hofgesellschaft deren Anwendung, indem sie die Pinsel in parfümiertes Wasser, Alkohol, Campher oder Weingeist oder in ein Opium-Puder tauchten, bevor sie damit die Zähne bestrichen. Über diese Art der Zahnpflege berichtete der Zahnarzt der französischen Königin, Bernard Bourdet (1757-1782):

»Es ist auch gut, wenn man sich alle drey oder vier Tage einer kleinen sehr süßen und wohl zubereiteten Wurzel bedienet, um den Unflath, der den Zahn unscheinbar machet, hinweg zu nehmen. Man taucht nämlich das Ende dieser Wurzel einen Augenblick in laulichtes Wasser, worauf man sie an alle Zähne streicht, indem man am Rande des Zahnfleisches anfängt, und sie an das äußerste Ende des Zahnes zurückführt. Man muß die Wurzel von Zeit zu Zeit wieder frisch eintauchen, und sie im Wasser herum rühren, damit man den Schleim, den sie an den Zähnen weggenommen hat, von ihr abspülen. Nachdem man alle Zähne auf solche Art durchgegangen ist, so muß man mit dem Schwamm wieder darüber hinfahren, und den Mund ausspülen.«[45]

Doch nicht nur die Haltung gegenüber der Mund- und Körperhygiene schien sich mit der Wende zum 19. Jahrhundert zu ändern, sondern auch das Verhältnis zu der bitteren Medizin. Wurden Arzneimittel mit Zucker, Honig oder Süßholz schon vorher von den Apothekern versüßt, vergaßen auch die Confiseure ihre therapeutische Berufung nicht und boten unter dem Deckmantel der Gesundheit ihre Waren an. Schließlich nahmen viele Menschen, die eine entschiedene Abneigung gegen gewöhnliche Medikamente hatten, diese mit Vergnügen aus der Hand des ›Zuckerbäckers‹, der es verstand, sie durch angenehme Formen und ungewöhnliche Geschmacksrichtungen zu verkleiden. Und so ist, laut ›Encyklopädie der gesammten Volksmedicin‹, manch Gesunder zum ›Hypochondristen‹ geworden, den Leibesverstopfung, Flatulenz, Lungenverschleimung und Hämorrhoidalstockungen quälten, um das ›Pulvis Liquiritae compositus‹, bestehend aus Süßholz, Schwefelblumen, Sennesblättern, Anis und Zucker zu sich zu nehmen.[46]

Abb. 30 »Der Hypochonder Otto Schmalhausen« (1921)

8 Imperiale Lust – Die Entwicklung des Rohstoffmarktes

Zu Einem, welcher Süssholz trug,
Und rechts und links nach Käufern frug,
Sprach aus dem Dorf ein kluger Mann,
Und sah dabei ihn lächelnd an:
Was sprach er nur? Ein Wort, das gern'
Ich schriebe auf den Augenstern!
Er sprach: »Du kannst mit Mühe Meiner,
Ich aber leicht entbehren Deiner.«

Nicht Süssholz bietet mir Genüsse,
folgt Zahlens Herbe auf die Süsse.[1]

Diese Lebensweisheit aus dem ›Fruchtgarten‹ des Saadi (geb. 1175) erinnert daran, dass Süßholz ein Geschenk der Natur ist. Glücklich können sich jene schätzen, vor deren Tür es wächst, und die es töricht fänden, dafür einen Preis zu entrichten. Jene allerdings, die nicht aus dem Garten Eden vor ihrer Haustür schöpfen können, müssen zahlen. Und wenn nicht für die Ware selbst, so für den weiten Weg, den sie zurücklegen musste.

Bislang haben wir die Glycyrrhiza als eine begehrte Handelsware für den medizinischen Gebrauch betrachtet. Seit dem 18. Jahrhundert verlagerte sich ihr Nutzungsschwerpunkt auf andere sich etablierende Industriezweige – die Süßwaren- und die Tabakindustrie. Ihnen wurde anfangs ebenfalls eine therapeutische Wirkung zugeschrieben, doch zunehmend stand hier die geschmacksgebende Komponente der Wurzel im Vordergrund. In ihrer Eigenschaft als süßer Wirkstoff wurde sie gefragter denn je.

Die Entwicklung der Süßwarenindustrie ist unmittelbar mit der Geschichte des Zuckers verbunden, deren Anfänge weit vor unsere Zeitrechnung zurückreichen. Eine Verbreitung des Zuckers in Europa wurde vor allem ab dem 8. Jahrhundert durch die Islamisierung gefördert. Die Araber kultivierten das Zuckerrohr an den Küsten Nordafrikas, von wo aus sich der Anbau über das Mittelmeerbecken erweiterte und bis nach Sizilien und Andalusien gelangte. Sizilien blieb auch lange Zeit der Haupt-Produzent des Abendlandes und Venedig das wichtigste Zentrum für den Zuckerhandel. Mit steigender Nachfrage, geweckt durch die Kreuzzüge, weitete sich der Anbau von Zuckerrohr weiter aus. Er gedieh auf der Insel Madeira und in Guinea. Im 16. Jahrhundert wurden die brasilianischen Pflanzungen am produktivsten, und Lissabon trat an die Stelle von Venedig als erster Zuckerhafen Europas. Schließlich war der Zuckerhandel auch für andere europäische Länder so lukrativ, dass sie den Rohstoff aus ihren neueroberten Kolonien einführten. Im 17. Jahrhundert konnte neben Frankreich und den Niederlanden vor allem die englische Zuckerindustrie durch Importe aus den karibischen Inseln mit erstaunlicher Schnelligkeit expandieren und Portugal vom nordeuropäischen Markt verdrängen. Allerdings mussten diese Länder ihre Vormachtstellung einbüßen, als der Berliner Chemiker Andreas S. Marggraf (1709-1782) 1747 entdeckte, dass auch die gewöhnliche Futterrübe ›wahren‹ Zucker enthält. Daraufhin entwickelte der Naturwissenschaftler Franz Carl Achard (1753-1821) eine industriell brauchbare Methode der Zuckergewinnung aus der »Runkelrübe«, die er durch Züchtung in eine »Zuckerrübe« verwandelte. Vor allem in England führte diese Entdeckung zu einem Zusammenbruch der englischen Zucker-Preise. Letztendlich wurde der englische Markt durch die Übernahme freier Handelszölle im Jahre 1874 auch für die billige Kontinental-Zuckerrübe geöffnet.[2] War der Konsum von Zucker bislang auf Haushalte Adeliger und reicher Bürger beschränkt, wurde er nun zu einem alltäglichen Nahrungsmittel und fand Eingang in die Ernährungsgewohnheiten mittelloser Arbeiter.

Letztere profitierten von der frühen Industrialisierung des Landes durch eine steigende Kaufkraft, die es insgesamt einer breiten Bevölkerungsschicht ermöglichte, sich den süßen Genuss zu leisten. Schließlich waren es insbesondere die Armen, die sehr früh und geradezu bedrückend nachhaltig Geschmack an dem süßen Zucker fanden.[3] Dieser Prozess zog auch eine Massenproduktion für Süßigkeiten nach sich und sollte völlig neue Käuferschichten ansprechen. Waren die Süßigkeiten bis dato der Erwachsenenwelt vorbehalten, wurden nun auch Kinder der weniger wohlhabenden Klassen mit ihnen verwöhnt.

Die obengenannten Faktoren waren auch die Grundlage für findige Industrielle, sich in besonderem Maße auf die Herstellung von ›Weichlakritz‹ zu spezialisieren. Der Ursprung dieser Lakritz-Form geht in die Epoche von George Dunhill zurück, als der Zucker auch für die mittleren Bürgerschichten erschwinglich wurde. Den Boom, der dann in den 80er Jahren des 19. Jahrhunderts für Lakritz-Produkte ausgelöst wurde, erklärt jedoch nicht nur der fallende Zuckerpreis, sondern auch die 1882 gewährte Zollfreiheit für die Einfuhr von Süßholz aus Spanien und Kleinasien.[4] Damit konnten erstmals auch größere Mengen an Süßholz aus fernen Ländern bezogen werden. Zunächst begünstigte aber der Süßholzwuchs vor den Toren von Pontefract die Stadtentwicklung zum Zentrum für die industrielle Weiterverarbeitung des Succus. Nach Einführung der Zollfreiheit sollten sich hier bis zum Ende des 19. Jahrhunderts insgesamt 12 Fabriken ansiedeln, die das weiche Lakritz herstellten. Bis zum I. Weltkrieg erhöhte sich die Zahl der Fabriken sogar auf 17. Die Ironie der Geschichte zeigt aber, dass mit der Erweiterung der Lakritz-Süßwaren-Industrie der Süßholzanbau in Pontefract unrentabel und die Wurzel nun aus entlegeneren Regionen der Welt eingeführt wurde. Fast alle der 12 Fabriken, die hier 1893 Lakritz herstellten, importierten die Glycyrrhiza, und nur eine Fabrik bezog ihr Süßholz aus Pontefract. Schließlich ging der Anbau so weit zurück, dass 1966 in Pontefract die letzte Wurzel geerntet wurde.[5]

Ein weiterer Faktor, der sich unmittelbar auf die Lakritz-Industrie in Pontefract auswirkte, war das Bevölkerungswachstum in Yorkshire. Bedingt durch die Gründung vieler Kohlegruben stieg nicht nur im rasanten Tempo die Käuferschicht für das Pfennigprodukt an, sondern erhielt es einen Teil seiner alten Bestimmung zurück. Die Minenarbeiter lutschten das Lakritz als billigen Medikamentenersatz, um ihren Mund feucht zu halten.[6] Markenzeichen des Yorkshire-Lakritzes waren die Pontefract-Cakes, die alle nach leicht divergierenden Rezepten mit dem eigenen Firmensiegel versehen wurden. Das Siegel der Familie Dunhill wurde sogar zweckentfremdet, als 1872 zur ersten, geheimen Urnenwahl in Großbritannien das offizielle Siegel unauffindbar war und die Stadtväter kurzerhand mit dem Dunhill-Stempel für ›Pontefract-Cakes‹ die Wahlurne verplombten.[7]

Fast zeitgleich mit der Etablierung des Lakritz-Marktes wurden in England schon in der ersten Hälfte des 19. Jahrhunderts spezielle Maschinen für die Verarbeitung der Süßholzwurzel entwickelt. Den Anfang machte im Jahre 1835 der Abenteurer Luke Collier mit eigens entwickelten Walzen zum Zerquetschen der Wurzeln. Er hatte sich vorher erfolglos an dem australischen Goldrausch beteiligt und sattelte nun auf die Herstellung des ›schwarzen Goldes‹ um. 1844 gründete der Konditormeister William Brierley eine Firma zur Herstellung von Mühlen und speziellen Knetmaschinen des Lakritz-Teiges. 1924 schlossen sich diese Betriebe mit den Kesselflickern Thomas Hartley & Sohn (1870) zu der Firma Brierley, Collier & Hartley Limited (BCH) zusammen, die seitdem eines der führenden Unternehmen zur Herstellung von Lakritz-Maschinen ist. Schon früh entwickelte diese Firma ganze ›Produktionsstraßen‹, die den Prozess vom Succus zum Weichlakritz begleiten.

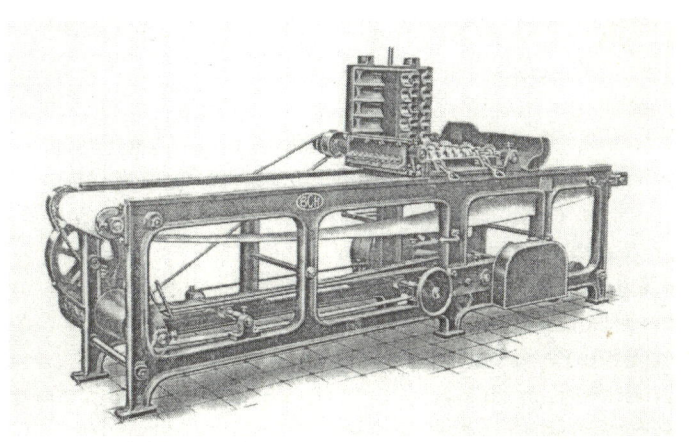

Abb. 31 ›Produktionsstraße‹ der Firma BCH (1920er)

Seit dem 19. Jahrhundert ist die Tabakindustrie ein weiterer, wichtiger Abnehmer von Süßholz. Die Tabakpflanze brachten ab dem Ende des 15. Jahrhunderts spanische Eroberer nach Europa. Sie verbreitete sich dann in einem beispiellosen Eroberungszug durch See-, Kauf- und Handelsleute über die ganze Welt. Insbesondere der Dreißigjährige Krieg trug mit seinen zahlreichen Truppenverschiebungen entscheidend dazu bei, die Praxis des Rauchens in unterschiedlichen Ständen, bei beiden Geschlechtern und auch in allen Altersklassen zu verankern. Zu Beginn des 18. Jahrhunderts hatte sich der Tabak dann in seiner Eigenschaft als Genussmittel durchgesetzt. Schnupf- und Kautabak waren in Mode, und es wurde Pfeifentabak geraucht. Diese Tabakwaren mussten ab dem 19. Jahrhundert der Zigarre und der Zigarette weichen, und das Rauchen wurde zu einer Alltäglichkeit.

Zum Genuss setzen die Tabakpflanzer dem Tabak seit frühester Zeit verschiedene Stoffe (sogenannte Soßen) zu. Sie dienen der Stabilisierung des Feuchtigkeitsgrades und zur Aromatisierung. Neben Kakao, Vanille oder Menthol gehören auch Zucker, Honig und Süßholz dazu.[8] Zur Anreicherung mit den Soßen werden die Tabakblätter einer ›Gärung‹ unterzogen. Ursprünglich wurden die Blätter hierzu mit bloßem Wasser eingesprengt und dann getrocknet. Anstelle des Wassers traten später die obengenannten Geschmacksstoffe hinzu. Die neue Tabakmischung ›American Blend‹, die seit Beginn des 20. Jahrhunderts den Markt als ›blonde‹ Zigarette eroberte, machte das Süßholz durch ihre starke Aromatisierung noch unentbehrlicher. Zusätzlich führt der heutige Trend zu leichten Zigaretten mit niedrigem Teergehalt und die Anwendung von Filtern – was beides zur Minderung des ursprünglichen Tabakgeschmacks beiträgt – zum vermehrten Einsatz aromatischer Soßen.

Anstelle von süßholzgetränkten Tabakblättern fügten Pfeifenraucher dem Pfeifentabak das Süßholz auch direkt hinzu oder noch einfacher: Der Raucher ließ während des Rauchens kleine Lakritz-Pastillen im Mund zergehen.[9] Durch diese direkte Verbindung wird nicht nur der bittere Geschmack des Rauches aufgehoben, sondern auch die Reizung der Schleimhäute gemildert und das Kratzen im Hals vermindert. Damit kommt eine Doppelseitigkeit der Wirkung von Süßholz bei Rauchern zum Tragen. Einerseits lindert es die schädliche Wirkung des Rauchens, stimuliert dadurch andererseits einen süchtigen Raucher zu einem höheren Konsum. Mit Lakritz können aber auch bestimmte Schwierigkeiten des Rauchens überwunden werden. Beim Entzug helfen Süßholzstäbchen als Ersatz für die schlanke Zigarette, um seine orale Sucht in den Griff zu bekommen.[10] Lakritz-Pastillen mildern zusätzlich Begleiterscheinungen des Rauchens, wie Magen- oder Halsschmerzen. Letztere waren ursprünglich sogar als ›Anti-Tabak‹-Mittel gedacht.[11]

Mit der Ausweitung der Rauchgewohnheiten wurde auch gleich das dringendste Problem der Raucher erkannt – ihr Mundgeruch. Um Abhilfe zu schaffen, sollte der Atem des Rauchers ›desinfiziert‹ werden. Parfümierte Geschmackspastillen gegen schlechten Atem waren bereits seit dem Mittelalter bekannt. Sie wurden in Frankreich von dem florentinischen Confiseur Jean Pastilla, der zum Gefolge von Maria von Medici gehörte, als sie im Jahre 1600 Heinrich IV. heiratete, eingeführt. Im 19. Jahrhundert erlebten die Pastillen einen enormen Aufschwung. Sie galten als erfrischend und verdauungsfördernd, halfen gegen Husten und Sodbrennen. Infolge dieser Modewelle wurden erstmals auch Lakritz-Pastillen aromatisiert. Anissamen, Pefferminz- und Eukalyptusblätter, Vanilleschoten, Zimtstangen, Orangen-, Zitronen- und Bergamotte-Schalen, aber auch Blüten von Borretsch, Lavendel, Veilchen und Rosen verfeinern solche Pastillen.

Die berühmteste Lakritz-Pastille, die den Atem der Raucher verbessern soll, wird noch heute in einer runden, gelben Dose unter dem Namen ›Cachou Lajaunie‹ angeboten. Diese Pastille war eine Erfindung des Toulouser Apothekers Léon Lajaunie aus dem Jahre 1880. Ihre Besonderheit ist der Katechu, ein Harz, das aus dem Holz und den frischen Schoten einer bestimmten Akazienart (Acacia catechu) in Indien und Birma gewonnen wird. Léon Lajaunie fügte dem Katechu mehrere Succus-Sorten aus unterschiedlichen Herkunftsländern bei und aromatisierte die Pastillen mit dem Extrakt der englischen Minze. Durch den großen Erfolg seiner Pastillen hat sich die Bezeichnung ›Cachou‹ in der französischen Sprache als Synonym für Lakritz erst eingeprägt. Dessen lieblichen Geschmack unterstreicht auch die Redewendung ›Cachou – c'est comme des bisoux‹ (Lakritz ist wie Küsse).

Vor allem konnte diese Marke die Aufmerksamkeit von Rauchern und Rauchgeplagten durch ihre innovative Werbung auf sich lenken. Auf großen Plakaten, die überall im Lande aushingen, war es zunächst eine Frau, die in einem Kreis rauchender Männer die Cachou-Pastillen anbot. Zu Beginn des 20. Jahrhunderts verlagerte sich die Szenerie, und eine alleinstehende Dame blies den Rauch nach oben, während sie in der einen Hand eine Zigarette und in der anderen eine Dose Cachou-Pastillen hielt (s. Abb. 32).

Abgesehen von der Provokation, die eine ›rauchende‹ Frau in der Öffentlichkeit (noch dazu auf großen Plakatwänden) auslöste, vereinte ein solches Bild alle Attribute, die den Rauchern zu Beginn des 20. Jahrhunderts zugeschrieben wurden: Weltläufigkeit und elegante Lebenskunst, verbunden mit einem Hauch von Verruchtheit. Als ›Anti-Nikotin‹ bezeichnet, sollte der Cachou nicht nur ›die Verdauung anregen‹, sondern auch ›den Atem erfrischen‹ und galt ›für den Raucher als unverzichtbar‹, so die drei Werbeslogans, die die Marke über Jahrzehnte zu einem gefragten Produkt machten.

Abb. 32 Werbung von Cachou Lajaunie (1911)

Unweit der Wirkungsstätte von Léon Lajaunie sollte sich ein halbes Jahrhundert zuvor in dem südfranzösischen Département Gard die erste große Succus-Fabrik des Landes etablieren. 1838 erwarb der Unternehmer Ernest Barre (1801-1860) eine Zuckerrübenfabrik in Moussac (Gard) und baute sie um. In dieser Fabrik verarbeiteten schon kurz nach der Eröffnung über 100 Arbeiter täglich mehrere Tonnen Süßholz. Die Besonderheit dieser Fabrik war jedoch nicht nur ihr schneller Aufstieg, sondern dass sie erstmals einen Rohstoffhandel nach heutigen Maßstäben betrieb. Ernest Barre führte das Süßholz nicht mehr über Mittelsmänner als Beiladung zu anderen Stoffen oder Spezereien ein, sondern bezog es direkt von den Bauern in Spanien.

Der Import von Süßholz war notwendig, da die Erträge aus französischem Anbau kaum ausreichten.[12] Traditionell wurde es aus dem Königreich Neapel (Kalabrien und Sizilien) in Marseille eingeschifft.[13] Zu Beginn des 19. Jahrhunderts kam aber die größte Menge aus Spanien in die mittelalterliche Handelsstadt Montpellier und den Languedoc.[14]

In Spanien wuchs die Glycyrrhiza ungehindert als Unkraut in den Flusstälern des Ebro, Segura und Guadalquivir. Sie galt als ›wertlos‹. Dementsprechend gab es lange Zeit keine Richtlinien für eine organisierte Ernte oder Ausfuhr.[15] Allenfalls wurde sie als Beiladung an den Stapelplätzen und Umschlaghäfen von Sevilla, Alicante, Barcelona, Bilbao oder Málaga gesammelt und verschifft.[16] Ein weiterer Umschlagplatz war die nördliche Hafenstadt Bayonne im französischen Teil des Baskenlandes, wo bereits im 17. Jahrhundert das Süßholz mit einem Zoll belegt und nach Lyon verfrachtet wurde.[17] Im 18. Jahrhundert konnte sich die Hafenstadt als Umschlagplatz behaupten und belieferte nicht nur die französischen Städte Rouen (für den Pariser Markt) und Dunkerque mit dem Rohstoff, sondern ging die Ladung auch in großen Mengen nach Holland, Flandern und andere nördliche Länder.[18]

Ernest Barre richtete gleich zu Beginn seiner Tätigkeit im spanischen Saragossa eine Handelsniederlassung ein, um von dort seine Fabrik in Moussac mit dem Süßholz des Ebrodeltas zu beliefern.[19] Den Ankauf vor Ort regelten vertraute Mitarbeiter, Agenten, die mit dem Pferd durch die Provinzen Katalonien, Aragon und Navarra den Ebro entlangritten. Um sich vor Räuberbanden zu schützen, waren sie bis zu den Zähnen mit Revolvern bewaffnet. Schließlich waren ihre Stiefel für den Kauf der Wurzel mit Gold-Réals gefüllt. Der Handel wurde in den Dörfern angekündigt, dann das Süßholz von den Bauern geerntet und zu den Sammelstellen gebracht, wo die Käufer die Ware auf einem öffentlichen Platz wogen und anschließend auf Karren zu der kleinen Hafenstadt Sant Carles de la Ràpita am südlichen Flussdelta des Ebro brachten. Dort wurde das Süßholz auf eines der drei firmeneigenen Segelschiffe umgeladen und an die französische Küste verschifft. Die Lieferzeit von den Sammelstellen nach Moussac dauerte bis zu einem Monat. Dass sich dieser Aufwand lohnte, zeigt die Gewinnspanne von 150 Prozent für den Weiterverkauf.

Der Weitsicht von Ernest Barre, einen eigenen Rohstoffhandel zu betreiben, war auch der Aufschwung der nachfolgenden Firma Carenou & Tur geschuldet, die sich schnell zu einem der führenden Lakritz-Hersteller in Europa entwickelte.[20] Sie bezog das Süßholz nicht nur für die eigene Herstellung, sondern intensivierte den Handel. Die größten Gewinne erzielte die Firma mit dem Süßholz-Handel zur Tabaksüße. Carenou & Tur, die mit eigenen Verkaufskontoren in New York und auf Kuba vertreten waren, und ihr amerikanischer Konkurrent J. A. Cook transportierten von ihren Stapelplätzen in Spanien die Wurzel an die expandierende Tabakindustrie nach Amerika.[21] Dieser Export war der Grund, warum mit der spanischen Ernte schon in den 1870ern die Nachfrage anderer europäischer Länder nicht mehr abgedeckt werden konnte.[22] Mit der Verbesserung der Transportbedingungen im Fernhandel wurde die Pflanze nun aus Kleinasien (Türkei), Russland, dem Kaukasus und China bezogen – Regionen, in denen die Glycyrrhiza ebenfalls im Wildwuchs ohne besondere Pflege aufwuchs.

Abb. 33 Süßholzernte in Kleinasien (ca. 1900-1910)

Die Bedeutung, die dem Rohstoff im 19. Jahrhundert für die amerikanische Tabakindustrie zukam, unterstreicht ein Auftragswerk der US-Regierung von 1885.[23] Hierzu wurden mehrere Berichte amerikanischer Konsulate über den Süßholzanbau in verschiedenen Regionen der Welt eingeholt. Anlass für die Studie war die Einfuhr von ca. 39.057.000 Pounds Süßholz mit einem damaligen Wert von 800.000 US-Dollar. Um den teuren Import zu umgehen, befragte die US-Regierung ihre Konsulate nach den Anbaubedingungen für die Glycyrrhiza glabra. Ziel war es, einen eigenen Anbau der Pflanze in den USA zu fördern. Allerdings waren die Kosten für den Anbau so hoch und die Ernte im Vergleich zu anderen Anbaugebieten so unbedeutend, dass sie mit den europäischen und kleinasiatischen Märkten nicht konkurrieren konnten.[24] Dass ein Ankauf in Europa und Kleinasien und ein weiter Transportweg dem Anbau in den Vereinigten Staaten vorzuziehen sei, geht auch aus dem Bericht des Beiruter Konsuls John T. Robeson von 1885 hervor. Er führte an, dass die Ernte vor Ort, wo [in Syrien] die Arbeit auch von Kindern ausgeführt und ein Tageslohn von ungefähr 10-20 Cent bezahlt werde, viel billiger und damit effektiver sei.

Das größte Interesse zeigte der Report für das Süßholz aus Kleinasien. Den Wildwuchs der Glycyrrhiza in den Gebieten von Aydin, Nazili, Seraik und Sokia, die in unmittelbarer Nähe von Smyrna (Izmir) lagen, erwähnte schon 1834 ein deutscher Archäologe.

Der Tabak- und Süßholzanbau in Kleinasien war schließlich auch der Grund, warum von amerikanischer Seite dem Osmanischen Reich ein besonderes Interesse beigemessen wurde, obwohl das Amerikanische Investment im Mittleren Osten zu diesem Zeitpunkt sehr gering war.[25]

Bislang wurden mit kleinasiatischem Süßholz nur einzelne Geschäfte abgeschlossen, d. h. Bezüge fanden nur dann statt, wenn sizilianische oder spanische Lieferanten mit ihren Lieferungen zurückblieben oder das ›Smyrna-Holz‹ sich durch Preisvorteile auszeichnete. Mit der Knappheit von spanischen Wurzeln für den europäischen Markt änderte sich aber die Bedeutung und das anatolische Süßholz wurde zu einer festen Größe in den Handelslisten.[26]

Um den Süßholzbedarf für die Tabakproduktion zu decken, arbeitete der Tabaktrust seit den 1890ern mit Gesellschaften zusammen, die das Süßholz aufkauften und zum Succus verarbeiteten. Eine dieser Gesellschaften war die MacAndrews & Forbes Corporation. Sie erlangte schnell eine Monopolstellung für den Süßholzhandel zwischen den USA und der Türkei und verschiffte in normalen Erntejahren zwischen 40-50.000 Tonnen Süßholz.[27] Ihre Monopolstellung sollte die Firma bis heute beibehalten. Sie ist nach wie vor weltweit die einzige Firma, die die Tabakindustrie mit ausreichenden Mengen an Süßholz beliefern kann. Deren Gründungsväter, die beiden Schotten Edward MacAndrew und William Forbes, reisten bereits 1850 in die Türkei und handelten mit dem Extrakt für den englischen Bedarf.

Damals standen die Süßholzfelder am Großen Mäander (Büyük Menderes) in der Nähe von Smyrna im Mittelpunkt ihrer Geschäftsaktivitäten.

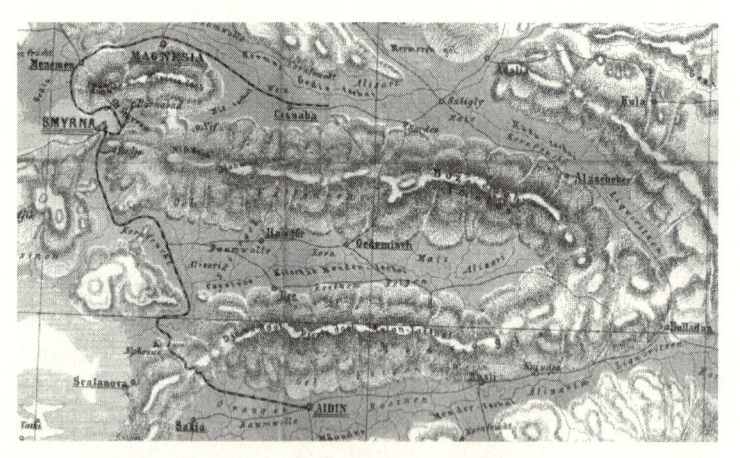

Abb. 34 Süßholzfelder am Großen Mäander (1873)

MacAndrews & Forbes pachteten das Land von den Eigentümern und ließen das Süßholz von Erntehelfern ausheben. Anfangs extrahierte die Handelsgesellschaft die Glycyrrhiza noch vor Ort und exportierte den Succus nach Europa. Später verlagerte sich der Schwerpunkt nach Amerika. Dorthin wurde nur die rohe Wurzel verschifft und dann in einer eigenen Fabrik, gegründet 1870 in Newark, New Jersey, verarbeitet. Der Grund für die veränderte Handelsstrategie waren die Einfuhrzölle, die der amerikanische Staat auf den Succus erhob.[28] Mit diesem Schritt wurde die USA zum neuen Zentrum der Süßholzverarbeitung, denn MacAndrews & Forbes bauten hier die bis heute größten Extraktionsfabriken der Welt auf. Die getrocknete Wurzel wurde importiert, zum Extrakt verarbeitet und dann auf dem Weltmarkt verkauft.

Mit der ständig wachsenden Tabakindustrie wuchs auch die Company und ging 1902 vollends in amerikanische Hände über. Ihre Aktivitäten blieben allerdings nicht allein auf die Ernte aus Kleinasien beschränkt, vielmehr kauften sie auch die Süßholzernte anderer Länder auf. Dazu zählten die Ernten aus Syrien, Griechenland, Dagestan (Kaukasus) und der Bucharei, jenem Gebiet zwischen dem Kaspischen Meer und der Mongolei, zu dem heute Kasachstan, Turkmenistan, Usbekistan und Kirgisien gehören.[29]

Abb. 35 Tarieren der Süßholzbündel (ca. 1900-1910)

In Syrien bezogen ihre Händler die Wurzel direkt von den Bauern, die sie als lästiges Unkraut ansahen und sich über den gewinnbringenden Nebenverdienst freuten. Die Möglichkeit zu einer Weiterverarbeitung der Wurzel war in Syrien unbekannt. In Griechenland und insbesondere auf Kreta, dem Ort, dessen Süßholz bereits die Antike lobte, verzichteten die Bauern zu Beginn des 20. Jahrhunderts auf eine organisierte Ernte. Die Pflanze wurde durch den vermehrten Weinbau verdrängt, und Fabriken, wie eine 1832 in Patras gegründete Manufaktur, mussten schließen.[30] Zwar kam das griechische Süßholz noch 1906 in den deutschen Handel, doch schon bald kauften die Agenten von MacAndrews & Forbes die restlichen Bestände an ausgehackten Wurzeln auf, verschifften sie zur Verarbeitung nach Amerika und kurbelten damit zeitweilig sogar den griechischen Anbau wieder an.

Desweiteren engagierte sich die Company ab den 1890ern in Dagestan und der Bucharei. Kalmücken und Kirgisen verwendeten hier nicht nur die Wurzeln, sondern auch die Hülsenfrüchte der Glycyrrhiza, die sie zu Tee (Age Čaj) verkochten und mit Milch, Salz und Butter tranken.[31] Um einen effektiven Ernteertrag für die Tabaksoße einzufahren, musste die Firma allerdings investieren. Die Wurzel wurde traditionell an dichtwuchernden Stellen durch ein ›Trichtersystem‹ geerntet. Hierzu hoben die Bauern runde Löcher aus und rissen die Ausläufer am Rande des Trichters herunter. Für eine bessere Ernte lieferten die Amerikaner den Bauern sehr tiefgehende Pflüge, ließen 8-10 Kamele oder Ochsen vorspannen und schnitten nun beim Umpflügen die Süßholzwurzel bis ca. 40-50 cm tief ab.

Abb. 36 Süßholzernte mit Ochsenpflug (ca. 1900-1910)

Die Frauen sammelten danach die losen Wurzeln ein. Fast die gesamte Ernte aus diesen Ländern ging auch hier unverarbeitet über die östliche Hafenstadt Krasnowodsk am Kaspischen Meer nach Batumi ans Schwarze Meer und von dort nach England und Amerika.

Entlang der Wolga gab es ebenfalls Süßholzfelder, deren Wurzeln seit dem 17. Jahrhundert im Handel waren.[32] Die ursprüngliche Handelsroute verlief von Astrachan, der größten Handelsstadt am Kaspischen Meer, nach Moskau und von dort nach Hamburg.[33] Diesen Export regelte die russische Kronapotheke in Moskau, die im 18. Jahrhundert das Süßholz aus der kaspischen Steppe von der astrachanischen Kronapotheke erwarb. Der Apotheker und Chemiker Johann Gottlieb Georgi (1729-1802) nennt in seiner geographischen Beschreibung des russischen Reiches sogar die Zubereitung des Süßholzsaftes in Astrachan.[34] Auch der Hofrath Johann Beckmann (1739-1811) lobt die Apotheken aus Astrachan für ihren Succus. Allerdings kritisiert er, dass die Wurzeln von Kronbauern (Leibeigenen) gesammelt und verarbeitet werden, wodurch der Preis so niedrig sei, dass freie Kolonisten aus Saratov nicht mit den Apothekern aus Astrachan konkurrieren konnten.[35] Ähnliches berichtet der Schweizer Pharmazieprofessor Alexander Tschirch (1856-1939) aus dem 20. Jahrhundert über die Ernte in Transkaukasien, wo nomadisierende Tataren das Süßholz aufsammelten. Der Ankauf sei ihm zufolge durch feste Verträge mit den Stammesältesten von MacAndrews & Forbes monopolisiert. Von hier aus exportierten sie das Süßholz allerdings nicht über die Häfen am Schwarzen Meer, sondern besaßen zeitweise eine eigene Succus-Fabrik in Elisabethpol (s. Abb. 37). In den 1880er Jahren wurden in Batumi ebenfalls große Kulturen für den Export angelegt und vor Ort verarbeitet.[36]

Trotz der vielen Aktivitäten von MacAndrews & Forbes in anderen Ländern blieb das Zentrum ihrer Geschäftstätigkeit in Kleinasien. Von hier wurden 90 % der gesamten Ernte nach Amerika exportiert und dort in der eigenen Fabrik zum Extrakt verarbeitet. Die übrigen 10 % der Ernte wurden nach

Frankreich, Belgien, Holland und England ausgeführt, selbstverständlich auf Frachtschiffen, die ebenfalls der Company gehörten.

Abb. 37 Succus-Fabrik in Elisabethpol (ca. 1900-1910)

MacAndrews & Forbes hatte durch den Aufkauf der Ernte keine weiteren Nebenkosten zu tragen. Lediglich in der Türkei wurde das Land gepachtet und für die Erntezeit wurden regelmäßig Saisonarbeiter angestellt. Ihre Unterkunft, einfache Hütten in der Nähe der Süßholzfelder, bauten sich die Männer für die Erntezeit selbst. Sie bestanden aus Lehmwänden, einem wasserdurchlässigen Strohdach und boten 40 Arbeitern einen Schlafplatz auf dem kahlen Boden. Die Arbeiter ernährten sich, trotz der schweren Arbeit, fast ausschließlich von Brot, Obst (Oliven, Feigen) und Käse. Aufgrund der weiten Entfernungen zu den Quellen nutzten sie das Wasser nur in sehr beschränktem Maße. Es diente zum Trinken, nicht aber zum Waschen. Unter diesen Verhältnissen lebten die Männer während der fünf Erntemonate und kehrten dann in ihre Dörfer zurück, wo während ihrer Abwesenheit ihre Frauen und Kinder die landwirtschaftlichen Arbeiten verrichten mussten.

Bezahlt wurden die Arbeiter, wie bei Erntehelfern üblich, für die abgelieferte Ware und nicht nach Tages- oder Stundenlohn. Das Süßholz wurde dann in den Niederlassungen der Company, die sich in unmittelbarer Nähe der Süßholzfelder befanden, auf dem Erdboden aufgeschichtet und getrocknet. Von hier brachten Kamelkarawanen das Süßholz in die Depots, wo große hydraulische Pressen die Wurzeln zu rechteckigen Ballen zusammendrückten und versandfertig machten. Anschließend transportierte es die Company mit der Bahn nach Smyrna und verschiffte es von dort nach Amerika und Europa.

Abb. 38 Hydraulische Süßholz-Pressen (ca. 1900-1910)

Während MacAndrews & Forbes ihren Handelsweg nach Amerika über das Kaspische Meer, das Schwarze Meer und das Mittelmeer mit Krasnowodsk, Batumi und Smyrna als Ausfuhrhäfen ausbauten, kamen weiterhin größere Mengen der Glycyrrhiza über eine nördliche Trasse nach Deutschland. Im 19. Jahrhundert erschlossen Händler die kasachischen Steppen nördlich der Gouverneursstadt Uralsk, die selbst Stapelplatz für Süßholz war, für den deutschen Handel. Auch dieses Uralsüßholz, wie vormals das Süßholz aus Astrachan, gelangte von Saratov oder Nižni-Novgorod über Moskau und St. Petersburg nach Hamburg.[37] Tatsächlich wurde aber nur ein kleiner Teil der kasachischen Ernte ins Ausland verschifft. Den größten Teil verwendeten die Bauern zum Konservieren ihrer Apfelernte. Sie schnitten die Äpfel zur längeren Haltbarkeit in Stücke und legten sie in großen Steinkrügen zusammen mit dem Süßholz ein. Dementsprechend richtete sich an der Wolga auch der Süßholzpreis nach der Apfelernte.[38]

Der I. Weltkrieg bot einer anderen heutigen Weltmacht die Gelegenheit, ihre Handelspforten für die Glycyrrhiza zu öffnen. Hervorgerufen durch den kriegsbedingten Exportausfall aus Europa und der Türkei, führte erstmals China die Glycyrrhiza, die bislang nicht in den internationalen Handel gelangte, nach Amerika aus. Geerntet wurde sie in der Region um Chifeng und dem Ordos-Plateau, eine steppen- und wüstenhafte Landschaft im Gebiet der ›Inneren Mongolei‹ im Norden Chinas. Für die Ernte auf dem Ordos-Plateau ließen sich vor allem Einwohner aus dem Kreis Baode von ortsansässigen Agenten anheuern, die wiederum mit MacAndrews & Forbes zusammenarbeiteten. Mehrere Monate im Jahr zogen die Süßholzsammler zum Graben der Wurzel durch die Steppen. Die Agenten rüsteten sie mit Lebensmitteln und Werkzeugen aus und erhielten dafür nach der Rückkehr von den Sammlern die Ernte zu ihrem festgelegten Preis. Denn mit Erhalt der Lebensmittel und Werkzeuge war der Sammler vertraglich an diese Agenturen gebunden und konnte nicht zu einem überbietenden Händler wechseln. Die chinesischen Süßholzsammler verbrachten Monate der Einsamkeit in einer gefahrenvollen Wildnis. Doch in den 1920er Jahren kam die größte Bedrohung von Räuberbanden, die im Ordos-Gebiet mit Menschenraub und Geiselnahme zur Erzielung eines Lösegeldes die Sammler verschreckten.

Dass es bei den Expansionsbestrebungen von MacAndrews & Forbes immer mit rechten Dingen zugegangen sei, wird oft bezweifelt. Über das Vorgehen der Company ist jedoch nur wenig bekannt. Schließlich unterstanden die Beamten der Gesellschaft einer Schweigepflicht und wurden mit Entlassung bedroht, falls sie etwas über den Anbau, die Ernte, die Bearbeitung der Pflanze und die Herstellung des Succus verbreiten sollten.[39]

Wie sehr der Rohstoffmarkt umkämpft war, zeigt eine Aktennotiz an den französischen Handelsminister. Demnach reiste 1860 ein Vertreter des französischen Lakritz-Herstellers Félicien Florent aus Avignon nach Kleinasien, um Handelskontakte zu knüpfen. Er berichtete von der Konkurrenz zu einer sehr reichen englischen Firma, die dort bereits seit 12 Jahren etabliert war und mit großer Missgunst die französischen Eindringlinge betrachtete.[40] Der Erfolg seiner Reise war eine größere Lieferung Süßholz (110.552 kg), die am 14. Juni 1861 im Hafen von Marseille gelöscht wurde. Ein Teil dieser Wurzeln war für den eigenen Bedarf bestimmt, der weitaus größte Teil sollte aber an andere Fabrikanten weiterverkauft werden. Diesen Handel durchkreuzten seine englischen Rivalen, als sie am 5. Juli 1861 im Hafen von Marseille die Fracht von über einer Million Kilogramm Süßholz entluden. Der Marktwert des Süßholzes sank um über 50 %, und die Firma von Félicien Florent, anstatt mit einem Gewinn abzuschließen, stand vor dem Konkurs.[41]

Die Succus-Hersteller aus Kalabrien und Sizilien machten zeitweise sogar den Süßholztrust von MacAndrews & Forbes direkt für den Untergang ihrer Industrie verantwortlich. Schließlich war die Company bis zum Jahre 1929 der größte Käufer für das italienische Süßholz und verschiffte allein aus Kalabrien 40-50.000 dz nach Amerika. Der Preis, den der Trust für das Süßholz zahlte, lag um das 2-3fache über dem üblichen Richtpreis. Verständlich, dass viele der Großgrundbesitzer ihr Süßholz an die Company verkauften, anstatt es an die heimischen Raffinerien zu liefern.

Darüber hinaus bestand ein tiefgreifender Interessenkonflikt zwischen den italienischen Süßholzbaronen und der Company. MacAndrews & Forbes kaufte weltweit die Süßholzernte auf, verschiffte sie in die USA, vermied damit die hohen Einfuhrzölle und verkaufte das Extrakt auf dem amerikanischen und europäischen Markt. Der Succus war wiederum das Markenzeichen der italienischen Lakritz-Fabrikanten. Allerdings hatte dieses Lakritz seinen stolzen Preis, der von MacAndrews & Forbes trotz der hohen Transportkosten leicht unterboten werden konnte. Der Preis war auch das Argument für die Süßwarenfabrikanten anderer Länder, um sich von den italienischen Succus-Herstellern abzuwenden und ›Blockware‹ aus den USA zu importieren.[42]

Die Veränderungen auf dem Markt verdeutlicht eine vergleichende Statistik (1930), die der Düsseldorfer Lakritz-Fabrikant Edmund Münster über den Import von Süßholzsaft nach Deutschland aus Italien und den USA aufgestellt hat.[43] Während im Jahre 1913 der Succus ausschließlich aus Italien eingeführt wurde (3.500 dz), mussten sich im Geschäftsjahr 1930 die italienischen Exporteure den Markt mit den USA teilen. Aus Italien konnten lediglich 2.080 dz nach Deutschland ausgeführt werden, wobei die USA mit 2.000 dz aufholten. Dieser Konkurrenz hätten sich, nach Meinung von Edmund Münster, die kalabresischen und sizilianischen Succus-Fabrikanten widersetzen können, wenn sie sich zu einer Art Gegentrust zusammengeschlossen hätten und durch eine Modernisierung ihrer Maschinen und Arbeitsmethoden eine rationellere und damit kostengünstigere Produktion aufgebaut hätten.

Um dem Problem Herr zu werden, hat es an Vereinigungsbestrebungen der Süßholzbarone nicht gefehlt. Sie blieben aber alle fruchtlos, da sich keine der traditionsreichen Firmen einer anderen unterordnen wollte und jede um den Verlust ihrer Selbstständigkeit fürchtete. Dass sich solche Verhandlungen schwierig gestalten konnten, zeigt schon ein Bericht über die Verkaufsverhandlungen der Süßholzwurzel: Es war die Regel, dass der Aufkäufer dem Verkäufer etwas von dem Preis der eingelieferten Ware abzog, denn er erhielt fast immer feuchte Wurzeln, die mit Erde und Steinen vermischt waren. Dabei waren die äußeren Wurzeln der abgelieferten Bündel trocken und frei von Erde. Erst im Inneren der Bündel kam die minderwertige Ware zum Vorschein. Die Folge war ein ewiger Streit zwischen dem Käufer, denn dieser wollte nur trockene, reine und damit leichtere Ware kaufen, und dem Verkäufer, der versuchte, das Gewicht zu erhöhen.

Doch vor allem verursachten unrationelle Arbeitsmethoden mit veralteten technischen Anlagen hohe Kosten bei der Süßholzverarbeitung, worin der eigentliche Grund für den ständigen Rückgang der italienischen Produktion zu sehen ist.

Wie traditionell die Süßholzwurzel in Kalabrien behandelt wurde, zeigt bereits der Erntevorgang. Noch in den 1920ern holten 20-50 Mann starke Arbeiterkolonnen die Wurzel mit der Hacke aus der feuchten, schweren Erde, während in Dagestan die Bauern bereits Pflüge einsetzten. Die Rückständigkeit machte sich aber vor allem in der Weiterverarbeitung bemerkbar. Zwar hatten größere Betriebe zu Beginn des 20. Jahrhunderts bereits motorbetriebene Schneidemaschinen, um die Wurzeln in kleine Stücke zu schneiden. Auch wurden sie nicht mehr zwischen zwei Mühlsteinen zerquetscht, sondern mit dampfbetriebenen Lavawalzen zermalmt.

Abb. 39 Zerkleinern der Wurzeln mit Lava-Walzen (1912)

Doch das 6-8-stündige Auskochen der mit Wasser angereicherten Wurzel in eisernen Kochkesseln (Caldaja) über offenem Feuer erfolgte nach alter Tradition. Ebenfalls nach alter Manier pressten

Arbeiter die ausgekochten Wurzeln, die sich zum Teil zu Fasern aufgelöst hatten, aus. Hierzu füllte man den dickflüssigen Sud in ein mattenartiges Geflecht (sporta di pezzola), das aus Kastanienholz hergestellt und nicht sehr stabil war (weshalb allein zur Herstellung dieser Geflecht-Säcke mehrere Arbeiter angestellt waren). Dann legte man mehrere gefüllte Säcke aufeinander, und auf das oberste Mattengeflecht kam ein starkes, breites Brett, dass mit Hilfe einer Stange, an die sich mehrere Arbeiter hängten, heruntergedrückt wurde. Laut Edmund Münster war diese Presse (strettojo) eine der ›primitivsten‹ Maschinen, die im 20. Jahrhundert bei der Verarbeitung der Wurzeln eine Verwendung fanden.[44]

Der folgende Prozess des Eindampfens war sowohl von Maschinen- als auch von Handarbeit bestimmt. Hierzu wurde der ausgepresste Saft in einem Bassin unterhalb der Presse aufgefangen und wieder in einen Kochkessel gepumpt, wo er noch einmal 15 Stunden mit Wasser kochen musste. Der verdickte Saft wurde durch einen Beutel filtriert, dadurch von den letzten Fasern gereinigt und in ein Bassin zum Klären gebracht. Aus dem Klärbassin gelangte der Auszug durch Pumpen in flache Abdampfschalen (caldaja di pasta), wo die dünne Succus-Lösung erst auf offenem Steinkohlen-, dann auf Holzkohlenfeuer bei abnehmender Hitze so lange kochte, bis sich die Masse beim Erkalten härtete. Während dieses Vorgangs rührten die Arbeiter mit Spaten die immer fester werdende Masse um, um ein Anbrennen des eingedickten Saftes zu vermeiden. Dieser Prozess hätte erheblich verkürzt werden können, wenn zum Beispiel der Süßholzsaft im Vakuumverfahren ausgezogen worden wäre, was in anderen Ländern bereits in den 1870ern geschah.[45]

Auch die Endbearbeitung des Succus war noch von Handarbeit geprägt. Aus der warmen Masse formten die Arbeiter mit Hilfe eiserner Behälter die ca. 5 kg schweren Brote (pani, blocci) und verpackten sie in Kisten von je 20 Broten (100 kg). Die Frauen rollten ebenfalls aus der warmen Masse mit den Händen, die mit Stärke, Öl oder Asche eingerieben waren, und mit Hilfe von Rinnen aus Marmor oder Messing die Lakritz-Stangen.

Abb. 40 Bearbeitung der Succus-Masse zu Lakritzstangen in der Fabrik des Barone Compagna, Kalabrien. Mitte: Ausrollen der Stangen. Rechts: Stempeln. Links: Ausbreiten zum Trocknen und Beurteilung. (1912)

Anschließend kennzeichneten sie die Stangen mit einem Metallstempel, der den Namen der Herstellungsfirma, des Herstellungsortes oder einen Markennamen trug, und stapelten sie in den Trockenräumen auf Holzbrettern (Tavole). Zum Trocknen nutzten die Fabrikanten die Sommermonate, da nur sehr wenige Firmen über Trockenräume mit Heizung verfügten.

In der Mitte des 20. Jahrhunderts kam für die italienische Succus-Produktion noch erschwerend eine Agrarreform hinzu. Durch die Zwangsenteignung der Großgrundbesitzer und die Landverteilung (per Gesetz vom 12. Mai 1950)[46] wurden die ›neuen‹ Bauern dazu ermutigt, ihr Land zu kultivieren, anstatt die feuchte Erde dem Unkraut ›Glycyrrhiza‹ zu überlassen. Damit verschwanden viele Brachflächen, auf denen sich das Süßholz ungehemmt entfalten konnte, und es wurde vielerorts durch die süß-sauren Zitrusfrüchte verdrängt.

All diese Faktoren und nicht allein der Konkurrenzdruck der amerikanischen Gesellschaft mögen die Gründe sein, warum zu Beginn der 1950er Jahre von den vielen Lakritz-Fabriken in Sizilien und Kalabrien nur wenige übrig blieben.

Ein zaghafter Wiederbelebungsversuch in den 1980er Jahren durch ein Förderprogramm der Europäischen Union musste vorerst an den Umweltsünden der Bauern durch chemische Düngung scheitern[47], bevor sich mit dem neuen Jahrtausend weitere Unternehmer daran versuchten, an die Tradition anzuknüpfen, und seither mit der Neugründung ihrer Firmen in der Namensgebung aber an die alten Fabrikanten erinnern.[48] Heute gilt ihre Herstellung von Lakritz nach der traditionellen Machart als Qualitätsmerkmal und ist gefragter denn je.

Von den eigenen Wegen der italienischen und spanischen Succus-Hersteller abgesehen, hatte die Firma MacAndrews & Forbes zu Beginn des 20. Jahrhunderts in fast allen Ländern mit einer Süßholzpopulation eigene Agenten oder Handelsniederlassungen, die das Süßholz aufkauften. Mit Ausnahme von jenen Ländern, deren Ernte für den Welthandel nur geringe Bedeutung hatte. Hierzu zählten Deutschland, England, Frankreich und Österreich. Auch Neuseeland und Australien, die seit den 80er Jahren des 19. Jahrhunderts die Glycyrrhiza glabra anbauten, aber noch nicht in den Handel brachten, blieben von den Expansionen der Company verschont.

Allerdings zählten in vielen europäischen Ländern die Fabriken der Tabak- und Süßwarenindustrie zu den Hauptabnehmern des Extraktes von MacAndrews & Forbes, wobei der Schwerpunkt in der Tabakindustrie lag.[49] Während die Company in der Tabakindustrie noch immer der Hauptlieferant für Süßholz ist, wird der Bedarf für die Süßwarenindustrie mittlerweile weitaus offener abgedeckt. Hier sind es kleinere Firmen, die mit Süßholz als Nebenprodukt einen Handel betreiben oder sich explizit auf den Handel mit der Glycyrrhiza für den Süßwarensektor spezialisiert haben und dementsprechend auch mit den Süßholzbauern vor Ort kooperieren.[50]

Durch den Export der Glycyrrhiza aus vormals weitentlegenen Ländern und Regionen nach Europa und Amerika vollzog sich ab dem 19. Jahrhundert eine Trennung zwischen der Rohstoffgewinnung und seiner Weiterverarbeitung. Hierdurch wurde die Glycyrrhiza auch für Süßwarenfabrikanten in jenen

Ländern interessant, die keine eigenen Süßholzfelder besaßen. Während die Niederlande bereits seit dem Mittelalter einen ausgiebigen Handel mit Süßholz betrieben, deckten sich nun auch Länder wie Dänemark, Schweden, Norwegen, Finnland und sogar Island auf dem Weltmarkt mit Süßholz ein und bauten eine eigenständige Lakritz-Industrie auf.

Trotz einer steigenden Nachfrage und zeitlich begrenzten Engpässen war und ist ein Mangel an Süßholz nicht zu befürchten, denn an vielen ihrer natürlichen Standorte wächst die Pflanze dermaßen üppig, dass sie nach wie vor als Unkraut behandelt wird. Dies lässt uns auch fröhlich in die zweite Strophe des populären Volksliedes von dem Berliner Komponisten Otto Teich (1890), »Im Grunewald ist Holzauktion«, einstimmen:

»Der ganze Klafter Süßholz kost 'nen Taler,
'nen Taler, 'nen Taler.
Der ganze Klafter Süßholz kost 'nen Taler,
'nen Taler kost er nur.
:Links um die Ecke rum,
Rechts um die Ecke rum,
Überall ist große Holzauktion:«

9 Schwarzes Gold – Die Unternehmer im Visier

Waren bislang mit der Transformation von der gelben Wurzel zum schwarzen Konfekt die Namen von Ärzten, Alchemisten und Apothekern verbunden, sind es heute illustre Unternehmen, die den Lakritzen eine Identität verleihen. Ihre Namen gehören wie eine Selbstverständlichkeit zum Bild der Süßigkeit dazu und vermitteln den Eindruck, schon immer dagewesen zu sein. Tatsächlich können einige dieser Unternehmen auf eine lange Geschichte zurückblicken. So zum Beispiel die Firma des Barone Amarelli, die nicht nur seit 1731 als Familienunternehmen in Rossano/Kalabrien den Succus herstellt, sondern seit jüngster Zeit auch ein eigenes Lakritz-Museum betreibt. Hier wurde die Lakritz-Produktion von Generation zu Generation mit einer Selbstverständlichkeit weitergegeben, dass der Geschmack an Lakritz in die Wiege gelegt zu sein scheint.

Auch in Pontefract gründete sich nach der ›Zufallsentdeckung‹ von George Dunhill eine eigene Dynastie. Nach seinem Tod am 19. November 1826 übernahmen seine jüngsten Söhne Francis und William die Geschäfte. Während die männlichen Nachfolger das Familienunternehmen weiterführten, waren es vor allem die vier Töchter von Francis Dunhill, die für eine Expansion nach außen sorgten. Sie alle heirateten Lakritz-Unternehmer, die eine eigene Fabrik in Pontefract betrieben.

Neben dem Privileg, in eine dieser Familien hineingeboren zu sein, um einen weiteren Baustein der Lakritz-Geschichte hinzuzufügen, spielte gerade die Inspiration eine wichtige Rolle, sich der Welt der Lakritze hinzugeben. Für Bruce Collier von der Maschinenfabrik BCH in Rochdale war es vielleicht seine Goldsuche in Australien, die ihn dazu verleitete, auch das

›schwarze Gold‹ mit seinen Maschinen besser auszuschöpfen. Als Abenteuerurlaub konnten andere Fabrikanten ihre Inspirationsquelle verbuchen. 1910 brachte der Gründer der Firma Katjes, Xaver Fassin, ein Lakritz-Rezept von seiner Sizilienreise mit und vererbte es seinem Sohn Klaus Fassin, der daraus kleine schwarze Lakritz-Katzen herstellte. Voller Tatendrang kam 1846 auch der Schweizer Arzt Dr. Emile Wybert von seiner Studienreise durch Nordamerika zurück. Dort sah er, wie Indianer gegen ihre Halsschmerzen das Süßholz kauten, entwickelte daraufhin seine kleinen rautenförmigen Lakritz-Pastillen und verkaufte sie in der Baseler ›Goldenen Apotheke‹. Die Pastillen bestanden während einer Grippe-Epidemie (1851) ihre ›Feuertaufe‹ und fanden danach einen regen Zuspruch.

Weniger aus Abenteuerlust als aus geschäftlichen Gründen reiste der schwedische Kaufmann Adolf Ahlgren aus Gävle 1909 zur Leipziger Industrie-Fachmesse und entdeckte dort eine Pastille aus Lakritz, Menthol, Zucker und Gummiarabikum, die er umgehend in Schweden einführte und unter dem Namen Läkerol vertrieb. Diese Pastille fabrizierte bis 1916 die Bonner Süßwarenfabrik ›Kleutgen & Meyer‹. Während des I. Weltkrieges kam es allerdings zu Lieferschwierigkeiten, und Adolf Ahlgren begann mit der Herstellung in der eigenen Manufaktur, die bislang nur auf Schuhcreme und Bohnerwachs spezialisiert war.

Andere Unternehmer ließen sich von ihrem beruflichen Umfeld inspirieren, hatten bereits eine kleine Konditorei und führten Lakritz zunächst als Nebenprodukt ein, um sich später darauf zu spezialisieren. Der Niederländer John Coenradus Klene (1842-1914) begann 1876 seine Karriere als Hersteller von Süß- und Konditoreiwaren mit seinen Zuckerversuchen auf einem Rotterdamer Dachboden. Sein Landsmann Izaak Van Melle übernahm 1900 die Bäckerei seines Vaters und gestaltete sie in eine Süßwarenfabrik um. Das Lakritz wurde aber erst später dem Sortiment zugefügt.

Von seinem Arbeitsumfeld inspirieren ließ sich vielleicht auch Johann Riegel (1893-1945), der fünf Jahre bei ›Kleutgen &

Meier‹ arbeitete, bevor er 1920 in Bonn-Kessenich seine eigene Bonbonfabrik ›Haribo‹ eröffnete. Doch auch hier zählte das Lakritz erst in der Mitte der 20er Jahre zum Sortiment. Schließlich war die Firma auf Karamell, Bonbons, Weingummi und Weichgummiartikel spezialisiert, zu dessen früher Erfindung (1922) die Gummibären gehörten, die in den 1970er Jahren zu den Haribo-Goldbären veredelt wurden.

Wieder andere bewegte erst eine Niederlage dazu, sich der Lakritz-Welt anzuschließen. So wollten die dänischen Firmengründer Eduard Galle und Hans Jessen 1875 zuerst eine ›Isländische Moos-Pastille‹ als Allheilmittel gegen Halsschmerzen und Erkältung verkaufen, bevor sie nach dem gescheiterten Versuch das Süßholz als Grundlage ihrer Pastillen nahmen und seit 1933 unter dem Markennamen Ga-Jol erfolgreich vertreiben.

Vielfach war es auch wirtschaftliche Notwendigkeit gepaart mit Abenteuerlust, wie sie Wanderern zwischen verschiedenen Welten eigen ist, dass Lakritz-Unternehmen gegründet wurden. Viele der Firmengründer heutiger großer Namen von finnischen Produkten waren Migranten. Dies hat in Finnland scheinbar eine Tradition, denn angeblich sollen sich bereits nach dem Dreißigjährigen Krieg viele Zuckerbäcker aus der Schweiz und Deutschland nach Finnland zurückgezogen haben. Im 20. Jahrhundert waren es die Brüder Jean und Michael Karavokyros aus Griechenland, die 1931 ihre Firma Halva gründeten und zunächst die gleichnamige orientalische Süßigkeit aus zerstoßenen Sesamsamen, Sirup und Honig herstellte. 1951 begannen sie mit der Produktion von Lakritz.

Die ›Nya Karamellfabrik‹, Vorläufer der heutigen Süßwarenholding Leaf, wurde von dem Polen Nuchim Bonsdorff am Anfang des 20. Jahrhunderts gegründet. Allerdings übernahm 1910 diese Firma der finnische Kolonialwarenhändler Rudolf Gardberg und nannte sie in ›Hellas‹ um. Gardberg wiederum stellte nur Konditorenmeister aus Russland ein – die finnischen Mitarbeiter durften die fertigen Produkte verpacken. Die Lakritz-Produktion begann 1928.

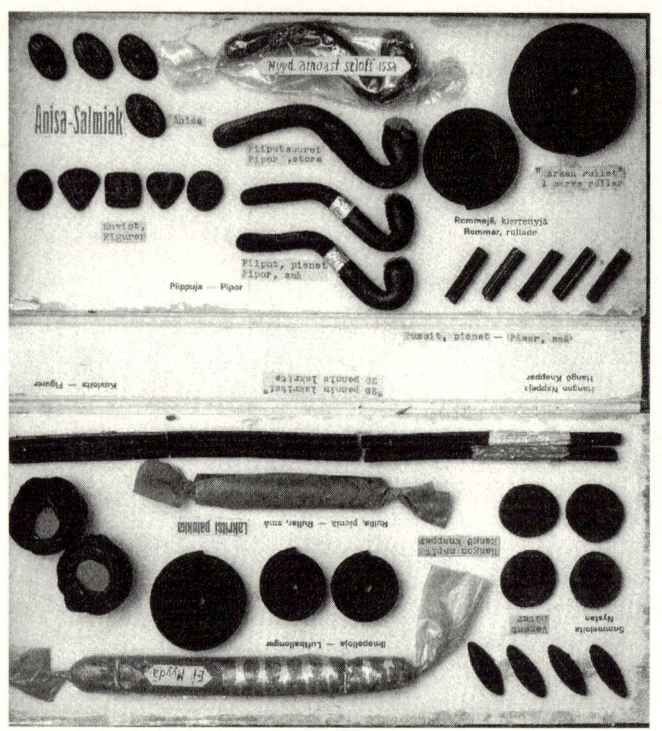

Abb. 41 Musterkoffer eines finnischen Lakritz-Vertreters (1960er)

Oftmals bedurfte es auch äußerer Impulse für eine Firmengründung. Ebenfalls in Finnland lag der Ursprung mancher Lakritz-Manufaktur in der russischen Zollreform von 1897. Dort gab es im 19. Jahrhundert zwar viele bekannte Konditoren, Süßigkeiten- und Schokoladenhersteller, ihre Süßigkeiten waren für die Finnen durch die hohen Zollabgaben allerdings unerschwinglich, sodass finnische Konditoren mit der eigenen Produktion von Süßwaren begannen. Zum Beispiel stellte nach der Zollreform der Konditormeister Karl Fazer, seinerzeit von den besten Meistern in St. Petersburg, Berlin und Paris ausgebildet, seine Bonbon- und Schokoladenherstellung in einer kleinen Café-Konditorei auf eine industrielle Produktion um. Produziert wurde anfangs im Haus seines Vaters Peter Eduard Fazer, das dieser sich erst nach der Einbürgerung als finnischer Staatsbürger in Helsinki kaufen konnte. Eigentlich wollte der Schweizer Schneidergeselle 1843 eine Meisterprüfung in Deutschland ablegen, landete aber aus irgendeinem Grund in der finnischen Hauptstadt und ließ sich dort nieder. Sein Sohn Karl Fazer begann 1927 mit der Herstellung von Weichlakritz.

Mit einer ›unternehmerischen Passion‹ in diesem Jahrhundert der Unternehmensgründungen ist vielleicht auch der Elan von W. R. Wilkinson in Pontefract zu erklären, der 1884 neben den bereits existierenden englischen Lakritz-Betrieben eine weitere Fabrik eröffnete und diese zu einem der größten Unternehmen des Landes ausbaute. Leider teilte sein Erbe diese Leidenschaft nicht, und die Fabrik wurde von dem ebenso passionierten Lakritz-Liebhaber und einstigen Angestellten Walter Marschall 1894 weitergeführt.

Diese Aufzählung zeigt, wie weit sich der Genuss von Lakritz im 19. und 20. Jahrhundert ausdehnte. Lakritz war und ist seitdem sprichwörtlich in aller Munde. Um nun aufzuzeigen, wie sich seit dem 19. Jahrhundert der süße Geschmack durchsetzte und die Lakritz-Landschaft veränderte, wollen wir beispielhaft die Entwicklung eines Landes genauer beobachten – Frankreich. Tatsächlich fand im Frankreich des 19. Jahrhunderts nicht nur ein großangelegter Handel mit der Wurzel statt, sondern es etablierte sich gleichzeitig eine eigenständige Lakritz-Industrie. Ihre Zentren lagen in Marseille und Montpellier, in den Départements ›Gard‹ und ›Vaucluse‹. Über die Jahre hinweg verarbeiteten hier 29 Fabriken und Manufakturen das Süßholz zu Lakritz.[1] Viele von ihnen beschäftigten mehr als 100 Arbeiter, womit sie zu den eintausend größten Unternehmen des Landes zählten. Die Mitteilung, dass es in Frankreich ein bedeutendes Zentrum der Lakritz-Herstellung gegeben hat, mag nun viele Leser erstaunen, denn hiervon scheint kaum etwas in dem strapazierten ›kulturellen Gedächtnis‹ unserer Zeit gespeichert zu sein. Ein Umstand, der uns geradezu verpflichtet, ein genaueres Augenmerk auf diese Geschichte zu legen.[2]

Während im Laufe des 18. Jahrhunderts die französischen Confiseure mit ihrem verfeinerten Lakritz-Konfekt die Welt verzaubern, verlieren sich am Ende des Jahrhunderts, bedingt durch die Französische Revolution, die Napoleonischen Kriege und den folgenden Handelsblockaden zunächst die Spuren der Lakritzherstellung. Erst im April 1820 dokumentiert ein Erlass des französischen Königs Louis XVIII. (1755-1824) die Fortsetzung der französischen Lakritz-Geschichte. Hierin wird ein Zolltarif mit den Bestimmungen für die Aus- und Einfuhr von Lakritz-Artikeln aus der Stadt Marseille aufgeführt.[3] Anlass für den Erlass gab sehr wahrscheinlich die Beschwerde eines Succus-Fabrikanten, der sich über die hohen Einfuhrgebühren ausließ und damit drohte, seine Arbeit einzustellen, falls er keinen Nachlass erhalte. Dieser Vorfall ist ein früher Beleg, dass sich Unternehmer aus Marseille anschickten, in ihrer Stadt eine Succus-Fabrikation zu errichten. Dies zeigen auch die Importzahlen von Süßholz und Succus: Im Jahre 1837 betrug die Süßholz-Einfuhr nach Marseille 180 Tonnen. 1841 steigerte sich diese noch auf 274 Tonnen. Währenddessen ging der Import des fertigen Succus von 371 Tonnen im Jahre 1837 auf 248 Tonnen im Jahre 1841 zurück. Die Zahlen verdeutlichen, dass sich französische Unternehmen in größeren Mengen auf die Verarbeitung und Herstellung des Succus spezialisierten.

Für die meisten Succus-Manufakturen in Marseille war dieser Aufschwung jedoch nur von kurzer Dauer. Den Unternehmern wurde zwar eine freie Einfuhr des Süßholzes aus dem Königreich Neapel zugesichert, aber nicht eingehalten, weshalb die meisten Manufakturen ihre Pforten aufgrund der hohen Zollabgaben wieder schließen mussten.[4] 1854 waren von den ehemals sieben Manufakturen mit 500-600 Arbeitern nicht mehr als vier Fabriken mit 40 Arbeitern, 3 Arbeiterinnen und 12 Gehilfen übrig.[5] Deren Anzahl halbierte sich in den 1860ern noch auf zwei Fabriken mit 36 Mitarbeitern, die 160 Tonnen Succus herstellten.

Im gleichen Zeitraum betrug die Succus-Ausfuhr aus Frankreich aber 612 Tonnen, von denen nur 208 Tonnen über Marseille verschifft wurden. Diese Auflistung zeigt zum einen, dass die Succus-Produktion in Frankreich sehr wohl expandierte, zum anderen waren aber nicht die Fabrikanten aus Marseille an dem Aufschwung beteiligt.

Zu jener Zeit dominierte der Unternehmer Ernest Barre (1801-1860) mit seiner »Société de produits chimiques de l'Habitarelle« in Moussac den französischen Lakritz-Markt. Dort wurden täglich (1847) 4-5 Tonnen Succus produziert, d. h. 2.000 Tonnen pro Jahr. Seinen Aufstieg begann Ernest Barre mit der Übernahme der Zuckerraffinerie des reichen Gutsbesitzers Jean Maigre, die er für 18.000 Francs erwarb. Das Startkapital erhielt er aus dem Erbe seiner ersten Frau, die bei der Eheschließung 20.000 Francs und ein großes Anwesen als Mitgift in die Ehe einbrachte. Auch die Mitgift aus seiner zweiten Ehe von 40.000 Francs floss in das Unternehmen ein. Von dem Kapital wurden die Fabrikanlagen ausgebessert und erstmalig Dampfmaschinen zum Auszug des Succus angeschafft. Der Standort könnte nicht besser gewählt sein. Die Fabrik lag an der königlichen Landstraße ›Route 106‹, unweit der Bahntrasse – einer der ersten Eisenbahnlinien Frankreichs – und war einige hundert Meter von dem neuen Bahnhof von Nozières entfernt.

Ernest Barre profitierte schon bei seiner Firmengründung von der Weiterbeschäftigung des erfahrenen Personals der ehemaligen Zuckerraffinerie. Für die niedrigen Hilfstätigkeiten stellte er aber bevorzugt Arbeiter/innen aus der Landbevölkerung der nahegelegenen Cevennen ein – darunter auch Kinder im Alter von 10-12 Jahren. Im Gegensatz zu den Städtern galten sie als solide, arbeitsam und bescheiden – vor allem im Lohn. Bei der Rekrutierung seiner Arbeiter konnte er sich auch die Misere zunutze machen, die in den 1850ern eine ganze Region in den Ruin trieb. Die Berge der Cevennen, nördlich von Moussac gelegen, waren seit Jahrhunderten das französische Zentrum der Seidenproduktion. Als die Maulbeersträucher von einer Krankheit befallen und die Erträge innerhalb kürzester Zeit auf den Nullpunkt zurückgingen, verschlechterten sich auch die Lebensbedingungen der Landbevölkerung. In Folge verdienten viele Arbeiter aus der Seidenproduktion ihren Lebensunterhalt als Saisonarbeiter in den Lakritz-Fabriken.

Eine Vorstellung über die Löhne gibt die Aufstellung einer Manufaktur aus Marseille. Hier verdienten im Jahr 1857 die Männer 2 Francs 50 Centimes, die Frauen 1 Franc 25 Centimes und die Kinder (und Lehrlinge) 75 Centimes pro Tag.[6] Über die Lebensbedingungen der Frauen in Moussac erfahren wir, dass viele neben einem 12-stündigen Arbeitstag noch einen weiten Fußmarsch zu ihrem Wohnort (bis zu 2 Stunden) in Kauf nehmen mussten. Lediglich einige Arbeiterinnen aus entfernteren Regionen konnten während der sechstägigen Arbeitswoche in einem Schlafsaal mit 30 Betten übernachten. Es gab allerdings keine Küche, kein Refektorium, kein Wasser, keine Heizung und keine Sanitäranlagen. Eine schmale Pritsche und ein dünner Strohsack dienten als Ruhestätte. Ihre Kleider legten sie in einer Mauernische ab. Den Wochenvorrat an Lebensmitteln brachten die Arbeiterinnen selber mit: Eier, Wurst, (Trocken-)Früchte und vor allem trockenes Gemüse, das sie zu Suppen und Ragoût verkochten. Das Essen wurde am Abend für den folgenden Tag vorbereitet und dann in einem großen Ziegelofen aufgewärmt und in einer Ecke der Fabrik gegessen.

Herz und Seele einer jeden großen Lakritz-Fabrik war der ›Salle de Billage‹ (der ›Stangen-Saal‹), jener Raum, in dem die Frauen an großen Tischen das Lakritz zu Stangen ausrollten (s. Abb. 42). Die Ordnung an diesen Tischen war hierarchisch festgelegt. Am Kopf des Tisches stand die erfahrenste ›Billeuse‹, die den lauwarmen Lakritz-Teig mit Augenmaß abwog und zerteilte. An ihrer Seite standen jeweils vier Arbeiterinnen, die dann den Teig zu Stangen rollten und abstempelten. Anschließend wurden die Stangen getrocknet und zwischen Lorbeerblättern in Kartons verpackt.

Die Fabrik von Ernest Barre war ausschließlich auf die Herstellung der Stangen spezialisiert und brachte diese, zusammen mit den rohen Süßholzwurzeln, in den Handel. In den 1850ern hatte er mehr als 300 Kunden in 150 großen und kleinen Städten Frankreichs, der Schweiz, Hollands und Italiens. Seine Abnehmer waren Groß- und Zwischenhändler, Pharmazeuten, Drogisten und Kräuterhändler, aber auch die besten Feinkosthändler des Landes. Sie wurden eigens von sechs Handelsreisenden betreut.

Abb. 42 Arbeiterinnen im ›Stangen-Saal‹ (Réglisserie Zan, 1920er)

Mit einem solch großen Mitarbeiterstamm, seinen guten Handelskontakten, seinem gesicherten Süßholzimport aus Spanien und seinen Außenhandelsgeschäften wäre zu vermuten, diese Fabrik sei ein prosperierendes Unternehmen gewesen. Tatsächlich floss aber nicht nur die Aussteuer seiner beiden Gemahlinnen in die Fabrik ein, sondern wurde auch eine Hypothek aufgenommen, Geld von den Banken geliehen und der Schwiegervater um 60.000 Francs angepumpt. Bis zum Ende der 1850er spekulierte Ernest Barre mit enormen Summen, um seine Fabrik weiter auszubauen. 1859 war aber Schluss und er wurde aufgefordert, Konkurs anzumelden. Kurz darauf verstarb Ernest Barre und die Fabrik wurde auf Druck der Gläubiger zwangsversteigert. Isaac Carenou, ein stiller Teilhaber der Firma und Eléazar Bonifas, Leiter der spanischen Handelsniederlassung, übernahmen die Fabrik und gründeten die Firma Carenou, Bonifas & Cie.

Die neue Gesellschaft konnte ihre Kontakte in Spanien[7] weiter ausbauen und ein anderes Domizil unweit der ehemaligen Réglisserie (Lakritz-Fabrik) von Ernest Barre errichten. Dieser Gebäudekomplex zeichnete sich durch Werkstatt, Lager- und

Maschinenhallen, Ofenanlage, Büro, Umkleideräume, Kantine, Arbeiterherberge und einen Herrenhaus aus.

Nach dem Tod von Eléazar Bonifas (1869) wurde George Tur, der Schwiegersohn von Isaac Carenou, neuer Teilhaber. Schnell eingearbeitet in die Geschäfte seines Schwiegervaters, dynamisierte Georges Tur das Unternehmen, sodass beide 1873 die Gesellschaft Carenou & Tur Cie. gründeten. Die Fabrik in Moussac sollte noch im 19. Jahrhundert mehr als 150 Arbeitern Lohn und Brot liefern und beschäftigte bis zum I. Weltkrieg zeitweise sogar 300 Mitarbeiter. Nach wie vor waren hauptsächlich Frauen und Kinder angestellt. 1890 hatte die Firma sechs leitende männliche Angestellte (Aufseher), 20 Männer, aber 60 Frauen und 60 Kinder beschäftigt. Die Frauen und Kinder verrichteten die Handarbeit, wie das Schneiden der Süßholzstäbchen, das Wiegen und Zerteilen des Succus-Teiges, das Rollen der Stangen, das Verpacken und Versenden der fertigen Ware. Die Männer übten ihre Berufe als Mechaniker, Fahrer, Heizer, Müller oder im administrativen Bereich, in der Buchführung und im Sekretariat aus.

Nach dem Tod der Gründungsväter von Carenou & Tur Cie. teilten sich die Familienangehörigen das Erbe. Die Fabrik in Saragossa mit dem gigantischen Markt für die Tabakindustrie in Amerika ging an die Söhne von Georges Tur. Sie gründeten dort die Firma Tur Sucesores S.A. Die Erben von Isaac Carenou erhielten das Anwesen in Moussac und führten es dort ab 1921 unter dem Namen ›Car‹ weiter.

RÉGLISSE CAR   RÉGLISSE CAR

Abb. 43 Lakritz-Schachtel der Fa. Car

In der nahegelegenen Stadt Uzés ließ in den 1860ern der Bankier Henri Lafont (1798-1863) eine ehemalige Papierfabrik umbauen und öffnete hier 1862 eine eigene Succus-Fabrik. Dieses Unternehmen war ebenfalls auf steilem Erfolgskurs. In ihrem ersten Geschäftsjahr hatte die Fabrik neun Arbeiter angestellt. Fünf Jahre später verdienten hier um die 100 Mitarbeiter ihren Lebensunterhalt. Die Fabrik sollte vor allem durch eine Marke bekannt werden – Zan. 1884 reichte Paul Aubrespy, der Schwiegersohn von Henri Lafont, dieses Markenzeichen ein. Die Geschichte sagt, dass er beim Essen mit Freunden in einem Pariser Restaurant dem Gebrabbel eines Kindes zugehört habe. Ein kleiner Junge, der von allem kosten wollte, sagte zu seiner Mutter »Maman, z'en veux! Maman, donne-moi z'en!« (»Mama, ich will das! Mama, gib mir was davon!« ›z'en‹ wird in der französischen Lautsprache zu ›zan‹) Aus der Kindersprache soll so der berühmte Name entstanden sein. Der Erfolg dieser Marke veranlasste 1927 die Umbenennung der Gesellschaft in Réglisse-Zan.

Unweit der Fabriken in Moussac und Uzés sollte sich im Département Vaucluse ebenfalls eine Lakritz-Fabrikation mit internationalem Ruf entwickeln – die Réglisserie von Félicien Florent.[8] Félicien Florent (1821-1894) machte in Avignon eine Ausbildung als Chemielehrer und unterrichtete an der Grundschule Sainte-Garde der Gemeinde Saint-Didier, bevor sich im Jahr seiner Eheschließung (1846) die Spuren verlieren. Sie tauchen erstmals in der Mitte der 1850er in der Fabrik von Ernest Barre wieder auf und verfestigen sich 1856 mit seinem Wohnsitz in der Rue des Teinturiers N° 43 in Avignon, die Adresse der bekannten Lakritz-Manufaktur ›Duprat‹. 1858 verlässt er das Haus und übernimmt die Réglisserie von Deville & Chavent, gegründet 1854, in Cantarel vor den Toren Avignons.

Aus der Schule von Ernest Barre kommend, glaubte Félicien Florent alle Tricks zu kennen, um einen Betrieb zu führen. Doch musste er gerade in den Anfangsjahren mit immensen Schwierigkeiten kämpfen.

Abb. 44 Lakritz-Fabrik von Félicien Florent (1895)

Zum einen gründete er eine Kommanditgesellschaft, um die Übernahme der Réglisserie zu finanzieren, wodurch er aber ständig dem Druck der stillen Teilhaber ausgesetzt war, die um ihre Einlagen fürchteten und keine langfristigen Projekte unterstützen wollten. Zum anderen fehlte ihm der Kundenstamm eines Ernest Barre, den er sich erst noch mühsam aufbauen musste.

Vor allem war aber die Rohstofffrage zu klären, denn er wollte sich nicht dem Handel von Ernest Barre und seinen Nachfolgern unterwerfen und das Süßholz aus Spanien beziehen. Deshalb setzte er vermehrt auf den Rohstoffimport aus Smyrna. Allerdings verschätzte er sich bei diesem Unternehmen. Einerseits lehnten seine Kunden das Süßholz aus Smyrna ab, da es zu bitter und dadurch nicht sehr beliebt war. Andererseits hatte er mehr Süßholz eingeführt, als er veräußern konnte.

Bereits 3 Jahre nach Eröffnung der Fabrik stand er vor dem Ruin. Seine Firma ›Florent & Cie.‹ musste schließen und die Fabrik sollte aufgelöst und verkauft werden. Einzig eine Finanzspritze von befreundeten Fabrikanten aus Paris half ihm 1863, die Firma neu zu gründen und unter dem neuen Namen

›F. Florent & Cie.‹ weiterzuarbeiten. Die ersten Jahre waren ihm eine Lehre, weshalb er nach dem Neustart einige Neuerungen einführte. Zum einen setzte er das Unternehmen auf eine solidere Basis, indem er sich nicht nur im Süßholzgewerbe betätigte, sondern auch mit Seidenraupen, Tomaten, Kapern und Oliven handelte.[9] Zum anderen erweiterte er seine Lakritz-Produktpalette von Süßholz- und Succus-Stangen auf Pastillen und Konfekt, die er in Dosen zum Kauf anbot. Bis zum Ende des Jahrhunderts konnte er sein Unternehmen von einer kleinen Manufaktur zu einer großen Fabrik mit über 100 Mitarbeitern aufbauen.

Der entscheidende Faktor für den Erfolg all dieser Unternehmer war der allgemeine Zuspruch, den das Lakritz im 19. Jahrhundert in Frankreich erlebte. Durch die zahlreichen Enzyklopädien und Reiseberichte, die zu Beginn des 19. Jahrhunderts vermehrt herausgegeben wurden, gewann die Wurzel eine gewisse Popularität in der französischen Öffentlichkeit.[10] Solche Veröffentlichungen, die alle von dem Süßholz an der Wolga, am kaspischen Meer oder in der kaukasischen Steppe berichteten, verliehen der Wurzel nicht nur ein exotisches Image, sondern erregten auch die Neugier.

Tatsächlich erfreuten sich in Frankreich schon in der ersten Hälfte des 19. Jahrhunderts die schwarzen Lakritzstangen einer großen Beliebtheit, da sie für die Herstellung eines Erfrischungsgetränks unabdingbar waren. Hierfür wurden die Stangen in Wasser aufgelöst (10-15 g pro Liter) und mit Zitronensaft abgeschmeckt. Seine bräunliche Farbe erinnerte an eine Kokosnuss und gab dem Getränk seinen Namen – Coco. Verkauft wurde der Coco von Straßenverkäufern, die einen Kanister auf den Rücken trugen und die Flüssigkeit über Schläuche in Becher abfüllten. Es war in den Städten en vogue einen Coco bei einem Straßenverkäufer zu erwerben und genüsslich in einem öffentlichen Garten zu schlürfen.[11] Noch heute erinnern zahlreiche Abbildungen an diese Verkäufer, so auch eine kleine Skizze von Honoré V. Daumier (1808-1879).

Abb. 45 »Die Coco-Verkäuferin« (1839)

Der Schriftsteller Guy de Maupassant (1850-1893) verewigte das Bild eines Coco-Verkäufers sogar in der Novelle »Coco, coco, coco frais«.[12] Darin erzählt der Onkel des Ich-Erzählers von seinen glücklichen Begegnungen mit Coco-Verkäufern. Schon während seiner Geburt hörte er ihre Rufe. Sie bewahrten ihn vor dem Zusammenstoß mit einer Pferdekutsche, hinderten ihn an der Einberufung zum Krieg und verhalfen ihm zur Heirat. Der Ruf »Coco, Coco, frisches Coco« begleitete den Onkel sein Leben lang.

Doch auch das einfache Lakritz-Wasser (ohne Zitrone) war in Frankreich weit verbreitet. Fachzeitschriften empfahlen es besonders den Arbeitern aus der Baumwoll- und Tuchindustrie als Schutz gegen den Werkstattstaub und die Trockenheit.[13] Kindern gab man es ebenfalls unbedenklich zum Trinken.[14] Hierdurch verlor der Succus zunehmend seine medizinische Bedeutung. Aus ökonomischen Gründen wurde er auch als billiger Zucker- und Honigersatz zum Süßen des Kräutertees Tizane gereicht. Eine weitere Nutzung fand die Wurzel in der französischen Küche. Zum Aromatisieren von geräuchertem Fleisch wurde eine Gewürzmischung aus Lorbeerblättern, Rosmarin, Schalen der Kaffeebohnen, getrockneten Pflaumen, Zimtstangen und Süßholz angerührt.[15]

Trotz dieser, aus heutiger Sicht befremdlichen Verwendung von Lakritz als Erfrischungsgetränk, das noch bis zum I. Weltkrieg in Frankreich sehr populär war, oder als Würze von geräuchertem Fleisch, wurde der Süßholzbedarf noch bis 1870 von seinem medizinischen Nutzen dominiert. Bis dahin kam die Mehrzahl der Bestellungen für Succus-Stangen von Apothekern.

Doch bereits zu Beginn der 1860er war ein Wandel spürbar und die Nachfrage nach Lakritz als Confiserie-Artikel stieg, während die Popularität des rohen Süßholzes und Succus sank. Darstellen lässt sich dies kurz an der Produktgeschichte von Félicien Florent. Er hatte in den 1860ern noch Lakritzstangen und Süßholzwurzeln im Angebot. Aber bereits 1862 fügte er dem Succus Gummiarabikum bei, um die Stangen weicher zu machen und entwickelte daraus ein Rezept für den ›Pâte de réglisse‹, den er ab 1864 in seiner Fabrik herstellte. Der ›Pâte de réglisse‹ ist eine Variante des Succus, die lediglich mit Zucker und Gummiarabikum (vorzugsweise mit dem Gummiarabikum der Senegalesischen Akazie) vermischt wird. Dieses Rezept war keine Erfindung von Félicien Florent, sondern verweist auf den Alchemisten Mosis Charas und die folgenden Rezepte des 18. Jahrhunderts.

Die zweite Erneuerung, die in die Welt der französischen Confiserie Eingang fand, waren die mit Vanille, Veilchen, Anis oder Pfefferminz aromatisierten Lakritz-Pastillen, die Félicien Florent seit 1868 fabrizierte. Die ersten Versuche unternahm er bereits 1861. Ein Jahr darauf schaffte er sich eigens eine Maschine zur Herstellung an und brauchte weitere sechs Jahre, bis er die Pastille in den Verkauf brachte. Tatsächlich stellten auch alle anderen Hersteller in den 1860ern ihre Produktion auf die Herstellung von aromatisierten Lakritz-Pastillen um. Erstmals wurden sie in eigens angefertigten Schachteln und Dosen verpackt und so den Damen der Gesellschaft in Modezeitschriften angepriesen.[16] Félicien Florent benutzte für die Verpackung kleine Kartons und Dosen, die ursprünglich für den Seidenraupenhandel verwendet wurden, und ließ sie mit eigenen Etiketten bekleben.

Ab 1870 stellte das Haus ›Florent‹ die Produktion komplett um. Er zog die naturreinen Succus-Stangen aus der Produktion zurück und stellte fortan nur noch den ›Pâte de réglisse‹ und die Lakritz-Pastillen her. In den 1880ern bereicherte Félicien Florent seine Produktpalette noch durch einen Lakritz-Sirup, der mit Wein oder Zitrone, Minze, Anis, Orange, Absinth und Rum aromatisiert war. Desweiteren ließ er die Grundmischung des ›Coco‹ pulverisieren, sodass das Lakritz-Pulver nur noch mit Wasser aufgegossen werden musste.

Abb. 46 Etikett für Coco-Pulver

Der Erfolg seines Unternehmens lag sicherlich in der schnellen Marktanpassung mit neuen Produkten und der Präsentation seiner Firma begründet. Allgemein war es der Wechsel von einem pharmazeutischen Produkt zu einem Confiserie-Artikel, der dem Lakritz in Frankreich eine neue Bestimmung gab. Dies hängt sicherlich auch mit veränderten Lebensbedingungen und einem veränderten Konsumverhalten zusammen, was an anderer Stelle noch ausführlicher beschrieben wird.

Die steigende Nachfrage war für viele Unternehmer ein Anreiz, in die Lakritz-Herstellung zu investieren. Die Frage, warum sich ausgerechnet im Süden Frankreichs ab der Mitte des 19. Jahrhunderts so viele Unternehmer auf das riskante und konkurrenzstarke Geschäft der Succus-Verarbeitung einließen, ist aber, abgesehen von dem erwarteten Profit, noch durch einen anderen Aspekt zu beantworten. Viele der Veränderungen fanden in den letzten Jahren der 1850er und zu Beginn der 1860er statt. Die Ausgangslage in dieser Zeit und an diesem Ort war von einer Dynamik bestimmt, die durch den Niedergang der Seidenraupenzucht ausgelöst wurde. Nachdem die Seidenraupenzucht der Cevennen sich auch in den 60er Jahren nicht erholte und komplett aufgegeben werden musste – zwischenzeitlich wurde die Nachfrage durch Importe asiatischer Produkte abgedeckt und durch die Eröffnung des Suezkanals (1869) erleichtert –, mussten sich auch andere Industrielle nach neuen Produktionszweigen umsehen. Dies nahmen viele Industrielle und Jungunternehmer zum Anlass, um den Erfolgsspuren von Ernest Barre zu folgen und mit der Succus-Verarbeitung das goldene Zeitalter für das französische Lakritz einzuleiten.

Das goldene Lakritz-Zeitalter sollte für viele Betriebe jedoch nur von kurzer Dauer sein. Gerade die kleineren Manufakturen mussten durch die starke Konkurrenz der großen Unternehmen ihre Pforten schon nach kurzer Zeit wieder schließen. Einen Hinweis liefert die Vielzahl der Firmengründungen in Marseille. Ähnlich wie in Italien zu Beginn des 20. Jahrhunderts war für fast alle kleineren Betriebe der Aufbau oder die Modernisierung eines Maschinenparks und die Einführung rationellerer Produktionsprozesse ein Problem. Nach wie vor waren sowohl die Verarbeitung des Succus, als auch die Herstellung von Weichlakritz ein sehr arbeitsintensiver Vorgang, der viel Handarbeit erforderte und dadurch sehr lohn- und kostenintensiv blieb. Trotz des Einsatzes von Maschinen konnten viele Arbeitsschritte nur halbmechanisch ausgeführt oder mussten komplett manuell erledigt werden. In den Succus-Fabriken geschah vor allem das Auspressen und Anrühren der Lakritz-Masse und das Ausrollen und Abstempeln der Stangen mit der Hand. In den Süßwarenfabriken war es zum Beispiel das Ausgießen von Lakritz-Formen. In England wurden die Pontefract-Cakes noch bis in die 1960er mit der Hand abgestempelt.

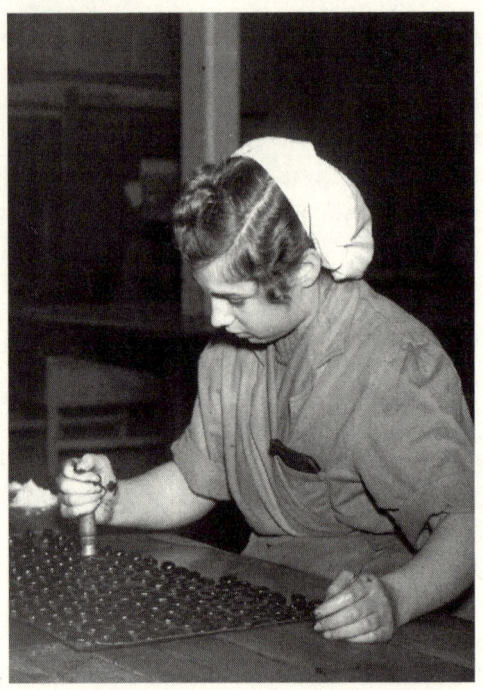

Abb. 47 Stempeln der ›Pontefract-Cakes‹ (1954)

Dort kam erschwerend hinzu, dass die Lakritz-Herstellung zum Lowprofit-Bereich zählte, da die Produkte als Stückware und zu Pfennig-Preisen abgegeben wurden, bei denen keine große Gewinnmarge zu erwarten war.

Aufgrund des fehlenden Eigenkapitals für Investitionen in die Mechanisierung und Entwicklung neuer Produktionsmethoden mussten auch in Pontefract viele kleine Fabriken schließen. Andere Familienbetriebe wurden zu dem Zweck der Kapital-Aquirierung zu Beginn des 20. Jahrhunderts in öffentliche Gesellschaften umgewandelt oder sie wurden von größeren Firmen absorbiert. Nachdem die Anzahl der Fabriken in Pontefract vor dem I. Weltkrieg mit 17 Fabriken ihren höchsten Stand erreicht hat, blieben in den 50er Jahren nur noch fünf Fabriken übrig, von denen bis in die heutige Zeit nur zwei Fabriken überlebten.

Auch in Deutschland scheint heute die Produzentenvielfalt für Lakritz recht beschaulich zu sein, was der Rückblick in das 19. Jahrhundert und in die erste Hälfte des 20. Jahrhunderts kaum vermuten lässt. Zwar gab es hier keine Lakritz-Industriezentren wie in England oder Frankreich, aber Lakritz wurde in vielen kleinen Apotheken verstreut über das ganze Land hergestellt. Jede größere Stadt verfügte mindestens über einen eigenen Lakritz-Pillendreher.

Namen, wie ›Echte Sodener Mineral Pastillen‹, ›Emser‹ oder ›Baden-Badener Pastillen‹ weisen auf die lokale Bedeutung solcher Manufakturen hin. Dagegen waren Marken wie Konsul, Monarch, Uralus und Kemgo überall erhältlich. Schließlich stand Deutschland vor dem I. Weltkrieg in dem Ruf, auch ein Exportland für Lakritz zu sein. Dieses Lakritz wurde in großen Fabriken hergestellt und nach Dänemark und Schweden ausgeführt. Während der Anfangsjahre der Weimarer Republik gingen Lakritz-Produkte auch nach Holland, Belgien, England, Österreich, Ungarn und Ägypten.[17]

Die älteste dieser großen Lakritz-Fabriken gründete 1842 Franz Coblenzer in Köln-Nippes. Seiner Gründung folgte im Jahre 1874 die Eröffnung der Firma ›W. Th. Wengenroth‹ in Lübeck. Im Jahre 1898 eröffnete die ›Rheinische Dampflakritzenfabrik‹ in Düsseldorf und 1899 die Firma ›Otto Schmitz‹ in Köln. Die Firma ›Kleutgen & Meier‹ stellte seit Anfang des 20. Jahrhunderts Lakritz in Bonn/Friesdorf her.

Auch in Deutschland war zu Beginn des 20. Jahrhunderts der Ruf nach rationelleren Arbeitsmethoden spürbar. Darüber liefern die Firmenwechsel einen Hinweis. Kurz nach Produktionsbeginn wechselte die ›Rheinische Dampflakritzenfabrik‹ den Besitzer. Sie hieß ab 1900 zunächst ›Düsseldorfer Lakritzenwerk‹ und wurde 1919 nach dem Inhaber der Firma in ›Edmund Münster‹ umbenannt. Dieses Unternehmen kaufte im gleichen Jahr die Firma ›Franz Coblenzer‹ und im Jahre 1929 die Firma ›Otto Schmitz‹ auf, so dass am Vorabend des II. Weltkrieges noch drei große Firmen übrig blieben – ›Edmund Münster‹, ›W. Th. Wengenroth‹ und ›Kleutgen & Meier‹. Von diesen und jenen kleineren Herstellern, die Lakritz nur als Nebenprodukt herstellten, überlebte bis heute einzig die Firma von Hans Riegel sen. aus Bonn (Haribo).[18]

›Haribo‹, 1920 in Bonn/Kessenich gegründet, ist heute ein Weltunternehmen, dessen internationaler Aufstieg in der Zeit des Wirtschaftwunders der BRD begann. Doch schon in der ersten Dekade nach ihrer Gründung konnte die Produktion der Firma so weit gesteigert werden, dass zum Zeitpunkt der Machtübernahme der NSDAP (1933) nach Ansicht der parteitreuen Zeitung ›Westdeutscher Beobachter‹ der Gründer Hans Riegel auf einen »ansehnlichen Betrieb« blicken konnte. Auch in den Vorkriegsjahren expandierte die Firma, und Hans Riegel erhielt 1937 ein Gaudiplom »für vorbildliche Betriebsführung«. Im gleichen Jahr erfolgte eine Umbenennung in ›Haribo-Lakritzen Hans Riegel in Bonn‹ und eine »eigene selbstständig arbeitende pharmazeutische Abteilung« wurde eingerichtet. Die Mitarbeiterzahl wurde noch unmittelbar vor dem II. Weltkrieg auf ca. 400 erhöht[19] und auch nach dem Kriegsausbruch am 1. September 1939 ging die Produktion ohne Einschränkung weiter. Die Genehmigung erhielt ›Haribo‹ durch die Umstellung der Produktion auf »pharmazeutische Heilmittel«. Mit seinen Pharmaka wie Pastillen und Lakritz-Artikel wurde ›Haribo‹ zu einem »kriegswichtigen Betrieb«, der bis kurz vor Kriegsende vor allem an die Bergleute der nahen Ruhrbergwerke lieferte. Die Rohstoffe wurden durch Sonderlieferungen zugesichert.

Darüber hinaus erhielt die Firma Produktionsaufträge für Sonderaktionen wie beispielsweise dem ›Mutter-Kind-Tag‹ (22. Februar 1944), an dem nach Anordnung des ›Reichsministers für Ernährung und Landwirtschaft‹ die Süßwarenfabrikanten zusätzliche 125 Gramm Süßwaren an »alle deutschen Kinder im Alter bis zu 14 Jahren« verteilten. Auch die Front wurde durch Süßwaren-Sonderaufträge mit ›Haribo‹-Produkten versorgt: Große Mengen Süßwaren gingen an die Westfront. Seit Kriegsbeginn zählte die I.G. Farbenindustrie

AG zu den Abnehmern von Coryfin-Bonbons der Marke ›Haribo‹.

Bis zum Ende des Krieges blieb das Fabrikgebäude von Bombenangriffen verschont, lediglich ein Spitzdach wurde während der Kriegswirren beschädigt. Hans Riegel sen., der Gründer der Fabrik, starb jedoch am 31. März 1945 an einem Herzinfarkt – 3 Wochen nach der Befreiung Bonns durch amerikanische Truppen (8. März 1945). Seine Frau Gertrud übernahm bis zur Rückkehr ihrer beiden Söhne Hans jun. und Paul aus der Kriegsgefangenschaft kommissarisch die Geschäfte und erhielt bereits am 15. Juni 1945 die Genehmigung zur (teilweisen) Wiederaufnahme der Produktion. Ab dem 7. September 1945 konnte ›Haribo‹ mit den restlichen Vorräten an Rohstoffen wieder produzieren.

Durch diese Umstände konnte ›Haribo‹ schnell an die Vorkriegsproduktion anschließen und trotz schwieriger Zeiten schwarze Zahlen schreiben. Noch vor der Währungsreform erweiterten die Brüder Riegel ihre Produktionseinrichtungen über den erwarteten Bedarf, so dass die Firma nach dem DM-Stichtag (1949) ihren Konkurrenten weit voraus war.[20] Zielstrebig wurde das Unternehmen ausgebaut. 1950, nur fünf Jahre nach dem II. Weltkrieg, beschäftigte ›Haribo‹ ungefähr 1.000 Mitarbeiter.[21]

Der II. Weltkrieg und die Nachkriegszeit hatten für die Lakritz-Industrie in anderen Ländern aber durchaus andere Auswirkungen. In den USA wurde abermals überlegt, das Süßholz im Südwesten des Landes und in Kalifornien anzubauen, um die hohen Importkosten zu umgehen.[22] In England war Lakritz während beider Weltkriege vor allem wegen des Mehl- und Zuckerzusatzes rationiert. Die Fabriken in Pontefract stellten im II. Weltkrieg sogar ihre Produktion auf kriegswichtige Materialien um. ›Wilkinson‹ produzierte Panzerteile, ›Ewbanks‹ stellte Fallschirme her, und in der Maschinenbaufirma BCH wurden Mischmaschinen für Sprengstoff gebaut. Im August 1942 wurde die Fabrik von ›Ewbanks‹ während eines Fliegerangriffs getroffen und brannte aus.

Abb. 48 Zerbombte Maschinenhalle von Ewbanks (August 1942)

Nach dem II. Weltkrieg gab es in England das Lakritz nur auf Lebensmittelkarten (1945-1954). Als Ersatz wurde auch Anisöl verwendet und der Succus nur zum Färben zugefügt.

In Finnland stellte die Firma ›Leaf‹ während des II. Weltkrieges einen Lakritz-Ersatz aus Kartoffeln, Rübenkraut, Glucose, Talg, Zuckerrüben, schwarzem Farbstoff und Eukalyptus-Essenz her. Allgemein war die Herstellung von ›Luxusgütern‹ aber verboten. Hier gab der finnische Staat am Ende des Krieges allen Süßwarenfabrikanten eine Starthilfe und stellte eine bescheidene Menge von dem begehrten Succus zur Verfügung. Bereits 1946 schloss Finnland mit der Türkei einen Handelsvertrag über den Rohstoffimport der Glycyrrhiza ab, und die Lakritz-Produktion konnte wieder aufgenommen werden.

In anderen Ländern wurde die Produktion entweder ganz eingestellt oder nur minimal aufrechterhalten und konnte nach dem II. Weltkrieg wegen Rohstoffmangels nur schleppend wieder aufgenommen werden. In den Niederlanden, wo die Fabriken während der Besatzungszeit eingeschränkt weiterproduzieren konnten, wurde zum Beispiel der Handel mit Süßholz und Gummiarabikum erst 1949 von der Regierung freigegeben. Der Im- und Export kam nur langsam wieder in Gang.

Zweifellos erzielte ›Haribo‹ durch die schnelle Wiederaufnahme seiner Produktion einen Vorsprung. In Deutschland konnte die Firma diesen Vorsprung so weit ausbauen, dass sie 1958 den ersten Konkurrenten, den ehemaligen Lehrbetrieb von Hans Riegel sen., ›Kleutgen & Meier‹ aufkauften. Dieser Trend setzte sich in den 60er Jahren fort, und von den zehn großen Lakritz-Fabriken der Bundesrepublik wurden neun übernommen und die Produktion stillgelegt. Einzig ›Kleutgen & Meier‹ konnte weiterarbeiten, um mit ›Haribo‹ Scheinkonkurrenzkämpfe auszufechten. »Das verschafft dem Lakritzenkünstler eine besondere Genugtuung«, schrieb die Wochenzeitschrift ›Der Spiegel‹ 1962.[23] Den letzten Konkurrenten auf dem deutschen Markt, ›Edmund Münster‹ mit der Marke ›Maoam‹, übernahm die Firma 1986. Mitte der 1960er Jahre war ›Haribo‹ der größte Lakritzenproduzent in Europa. Der Betrieb war auf 1.500 Mitarbeiter angewachsen und hatte auf dem deutschen Markt einen Marktanteil von 90 %.[24] Schließlich warb die Firma ungeniert mit dem Spruch »Der Trend bei Lakritz heißt Haribo.«

Auch im europäischen Ausland sind die Bonner Fabrikanten seit längerem tätig. Bis heute verfügt die Firma durch die Übernahme von Produktionsstätten und die Gründung von Vertriebsniederlassungen über ein Netzwerk, das von Spanien, Frankreich, Italien, Dänemark, Schweden, Norwegen, Finnland, England, Irland, Belgien, Österreich, Tschechien, Ungarn, Türkei, nach Russland und in die USA reicht.

Mit dänischen Fabrikanten stand bereits der Vater Hans Riegel sen. Ende der 20er Jahre im geschäftlichen Kontakt und gründete 1935 gemeinsam mit Christian und Eckhof Hansen von der ›Sukkervarenfabrikker Danmark‹ die ›Haribo Lakrids A/S Kopenhagen‹. In Großbritannien erwarb ›Haribo‹ 1972 Anteile an der englischen Firma ›Dunhill‹ mit ihren Lakritz-Produkten, darunter die berühmten schwarzen ›Pontefract Cakes‹ und übernahm schließlich 1994 die gesamte Fabrik.

In Frankreich ist ›Haribo‹ seit den 1960ern auf dem Lakritz-Markt präsent. 1965 übernahm die Firma Anteile an der ›Réglisserie de Lorette‹ in Marseille. 1973 wurde die Familie Riegel der Hauptinvestor und übernahm 1985 die komplette Gesellschaft. Ein Jahr darauf erlangte ›Haribo‹ Kontrolle über die Aktiengesellschaft ›Ricqlès-Zan‹. ›Ricqlès-Zan‹ wiederum war seit 1970 eine Unternehmensfusion der Gesellschaft ›De Ricqlès‹, gegründet von dem Apotheker Henri de Ricqlès aus Uzés, der einen berühmten Pfefferminzlikör herstellte, und der Lakritz-Fabrik ›Réglisse-Zan‹. 1975 schloss sich die Firma von Félicien Florent dem Unternehmen ›Ricqlés-Zan‹ an. Félicien Florent stellte damit auch seine Produktion ein. Die Réglisserie von ›Car‹ in Moussac, Nachfolger der ersten Manufaktur von Ernest Barre, wurde bereits 1958 zahlungsunfähig und 1962 von der Firma ›Ricqlès‹ aufgekauft. Mit der Übernahme des Konsortiums, bestehend aus den drei großen Lakritz-Fabriken in Moussac, Uzés und Avignon, machte sich ›Haribo‹ zum Verwalter der französischen Lakritz-Tradition. Die Fabrik in Moussac wurde 1989 geschlossen.

Letztendlich blieben in Frankreich von den abenteuerlichen Eskapaden der großen Industriellen aus dem 19. Jahrhundert auch die kleinen pharmazeutischen Confiserien und Manufakturen nicht verschont. Die einzig überlebende Lakritz-Manufaktur ist ›Auzier & Chabernac‹ aus Montpellier. Die beiden Häuser Auzier (gegr. 1923) und Chabernac (gegr. 1890) schlossen sich 1975 zu einem kleinen Unternehmen zusammen, das noch heute als tatsächlicher Bewahrer einer alten Tradition die ›Pâte de Réglisse‹ mit dem Gummiarabikum der Senegalesischen Akazie herstellt.

10 Lakritz-Orbit – Eine Vielfalt ohne Grenzen

Voller Stolz erklärt manch Reisender über seine Herkunft, er sei aus dem einzigen Lakritz-Land Europas und hat dabei nur die ihm bekannten Sorten vor Augen. Dementsprechend verschlossen ist er auch gegenüber Neuerungen, die sich ihm aus anderen Ländern darbieten könnten, und verkennt dabei, dass nicht nur in seinem Land die schwarze Süßigkeit in großen Mengen produziert und verzehrt wird.

Doch wer seine Scheu einmal überwunden hat und anstatt der heimischen Produkte das Lakritz aus einem anderen Land probiert, wird über die Vielfalt des Angebots überrascht sein. In südlichen Ländern wie Spanien und Italien wird das Süßholz nach wie vor nicht nur zum Succus verarbeitet, sondern auch in dieser herben naturreinen Variante genossen. In Frankreich findet noch immer die traditionell mit Gummiarabikum angereicherte Réglisse einen milderen Ausdruck. Das englische Liquorice erhält durch Bindemittel, Mehl und Zucker seine weiche Konsistenz und seinen süßen Geschmack. Hierzu gesellt sich der Salz- und Salmiak-Drop aus Holland, der auch in Deutschland mit zunehmender Begeisterung verzehrt wird. In den skandinavischen Ländern verleiht der Salmiak dem Lakritz noch eine eigene Würze. Dagegen verhalten sich die Alpenländer in der Mitte Europas eher neutral und stehen dem ›Bärendreck‹ scheinbar gleichgültig gegenüber. Auch in Osteuropa ist das süß-salzige Konfekt wenig beliebt. Dort wird Süßholz aber traditionell als Pharmakon für Tee und Hustensaft genutzt.

In gleicher Vielfalt lassen sich auch die Orte aufzählen, an denen Lakritz gekauft werden kann. Zwar ist es in jedem Supermarkt erhältlich, in Deutschland gibt es dies aber auch in gutsortierten Apotheken. In Spanien, Frankreich und Italien sollte man in einem Tabakladen an der Ecke oder in einem Café-Bistro danach Ausschau halten, und in den skandinavischen Ländern und den Niederlanden bieten spezielle Süßwarengeschäfte das Lakritz an.

Um die Lakritz-Produkte gehaltvoll aufzuwerten, werden den einzelnen Sorten Namen gegeben. Über allem steht an erster Stelle der Name des Herstellers. Manche von ihnen sind so berühmt, dass sie vor Fälschungen nicht gefeit sind. Ähnlich wie die Labels berühmter Modedesigner werden sie kopiert, was das Beispiel ›Baracco‹, einer renommierten Lakritz-Sorte aus Kalabrien zu Beginn des 20. Jahrhunderts, zeigt. Von dieser Marke waren Plagiate als ›Baraco‹ oder ›Barraco‹ in Umlauf. Aber nicht nur der Herstellername verleiht dem Lakritz seine Identität, vor allem sind es die Bezeichnungen der einzelnen Sorten, die den Käufer anlocken. Viele solcher Namen sind entweder direkt dem Motiv entlehnt, ein Lakritz-Haus ist ein Haus, ein Lakritz-Auto ist ein Auto, oder sie beziehen sich auf ihre Wirkung. Die Pectoral-Tabletten nehmen den lateinischen Wortgebrauch als Brustmittel auf und werden oft als Synonym verwendet. Auch der bekannte Markenname ›Läkerol‹ soll sich auf die Wirkung der Pastillen beziehen. Er ist vom schwedischen Verb ›läka‹ (heilen) abgeleitet. Die Nachsilbe ›-ol‹ verweist zusätzlich auf einen pharmazeutischen Nutzen, schließlich wurden die Pastillen auch für eine antiseptische Lösung verwendet.

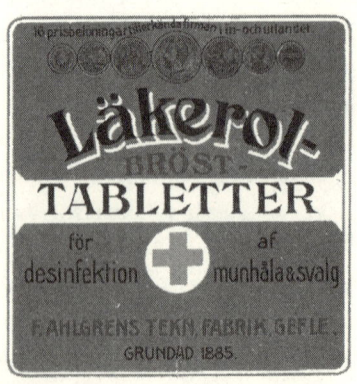

Abb. 49 Läkerol-Schachtel (1909)

Anleihen für einen Lakritz-Namen werden ebenfalls aus der täglichen Umgebung gezogen. Zum Beispiel suchte ein Hamburger Lakritz-Fabrikant nach einer passenden Benennung für sein Lakritz-Bonbon, das er an einem kleinen Holzstäbchen befestigte. Der Kosename seiner Tochter Charlotte musste dafür herhalten, und seitdem lutschen Groß und Klein an einem Lakritz-›Lolly‹. Andere Bezeichnungen sind eher der Phantasie entsprungen, als das sie sich auf einen konkreten Namen oder Gegenstand beziehen. Sie haben einen magischen Klang, doch ergeben keinen Sinn. ›Fillidutter‹ ist eines dieser Wörter der Lakritz-Sprache, das in eine absolute Sinnlosigkeit führt. Geschmacklich liegt diese Lakritz-Lutschvariante zwischen Bananen und Salmiak, eine Bedeutung hat die Bezeichnung dennoch nicht. Letztendlich beweisen die vielen Namen einzelner Lakritz-Sorten, wie stark sich unsere Phantasie mit dem Lakritz beschäftigt und zu ihm ein gefühlsbetontes Verhältnis aufbaut.

Unmittelbar verbunden mit dem Namen ist die Werbung, die dem Produkt erst eine Präsenz in der Öffentlichkeit verleiht. Die ersten Reklame-Möglichkeiten boten sicherlich die Printmedien, Zeitungen und Journalien. Daneben war zu Beginn des 20. Jahrhunderts die Plakatwerbung eine Möglichkeit, um großräumig auf ein Produkt aufmerksam zu machen. Durch wahre Kunstwerke sollte ein anspruchsvolles Produkt dem Käufer nähergebracht werden. Der italienische Karikaturist Léonetto Cappielo (1875-1942) hielt direkt mehrere Szenen aus dem ›Lakritz-Leben‹ in eigensinniger Weise fest (s. Abb. 50).

Ein Vorreiter in Sachen Lakritz-Marketing war sicherlich der schwedische Hersteller Adolf Ahlgrens. Er vermarktete seine Läkerol-Pastillen von Beginn an als medizinische Sensation, die jede Krankheit heilen und eine ganze Apotheke ersetzen könne, zumindest wenn man den Werbeanzeigen Glauben schenken wollte. Als geschicktes Signal für den ›helfenden‹ Aspekt der Pastillen waren die ersten Schachteln in ihrer Mitte mit einem ›Roten Kreuz‹ versehen. Ein schwedischer Arzt behauptete sogar, Läkerol habe gegen Cholera geholfen.

Abb. 50 Werbeplakat von Leonetto Cappiello (1902)

Um seine Pastillen berühmt zu machen, ließ Ahlgren kein Mittel unversucht. Seine Zeitungsanzeigen waren humorvoll an das Tagesgeschehen angepasst, denn eine Werbeanzeige sollte nach seiner Auffassung so aktuell wie die Zeitung selbst sein. In den frühen 1920ern schrieben Flugzeuge den Namen seiner Marke in den schwedischen Himmel. Kurz nach Einführung der Leuchtreklame war der Name bei Dunkelheit in Kopenhagens Stadtmitte zu lesen. Adolf Ahlgren ließ Werbetafeln auf Autos und Lastwagen anbringen, Busse fuhren mit dem Läkerol-Schriftzug und selbst in der Amsterdamer Straßenbahn, in den Straßen von Java oder in den Apotheken der Vereinigten Staaten war die Aufschrift ›Läkerol‹ zu finden. Besonders erfreut haben dürfte den Geschäftsmann die chinesische Reklametafel für seine Pastillen, die ihm der Forscher Sven Hedin nach seiner Rückkehr von einer Tibet-Expedition überreichte und den Industriellen veranlasste, weitere 5.000 Kronen für die nächste Expedition bereitzustellen.[1] Durch dieses Marketing stieg die Nachfrage, und die Firma von Adolf Ahlgren wuchs und wuchs.

Darüber hinaus ließ er auch zeitgenössische Berühmtheiten bestätigen, dass Läkerol erfrischend, beruhigend und wohltuend sei. Zu den lobenden Mentoren zählten die Literaturnobelpreisträgerin Selma Lagerlöf (1858-1940), der Revuestar Josephine Baker (1906-1975), der Hollywood-Tänzer und -Schauspieler Fred Astaire (1899-1987) und der schwedische Opernsänger Jussi Björling (1911-1960).

Abb. 51 Josephine Baker und ihr Werbevertrag für Läkerol (1938)

Sie alle spielten neben den ›Läkerol‹-Pastillen eine Hauptrolle in den Werbetrailern der Firma, die bereits ab den 1930ern in den Kinos zu sehen waren. Den ersten Werbefilm drehte Adolf Ahlgren 1934: ein Segelschiff in stürmischer See, das den Hafen erreichen will. In den 1980er Jahren gewann seine Firma sogar den Tennisstar Björn Borg für die Vermarktung ihrer Pastillen und verpasste ihr damit ein frisches, sportliches Image. In solchen Filmen rettet die Pastille den Lutscher oft in einer verfänglichen Lebenssituation, eine schüchterne Frau wird im Beichtstuhl auf einmal sehr gesprächig oder ein Schüler sprudelt sein Wissen dank ›Läkerol‹ bei einer Prüfung heraus. Dass sich Lakritz-Pastillen allgemein dazu anbieten, die Stimme zu retten, bestätigten auch die Opernsänger Enrico Caruso (1873-1921) und Ivar F. Andersen (1896-1940). Bei einem Stimmverlust lutschten sie Lakritz und konnten danach wieder fröhlich ihre Arien schmettern. Ihr Konterfei ziert deshalb nicht nur Dosen und Schachteln, sondern verleiht bestimmten Marken ihren Namen.

Abb. 52 Porträt des norwegischen Opernsängers Ivar F. Andresen auf einer Lakritz-Schachtel.

Als weitere Werbefiguren für Lakritz können auch die Hollywood-Stars Charlie Chaplin (1889-1977), Katharine Hepburn (1907-2003), Spencer Tracy (1900-1967) und Roger Moore aufgelistet werden. Sie machten keine Werbung für eine bestimmte Marke, sondern nutzten Lakritz zur effektvollen Untermalung weltberühmter Filmszenen. In dem Film ›Goldrausch‹ (1925) verzehrt Charlie Chaplin als Rettung in letzter Not genüsslich seinen rechten Schuh, in ›Adams Rippe‹ (1949) beißt Spencer Tracy in eine Pistole und in ›Moonraker‹ (1979) durchtrennt der ›Beißer‹ ein schwarzes Kabel, an dem James Bond alias Roger Moore hängt – alles Requisiten aus Lakritz.[2]

Doch um das Image von Lakritz gehaltvoll zu unterstreichen, greift die Werbung nicht nur auf Alltags-Helden zurück, sondern bemüht auch historische Vorbilder. Im Jahre 1922 sorgte der spektakuläre Grabesfund von Tutanchamun (ca. 1335-1323 v. Chr.) für internationales Aufsehen. Das veranlasste eine amerikanische Lakritz-Firma in einer Werbebroschüre zu der Bekanntgabe, das Grab habe als Beigabe Süßholz enthalten. Fasziniert von der historischen Dimension, die dadurch der Lakritz-Geschichte beigemessen werden kann, wird dieser Fund bis heute gerne erwähnt, obwohl ihn der offizielle Grabungsbericht nicht bestätigt und führende Forschungsinstitute, wie das Ägyptische Museum in Kairo, dies als absurd zurückweisen.[3] Vielmehr inspirierte die Geschichte weitere Werbetexter nach der erfolgreichen Kleopatra-Verfilmung mit Elisabeth Taylor (1932-2011) zu der Behauptung, auch die schönste Frau der Welt habe in Süßholz gebadet.

Und nicht nur das, einige Wissenschaftler behaupten sogar, die Ägypter hätten Lakritze in ihren Kultpraktiken verwendet.[4] Dies bezieht sich auf die Benennung des ›Mais-Sus‹ als Süßholztrank. Dieser Trank sei schon in dem Papyrus Ebers, einer der ältesten medizinischen Papyri um 1500 v. Chr., beschrieben worden.[5] Die Richtigkeit solcher Angaben wurde ebenfalls nicht überprüft, und es ist fraglich, ob der Trank tatsächlich Süßholz enthalten hat.

Vielleicht war eine solche Legendenbildung auch die Inspirationsquelle für weitere Absurditäten. Die kurioseste ist sicherlich, dass Hannibal bei der Überquerung der Alpen seinen Elefanten Süßholz gegen den Durst verabreicht habe.[6]

Befremdend muten aus heutiger Sicht dagegen die Bilder von Schwarzen an, die in der Werbewelt mit Lakritz in Verbindung gebracht wurden. Bezeichnungen wie ›Nigroid‹ oder ›Negertaler‹ haben in der heutigen Zeit eindeutig rassistischen Charakter. Als Gegenentwurf verlockt eine IMP (Elfen-)Lakritz-Pastille eher zum Kauf. Visuell ist das Bild vom ›Schwarzen Mann‹ oft in der Lakritz-Werbung genutzt worden, vielleicht um die Exotik ihrer Produkte zu unterstreichen. Oft übersteigen die Darstellungen aber die Grenzen des Anstands.

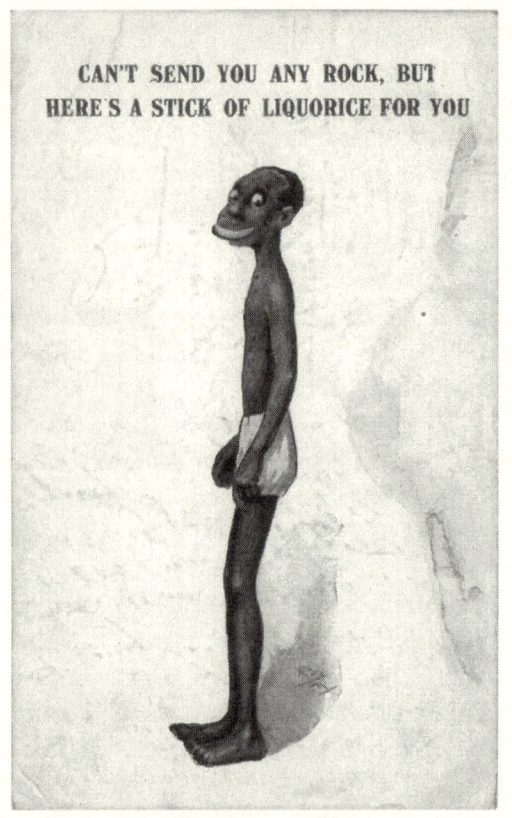

Abb. 53 »Kann dir zwar keine Zuckerstange schicken, aber hier ist eine Stange Lakritz für dich.« (1918-1939)

Leider ist dies keine Episode der Vergangenheit. Noch 2010 musste eine bekannte finnische Firma ihre Produkte zurückziehen, weil auf ihren Verpackungen ›lustvolle‹ Köpfe von Schwarzen abgebildet waren.

Dabei ist die Verpackung oft das beste Aushängeschild einer Firma. Zwar werden die meisten Sorten heute lieblos in Plastiktüten verpackt, aber es gibt noch Unternehmen, die ihre Pastillen in kleine Pappschachteln oder in Weißblechdosen abfüllen. Vor allem die Hersteller der naturreinen Varianten aus Spanien und Italien verwenden Metall-Dosen mit einem Stülpdeckel oder ›Pulverschieber‹, die nach dem Prinzip der Streichholzschachtel zum Aufschieben sind. Solche Dosen sind handlich, praktisch und lassen sich überallhin mitführen.

Die Angewohnheit, stets Süßigkeiten bei sich zu tragen, spielte bereits in der mittelalterlichen Lebenskunst eine Rolle. Frauen verwahrten sie in winzigen Dosen auf und befestigten sie am Gürtel, Männer brachten sie auf der Vorderseite ihrer Kniebundhosen unter. Vorerst blieb der Gebrauch solcher Taschenbonbonieren jedoch ein Zeichen des Standes und wurde nur an königlichen und herrschaftlichen Höfen praktiziert. Jeder modische Höfling war es sich schuldig, eine kleine Dose in der Tasche zu haben, so dass er seinen Freunden ein paar Bonbons anbieten konnte. Nicht einmal der französische König entkam dieser Mode. Es wird berichtet, dass Ludwig XIV. (1638-1715) gerne Anispastillen lutschte, die er in einer Taschenbonboniere aufbewahrte. Doch kein Geringerer als Napoleon Bonaparte (1769-1821) besaß nach Auskunft seines Kammerdieners Louis-Étienne Saint-Denis, genannt ›Mamelouk Ali‹, auch für sein Lakritz eine eigene Schildpattdose, die er nach dem Ankleiden in seine Westentasche steckte.[7]

Abb. 54 Napoleon im russischen Schnee (1909/10)

Lakritz in solch kostbaren Dosen aufzubewahren, entsprach also dem Trend der Zeit und verführte zur Nachahmung. Beruhend auf dem älteren Habitus der Apotheker, kleine Mengen an Pülverchen und Pillen in Faltbriefen und Spanschachteln abzufüllen, wurden ab dem 18. Jahrhundert diese bemalten oder mit farbigem Papier ausgelegten, hölzernen und metallenen Pillendosen auch von einer aufkommenden Bürgerschicht zu besonderen Anlässen genutzt und verschenkt. Letztendlich waren all dies die Vorläufer der Pappschachteln und lackierten Weißblech-Dosen, in denen Lakritz-Pastillen noch heute dargereicht werden. Versehen mit bunten Aufdrucken, auf denen sich spielende Kinder am Strand tummeln, Harlekins Purzelbäume schlagen, Polizisten den Verkehr regeln oder rote Bugattis durch die Straßen kutschieren, sind sie nicht nur beliebte Sammlerobjekte, sondern gehören zum notwendigen Inventar einer jeden Lakritz-Hosentasche.

Ebenfalls im 18. Jahrhundert kamen kugelförmige, hölzerne und metallene Pillendosen auf, die mit einem geschlagenen Gold- oder Silberblatt ausgelegt waren. In solchen Dosen wurden die Pillen, Kräuter und Drogen, die der Apotheker mit Brotteig, Honig und Speichel zu runden Kugeln drehte, kräftig geschüttelt und somit vergoldet oder versilbert. Für weniger betuchte Kunden überzogen die Apotheker die Pillen mit Gummiarabikum und puderten sie anschließend mit Puderzucker ein. Doch nicht nur Puderzucker, sondern auch Lakritz-Staub wurde von den Apothekern zum Einpulvern von Pillen gebraucht, um ein Kleben zu verhindern. Der Verfasser des ›Hausvater in systematischer Ordnung‹, Christian F. Germershausen (1725-1810), empfiehlt ihn sogar zum »Einstreuen bey Kindern, wenn sie wund sind«.[8] In größeren Mengen wurden die Pillen zum Einstäuben auch in rundbodige, an der Decke freischwingend aufgehängte Gefäße gegeben und hin und her geschwungen. Seit dem Mittelalter war diese Methode zur Herstellung von Dragees bekannt, bis die Franzosen Moulefarine (1845), Peysson und Delaborde (1846) die erste Dragée-Turbine, einen schrägstehenden, rotierenden Dragierkessel, entwickelten. Auch das Dragee der Gegenwart wird in diesen Kesseln durchgeschleudert. Es hat einen weichen oder harten Kern, der aus einer Nuss, einem Samenkorn, einer cremigen Füllung oder Lakritz bestehen kann und mit einem Zucker- oder Schokoladenguss überzogen ist.

Abb. 55 Arbeiter an Dragée-Turbinen (1954)

Doch nicht nur die Drageetechnik haben die heutigen Lakritz-Confiseure von ihren Vorgängern, den Apothekern, übernommen. Schon im 16. Jahrhundert begannen diese ihre Latwergen zu festlichen Anlässen in kleine hölzerne und tönerne Model zu gießen. Heutzutage werden die gewünschten Lakritz-Formen mit einem Gipsstempel in ein Stärkebett gedrückt und dann mit der noch lauwarmen flüssigen Lakritz-Masse ausgegossen. Danach kommen die gefüllten Kästen in Trockenräume, damit die restliche Feuchtigkeit verdunstet. Ist die Masse vollständig getrocknet, wird die Ware aus dem Puder herausgenommen und noch mit Bienenwachs überzogen, um eine glatte Oberfläche zu erhalten. Daraus entspringen dann die Lakritz-Katzen, Bären und Spinnen, die unzähligen Fischsorten, Seerobben und Seesterne, Münzen und Taler, Autos, Fahrräder, Autoreifen, Werkzeuge, Häuser, Bauern und Bäuerinnen, usw. usw.

Abb. 56 Ausgießen der Lakritz-Masse (1954)

Ebenfalls älteren Datums ist die Herstellung der Bonbons. Das Wort stammt aus dem 17. Jahrhundert und beinhaltet die kindliche Verdoppelung mit ihrer Silbenwiederholung der französischen Bezeichnung ›bon‹ (›gut‹). Ursprünglich war mit dem Bonbon jede Süßigkeit gemeint, und erst im Laufe der Zeit schränkte sich die Bezeichnung auf die Lutsch- und Knabbervarianten aus aromatisiertem und gefärbtem Sirup ein. Vor allem der Gebrauch des Rübenzuckers ab dem 19. Jahrhundert trug zu ihrer Entwicklung bei. Zur Herstellung der Bonbons wird Kristallzucker mit Wasser aufgekocht und mit Glukosesirup gebunden. Dieser verhindert das erneute Kristallisieren des Zuckers nach dem Kochprozess. Zur Geschmacksverfeinerung wird den Bonbons neben einem Frucht- oder Karamellgeschmack auch Lakritz zugesetzt. Eine beliebte Variante sind die gefüllten Lakritz-Bonbons, die mit einer Zuckerkruste umhüllt sind. In Italien verheimlichen solche Varianten oft den Kaffee-, Honig- oder Karamelltropfen im Inneren. In Skandinavien bestehen diese Füllungen aus Salmiak, Pfeffer oder Chili und verleihen dem Lakritz eine scharfe Würze.

Eine Folgeerscheinung der Industrialisierung ist das Extrudieren (Pressen), bei dem die zähe lauwarme Lakritz-Masse unter hohem Druck von einer Maschine durch eine Düse gepresst und so in die gewünschte Form (Bänder, Röllchen oder Stangen) gebracht wird. Mit einem Extruder werden ebenfalls die gefüllten Lakritz-Röllchen oder ummantelten Röhren zu einem Strang verbunden. Bei Lakritz-Würfeln mit Sandwichstruktur werden die Lakritz- und Zuckermasse über eine Walzenpresse schichtweise auf ein Kühlband aufgetragen und nach dem Trocknungsprozess geschnitten und verpackt.

Abb. 57 Schneiden von Lakritz-Schnüren aus dem Extruder (1954)

Viele dieser Formen sind unter anderem in der Mischung von ›Liquorice Allsorts‹ enthalten, eine Erfindung, die der Legende nach auf ein Missgeschick des Verkäufers Charles Thompson (1899) zurückgeht. Nach einer Präsentation neuer Lakritz-Sorten, die alle gut sortiert auf einzelnen Tabletts begutachtet und alle abgelehnt wurden, ließ er die Tabletts fallen und vermischte beim Aufheben die einzelnen Sorten. Diese Mischung wurde angenommen und zu einem Verkaufsschlager, der noch heute zwischen 70-80 % des englischen Lakritz-Verbrauchs ausmacht.

Nach einer weiteren Methode vermischen die Lakritz-Meister die Zutaten Succus, Mehl, Zucker und Salmiak unter ständiger Erhitzung, aber ohne Kochprozess, einige Stunden in einer Knetmaschine zu einem formbaren, festen Teig, der anschließend ausgewalzt und durch zahlreiche Messer in Form geschnitten wird.

Abb. 58 Salmiakschneider (1920er)

So entsteht zum Beispiel die rautenförmige Salmiakpastille – ein in seinen geometrischen Grundformen stilisierter Drachenkopf. Die erhaltenen Pastillen werden in kleine Blechdosen verpackt, um sie luftdicht abzuschließen, da Salmiaksalz die Feuchtigkeit an sich zieht und die einzelnen Pastillen dann aneinanderkleben. Es gibt aber auch geformte Salmiakpastillen, die nach dem Beispiel der Guss-Lakritze in Stärke gegossen sind.

Neben den Herstellungsweisen sind die unterschiedlichen Zutaten ausschlaggebend, sowohl für die Konsistenz als auch für den Geschmack eines Lakritzes. Die Auswahl der richtigen Blocklakritze, das Herkunftsland oder die Art seiner Verarbeitung können eine Rolle spielen. Sie beeinflussen die Lakritze ebenso wie die verwendeten Stärke- und Bindemittel. Als Binde- und Geliermittel werden bei Lakritz verwendet: die Baumharze Traganth, Katechu und Gummiarabikum, das aus der Meeresalge gewonnene Agar-Agar, Gelatine aus tierischem Bindegewebe und Knochen und das aus Äpfeln und Zitrusfrüchten stammende Pektin. Dazu kommt das Stärkepulver, das aus Weizen, Mais, Reis, Kartoffeln oder Maniok stammen kann. Die erhaltene Konsistenz variiert je nach der verwendeten Zutat. Das Geschmackserlebnis ist kurz und weich, wenn es sich um Pektin oder Gelatine handelt. Beim Agar-Agar und bestimmten Stärken ist es lang und fest.

Doch dies reicht noch nicht aus, um die geschmackliche Vielfalt zu erfassen, mit der Lakritz heute angeboten wird. Ihnen werden noch Aromastoffe als Extrakt, Alkoholauszug oder ätherisches Öl zugefügt. Sie weisen einen Fruchtgeschmack auf oder bestehen aus aromatischen Pflanzen. Das naturreine Lakritz ist in der Regel mit Anis oder Pfefferminz aromatisiert, aber auch Veilchen, Eukalyptus, Vanille oder Zitrusgeschmack werden zugesetzt. Die Geschmacksvarianten bei Weichlakritz sind dagegen fast unerschöpflich. Bereits in den 1920er Jahren wurde ihre große Auswahl in England gelobt, denn dort gab es Lakritz mit Pfefferminz, Anis, Johannisbeere, Brombeere, Himbeere, Erdbeere, Kirsche, Aprikose, Limone, Vanille, Walnuss und Erdnussbutter.[9] Lakritz mit Zedern-, Malz-, Thymian-, Lorbeer- oder Bananen- und Zitronengeschmack ist heute ebenfalls nicht mehr außergewöhnlich. Gewöhnungsbedürftig ist allerdings das Lakritz mit Teer-Aroma, das hierdurch einen rauchigen Geschmack, wie bei geräuchertem Fisch oder Schinken, erhält. Nach finnischer Tradition wird zur Herstellung von ›Terva‹ das Fichtenholz geräuchert und das auslaufende Fichtenharz aufgefangen. Dieses Harz wurde erstmals 1934 von dem Apotheker Yrjö Jalander (1874-1955) den Lakritz-Pastillen zugefügt, nachdem er feststellte, dass die Beschwerden von Tuberkulosekranken durch das Einatmen von Dämpfen der Teergruben gelindert wurden.[10]

Besonders auffällig ist, dass Lakritz in den skandinavischen Ländern, sowie in den Niederlanden einen salzigen Geschmack hat. Tatsächlich wird Salz, meistens Salmiaksalz, als eigenes Würzmittel verwendet, denn die Grundstruktur des Lakritz-Extrakts gebunden mit Bindemittel, Glukosesirup und Zucker, ist auch hier gegeben. Da die Geschmacksschwelle bei ›salzig‹ wie bei ›süß‹ einer hohen Sättigung unterliegt, erfolgt der Sinneseindruck manchmal erst nach einer hohen Dosierung. Dies erklärt die doppelt- oder dreifachgesalzenen oder die stark eingesalzenen und eingezuckerten Varianten bei Lakritz.

Für viele Leser mag hierin ein Widerspruch bestehen, dass sich so viele Geschmacksrichtungen in einem Konfekt vereinen lassen. Doch die vier Hauptgeschmacksrichtungen – bitter, salzig, sauer und süß[11] – werden von einzelnen Geschmacksrezeptoren wahrgenommen, die auf der Zunge unterschiedliche Bereiche stimulieren. Dadurch kann sich die Wahrnehmung verschiedener gleichzeitig degustierter Geschmacksrichtungen überschneiden. Etwas kann also gleichzeitig süß, sauer und salzig schmecken.

Dabei genießt heute die süße Geschmacksvariante eine gewisse Vorrangstellung gegenüber dem Saurem, Salzigem und Bitterem. Sie wird von vielen sehr unterschiedlichen chemischen Verbindungen hervorgerufen und ist nicht auf Zucker allein beschränkt. Ihre Vorrangstellung begründen viele Wissenschaftler mit der These, dass die Reagibilität von Säugern auf Süße sich herausgebildet habe, weil über Millionen von Jahren hinweg ein süßer Geschmack dem kostenden Organismus eine Essbarkeit angezeigt habe. Von Bedeutung für den Einzelnen dürfte aber die erste Geschmackserfahrung sein, nämlich die süße (Mutter-)Milch.

Abb. 59 Die kindliche Verführung (1948/49)

Jedoch wird das Süße und insbesondere der Zucker in unterschiedlicher Intensität genossen. Im Übrigen ist Zucker kein Nahrungsmittel, das originär in unseren Breitengraden vorkam, sondern eingeführt oder erst spät aus der kultivierten Runkelrübe gewonnen wurde. Der unterschiedliche Umgang mit dem Zucker führt auch zu der Frage, warum Lakritz in den verschiedenen Regionen Europas unterschiedlich genossen wird. Während der Konsum in Bayern kaum nennenswerte Zahlen aufweist, ist er zum Beispiel in den Niederlanden sehr hoch. Dort werden jährlich ca. 33,6 Mio. Kilogramm Lakritz gegessen. Vielleicht ließe sich aus den folgenden Überlegungen auch die Spekulation erhellen, ob es neben einem Weiß-Wurst-Äquator einen Lakritz-Äquator gibt.

Zumindest kann der niedrige Verbrauch in Bayern Unverständnis auslösen, wenn man bedenkt, dass Bamberg einst ein Zentrum des Süßholzanbaus war. Darüber hinaus wurde im Königreich Bayern der Einsatz von Lakritz nicht nur zum Färben von Konditoreiwaren, sondern auch zur Bemalung von Kinderspielzeug freigegeben und laut königlicher Regierungsverordnung vom 10. Februar 1844 als einziges Mittel für die Darstellung von Brauntönen zugelassen.[12]

Der Bayern-Chronist Ludwig Thoma (1867-1921) konnte seine Vorliebe für den ›Bärenzucker‹, wie er ihn liebevoll nannte, nicht verhehlen. In seinen ›neuen Lausbubengeschichten‹ wird der Apothekerprovisor Oskar Seitz sogar zurechtgewiesen, »weil er so protzig tut« und der Kunde zu lange auf sein Lakritz warten muss, wenn Mädchen im Laden sind. Als der Ich-Erzähler mit seinem Geld auf den Tisch klopft und sich mokiert, dass es eine Schweinerei sei, wie schlecht man heutzutage bedient werde, erhält er eine Ohrfeige. Er werde sich bei seinem Prinzipal beschweren und sein Lakritz zukünftig woanders kaufen, entrüstete sich noch Ludwig Thoma. Doch als er Besuch von seiner Cousine Cora aus Indien erhält, macht der Provisor große Augen und schlägt gegenüber Ludwig einen freundlicheren Ton an. Während einer Begegnung auf der Straße, gibt ihm Oskar Seitz sogar die Hand und fragt, ob er nicht bald wiederkomme, er schenke ihm auch den Bärenzucker.[13]

Zugegebenermaßen mag dies eine Einzelstimme sein, weshalb sofort eine Gegendarstellung folgen soll. In Adolf Bäuerles (1786-1859, Pseudonym Otto Horn) Posse aus Wiens jüngster Vergangenheit ›Therese Krones‹ muss der älteste Commis der Leopoldstädter Spezereihandlung Zeindlmeyer dem empfindsamen Stadtarzt Pfennigbauer abschwören, von seinen eigenen Waren probiert zu haben. »Ich nehme gewiß nichts zu mir, was in diesem Gewölbe zu haben ist, seitdem ich den Bärenzucker verkostet, und acht Tage lang die gräßlichsten Kolikschmerzen erdulden mußte«, keucht Zeindlmeyer, und auch für uns ist dies wahrhaft keine Lobrede.[14]

Nach diesem Pro und Contra könnte die Antwort auf die Bayern-Frage in den geschmacklichen Vorlieben des Einzelnen gesucht werden. Gerüchtehalber wird auch schon eine Gen-These formuliert, wonach ein bestimmtes Gen für den Zuspruch von Lakritz verantwortlich sei und der Mensch mit zwei unterschiedlichen Genen ausgestattet wäre: eins für Lakritz und das andere für Marzipan. Ein solches Forschungsergebnis würde den unmittelbaren Vorwand für eine Spaltung in der Gesellschaft liefern, weshalb es, insofern es vorliegt, lieber geheim gehalten werden sollte. Vielleicht verbergen sich hinter solchen Spekulationen aber Urängste, die bei einer Wahl zwischen Schwarz und Weiß automatisch für die weiße Marzipan-Seite tendieren, ohne die schwarze Lakritz-Seite jemals gekostet zu haben. Dann wäre dies allerdings eine psychologische Angelegenheit, die stark an die Verdrängung des Lustprinzips durch das Realitätsprinzip heranreicht und Lust und Begierde allenfalls durch die Hirnanhangdrüse des menschlichen Gehirns gesteuert wird. Da nun viele, sei es im Kindesalter durch das Zahnen oder im Krankheitsfall durch den Hustensaft, mit Lakritz in Berührung gekommen sind, wird dies eher zu der Frage führen, ob man zu einem lustbetonten oder einem muffeligen Lakritz-Verzehrer wird.

Einen Aufschluss über die unterschiedlichen Vorlieben gegenüber Lakritz könnte der vergleichende Blick auf die Zuckergeschichte liefern. Der Anthropologe Sidney W. Mintz verweist in seiner Kulturgeschichte des Zuckers darauf, dass der süße Geschmack zwar eine angenehme Grundwahrnehmung ist: »Allerdings ist die Neigung der einzelnen Menschen zu süßen Dingen von höchst unterschiedlicher Intensität.«[15] Eine Erklärung, warum manche Menschen sehr viel und andere ganz wenig Süßes essen, könne sich deshalb nicht einfach auf die Idee des Gattungsmerkmals stützen. Vielmehr werde der Geschmackssinn seit frühester Kindheit auch durch die Erziehung geprägt, denn »Essen und Erziehung sind im Säuglingsalter und in der Kindheit fest ineinander verzahnt.« Speisenvorlieben, die sich früh im Leben herausbilden, entwickeln sich demnach innerhalb des Rahmens des jeweiligen gesellschaftlichen und kulturellen Regelsystems, das durch die Erziehung vorgegeben wird.

Abb. 60 Lakritz-Konditionierung mit Black Jack Lakritz-Kaugummi (1923)

Solche Vorlieben sind laut Sindey W. Mintz auch ein Faktor der Selbstdefinition. Letztendlich verspeisen unterschiedliche Gruppen unterschiedliche Dinge auf unterschiedliche Weise. Ihre Ansichten darüber, was sie essen und was sie nicht essen und wie sie essen, sind aber verschieden. Die Wahrnehmung dieser Unterschiede führt auch zu dem Bewusstsein, dass Essen und Ernährung nicht nur die Zentren von Geschmack und tiefem Empfinden sind, sondern auch von Brauchtum geprägt werden. So kommt Sidney W. Mintz auch zu der Folgerung, dass der unterschiedliche Konsum von Zucker nicht allein durch persönliche, individuelle Vorlieben zu erklären ist, sondern dass vielmehr kultursoziologische Prozesse einen Einfluss auf den Verzehr haben.

Um dies näher zu erläutern, verweist er auf den Bedeutungswandel des Zuckers in der englischen Gesellschaft. Der Rohrzucker wurde erstmals um 1100 nach England als Gewürz eingeführt, wobei dessen medizinischer Nutzen schnell in den Vordergrund geriet. Im Mittelalter und in der Renaissance gab er dann den Feierlichkeiten am Hofe und in der Adelsgesellschaft als Dekor den gebührenden Glanz und diente der Prunkentfaltung. Ab 1750 (zehn Jahre vor der ›Erfindung‹ von Georg Dunhill) fand der Zucker Eingang ins bürgerliche Milieu und wurde zu Confiserie-Ware verarbeitet, bevor eine weite Verbreitung als Grundnahrungsmittel der ärmeren Bevölkerungsschichten stattfand. Dabei änderte sich auch der Status des Zuckers, er wurde von einer Rarität und einem Luxusgut in ein alltägliches, notwendiges Grundnahrungsmittel transformiert und dementsprechend von unterschiedlichen gesellschaftlichen Gruppen genutzt. Aus dem Luxus der Könige wurde der königliche Luxus der Bürger, bevor er sich nach 1850 zum Massenartikel und Konsumgut für die Armen verwandelte.

Für die englischen Arbeiter hatte der Zucker jedoch nicht nur eine geschmackliche Komponente. Obwohl der zuckergesüßte Tee das fade Pausenbrot erst bekömmlich machte und die Marmelade zum Frühstück nicht mehr fehlen durfte, konnte mit seiner Hilfe vor allem der energetische Ernährungswert erhöht werden. Angesichts einer kalorienarmen Kost lieferte der Zucker einige der dringend benötigten Kalorien. Der Zucker, verwendet in Pasteten und Mehlpuddings, Keksen, Torten, Brötchen und Süßigkeiten oder als fruchtiger Brotaufstrich, bot nahezu unbegrenzte Möglichkeiten, komplexe Kohlenhydrate in Form von Mehl und Stärke in die Ernährung einzubinden. Er füllte somit das Kalorienloch in der Nahrungskette der Arbeiterschaft aus und wurde zu einem der wichtigsten Nahrungsmittel für die Arbeitspause im Industriezeitalter. Da Produkte aus Zucker für die Armen eine größere Bedeutung gewannen als für die Wohlhabenden – mehr als Kalorienquelle, denn als Statussymbol –, und da sich die Anlässe für ihren Verzehr vervielfachten, entwickelten sich neue Verwendungszwecke bzw. Gebräuche und neue Bedeutungen, die von den Praktiken der Privilegierten sehr weit entfernt waren.

Zu den neuen Verwendungszwecken zählte eben auch das Lakritz. Dies ist der Hintergrund, der den hohen Zuspruch der Süßigkeit in der englischen Arbeiterschaft seit dem 19. Jahrhundert erklärt. Hierbei ist zu berücksichtigen, dass nach dem Rezept von George Dunhill das Süßholz nicht etwa eine gesundheitliche, sondern eine geschmacksgebende Komponente aufwies. Die wichtigsten Bestandteile seiner ›Weichlakritz‹ waren und sind Zucker und Stärke (Glukosesirup). Damit band sich auch in dieser Lakritz-Form der Geschmack an die Kalorien- und Kohlehydratträger, wie beim Marmeladenbrot.

Abb. 61 Lakritze »auf den Hund gekommen«

An dieser Stelle drängt sich die Frage auf, warum das Süßholz nicht gleich die Stelle des Zuckers eingenommen hat, insbesondere wenn die Süßkraft der Wurzel 50-mal höher als die der Saccharose ist. Im Lakritz sind zwar süße Geschmackskomponenten enthalten, doch nur durch den Zusatz von Zucker wird es zum Kalorienträger. Dabei ist zu bedenken, dass der süße Geschmack und der Kaloriengehalt nicht direkt miteinander verknüpft sind. Zum Beispiel stimuliert der Süßstoff ›Saccharin‹ die Rezeptoren auf der Zunge, es findet aber kein Stoffwechsel statt, da er ohne Nährwert ist und praktisch unverändert wieder ausgeschieden wird. Das im Süßholz enthaltene Glycyrrhizin verhält sich ähnlich. Der Nährwert ist sehr gering. Demnach würde das Glycyrrhizin eigentlich unter die Kategorie ›Süßstoffe‹ fallen. Aufgrund der Nebenwirkungen ist es aber als Süßstoff nicht zugelassen.[16]

Nach Sidney W. Mintz erlebte die Praxis der Engländer im Umgang mit Zucker zu Beginn des 20. Jahrhunderts in anderen Ländern eine Wiederholung. Tatsächlich stieg in der europäischen Union der durchschnittliche Zucker-Jahresverbrauch von 3 Kilogramm im Jahre 1850 auf mittlerweile 38,5 kg pro Person an.[17] Dieser hohe Zuckerkonsum kann in einigen Ländern auch den hohen Bedarf an Weichlakritz erklären. Schließlich passiert es als Süßigkeit und damit als eine Zuckervariante den Ladentisch. Neben Dänemark zählen vor allem die Niederlande und Finnland sowohl zu den größten Zucker- als auch den größten Lakritz-Konsumenten. Island steht in seinem Zucker- und Lakritz-Verbrauch ebenfalls an vorderster Stelle.[18] Dort wird Lakritz seit den 1960er Jahren hergestellt. Allerdings dominiert weniger der reine Lakritz-Geschmack, sondern eine eigenwillige Schokoladen-Lakritz-Kombination. Für viele Konsumenten in anderen Ländern war diese Kombination bislang gewöhnungsbedürftig. Vielmehr zeichnete sich hier eine Polarisierung für die eine oder andere Süßigkeit ab, deren Grenzen erst in der heutigen Zeit überwunden werden. Ausgelöst wurde der ansteigende Schokoladenkonsum in den 1960ern durch einen Preisverfall der Kakaobohne und neue Herstellungstechniken.

Die Schokolade wurde so billig, dass sie sich jeder leisten konnte und dadurch alle anderen Süßigkeiten verdrängte. Dies erklärt zumindest, warum der Lakritz-Konsum in vielen Ländern zeitweilig zurückgegangen ist. Infolgedessen trat für die Hersteller eine ›Lakritz-Krise‹ ein, die dieser allgemeinen Geschmacksveränderung zugeschrieben wurde.[19]

Dass die Lakritze sich in den Niederlanden und den skandinavischen Ländern trotz der Schokoladen-Konkurrenz durchsetzen konnte und nach wie vor an erster Stelle der Beliebtheitsskala steht, könnte mit einer anderen Wertigkeit begründet werden, die der Süßigkeit beigemessen wird. Denn Lakritz wird hier nicht nur in zahlreichen Variationen angeboten, sondern genießt auch einen besseren Ruf als das Pfennig-Lakritz aus England oder Deutschland. Zum einen liegt dies sicherlich an der Qualität der Produkte. Während in anderen Ländern das Süßholz eher zur Geschmacksanreicherung eingesetzt wird und der Anteil auf ein Minimum reduziert ist, ist der Succus-Anteil in der ›nordischen‹ Lakritze deutlich höher. Ebenso wird auf die Beschränkungen anderer Länder für den Salmiakgebrauch verzichtet. Das Lakritz kann bis zu 7,99 % Salmiak enthalten. Dieser großzügige Umgang mit den grundlegenden Ingredienzien macht sich unmittelbar auf dem Gaumen bemerkbar, denn das Lakritz behält hierdurch seinen authentischen, unverwechselbaren Geschmack.

Andererseits könnte dies auch mit der Rohstofffrage verbunden sein. Schließlich konnte das Süßholz aufgrund der Bodenbeschaffenheit und der klimatischen Verhältnisse in Nordeuropa weder natürlich wachsen noch kultiviert werden. Die Niederlande haben zwar eine lange Tradition des Süßholzhandels, die noch in das Mittelalter zurückreicht, und auch die Verarbeitung zum Succus wird hier früh erwähnt, aber allein der Umstand, dass es eingeführt werden musste, machte es zu einem teuren Handelsgut. Ebenso sind die geschmacksgebenden Komponenten, Zucker und Salz, teure Importprodukte gewesen. Der Zucker kam ehemals aus den holländischen oder englischen Kolonien und das Salz wurde aus Mitteleuropa eingeführt. Mittlerweile werden sie in geringen Mengen selbst gewonnen, die Erträge sind aber minimal und decken den Eigenbedarf nicht ab. Demnach müssen in Ländern wie Holland, Dänemark, Finnland, Schweden, Norwegen und Island alle drei Grundstoffe für das Lakritz – Süßholz, Salz und Zucker – importiert werden.[20]

Der unterschiedliche Gebrauch von Süßholz in Spanien und Italien lässt sich ebenfalls auf die Entwicklung des Zuckermarktes zurückführen, denn hier reagierten die Märkte weitaus zurückhaltender in ihrem Zuckerkonsum als Nordeuropa. Einerseits hängt dies mit unterschiedlichen Ernährungsgewohnheiten zusammen, denn der gesüßte Tee oder Kaffee spielt hier gegenüber dem Verzehr von Wein und Früchten eine untergeordnete Rolle. Andererseits wird in südlichen Ländern dem süßen Geschmack eine andere Bedeutung beigemessen. Nach der Aussage von Sidney W. Mintz war vor allem in Frankreich die Nutzung von Zucker lange Zeit als Gewürz bestimmt. Dementsprechend entwickelte sich der französische Zuckerkonsum nicht in die Richtung, dass er den Charakter der französischen Küche massiv beeinflussen konnte. Für ihn scheint das ›Süße‹ im französischen Geschmacksspektrum niemals in der Weise zum ›Gegengeschmack‹, zum Kontrast zu allen anderen Geschmacksrichtungen stilisiert worden zu sein, wie dies zum Beispiel in England der Fall war. In gewisser Weise bestätigt dies auch der Lakritz-Konsum. Wie bereits dargestellt wurde, veränderte sich auch in Frankreich der Konsum ab der Mitte des 19. Jahrhunderts und Lakritz wurde einer breiten Gesellschaftsschicht nicht mehr als Medikament, sondern als Konfekt zugänglich. Jedoch gab es einen Unterschied zum englischen Konfekt. Die französischen Produkte waren nicht nur zuckerarm, sondern auch ohne weitere Ballaststoffe. Das ›englische‹ Weichlakritz sollte sich hier vorerst nicht durchsetzen und ist erst in den letzten Jahren gefragt.

Mittlerweile ist der ›süße Geschmack‹ auch kein ›Würzgeschmack‹ mehr, sondern wird als Kontrast zu allen anderen Geschmacksrichtungen empfunden. Dieses ›ältere‹ Verständnis, nämlich die Süße als Würzmittel, liegt vielleicht noch in Bayern der süßen Weißwurst zugrunde und könnte erklären, warum dort dem Lakritz-Konfekt oder dem Weichlakritz als reiner Süßigkeit wenig Bedeutung beigemessen wird.

Heute liegt andererseits die Ablehnung von Süßigkeiten als Zeichen eines modernen Konsumverhaltens im Trend der Zeit. Denn aus dem einstigen Heil-, Genuss- und Nahrungsmittel Zucker ist ein mit ›Schadstoffen‹ belasteter ›Dickmacher‹ geworden. Der Zucker wird als ›Suchtmittel‹ diffamiert, und seine weiße Farbe, die einst ein Zeichen seiner Qualität war, signalisiert nur noch die Entfremdung, die zwischen ihm und seinem ›natürlichen‹ Ausgangsstoff besteht.

Abb. 62 Lakritz-Entfremdung – Das Modellkleid (ca. 1935-1939)

Dagegen ist der Trend zu fremdländischen Küchen und der Boom ›vollwertiger‹ Ernährung nach wie vor ungebrochen.

Doch nicht nur Vertreter einer ›alternativen‹ Ess-Kultur, wie Rohköstler und Vegetarier, lehnen den raffinierten, weißen Zucker als künstlich und denaturiert ab. Auch und vor allem bei linienbewussten Konsumenten ist der Zucker als ›Kalorienverursacher‹ in Verruf geraten. Damit werden auch alle Süßigkeiten, von der Sahnetorte bis zum Lakritz-Bonbon, zur ›Kalorienbombe‹ degradiert.

Dabei wird oft übersehen, dass eigentlich der Widerspruch zwischen dem traditionellen Ernährungsverhalten und der Lebensweise einer post-industriellen Gesellschaft, die unter anderem an Bewegungsarmut leidet, der Auslöser für solche Antipathien ist. Schließlich war noch vor 100 Jahren die Unterversorgung mit Kalorien ein Hauptproblem und der Zucker ein willkommenes Nahrungsmittel, während heute die Industriegesellschaften unter einer Kalorien-Überversorgung leiden.

Die vorhergehenden Ausführungen zeigen, dass der unterschiedliche Umgang mit Zucker nur bedingt mit dem Geschmack zu tun hat, sondern sich hinter dem Konsum kulturell-soziologische Strömungen und Prozesse verbergen. Dies kann auch auf den Umgang mit Süßholz und Lakritz übertragen werden. Ein Beispiel zeigt die Verdrängung des Lakritz-Geschmacks durch die Schokolade in den 1960ern. In eindringlicher Weise sind aber gerade die Kindheitserinnerungen ein Beweis für einen sozialgeprägten Konsum von Lakritz. Zum Beispiel ist die Erinnerung an die DDR-Lakritzstange zeitlich eingegrenzt und wird nur von einer Generation getragen. Die hohe Nachfrage nach diesem Produkt aus dieser Altersgruppe demonstriert nachdrücklich, wie sehr ein bestimmter Geschmack mit einer bestimmten Epoche verbunden wird. Der erwachsene Konsument von heute sehnt sich danach, den ›authentischen‹ Geschmack aus seiner Kindheit wieder zu erleben. Er ist sich oftmals nicht der Enttäuschung bewusst, die eintreten kann, wenn er tatsächlich das Geschmackserlebnis wiederholt, aber sich die damit verbundenen Kindheitserlebnisse nicht einstellen. Der Verweis auf die Kindheitserlebnisse anderer Generationen und Epochen zeigt ebenfalls, wie stark der Konsum von dem kulturellen Umfeld geprägt ist. Schließlich fand Goethe seinen Zugang zur Welt der Süßigkeiten durch die Lakritze im Spezerei-Laden seiner ›lustigen Tante‹ Melbert.

Wenn wir nun in die Geschichte des Lakritzes zurückblicken, offenbart sich in einem kurzen Zeitraffer der Wandel seines Nutzens. Bereits in der Antike als Medikament eingeführt, sollte die Wurzel bis ins späte Mittelalter dieser Bestimmung treu bleiben. In dieser Zeit erlebte sie ihre erste Hochphase und wurde anerkennend in jedem Kompendium des europäischen Arzneischatzes gelobt. Gleichzeitig wurde ihr Nutzen zum Würzen von Bier oder als Zucker- und Honigersatz ausgedehnt. Das Image als Heilpflanze sollte sich bis in die heutige Zeit fortsetzen und auch in ihrer Eigenschaft als Geschmacks-Korrigens der Süßwaren- und Tabakindustrie weiterführen. Die Süßwarenindustrie schaffte es, diesem Image eine neue Facette hinzuzufügen, sodass weniger der gesundheitliche als vielmehr der genüssliche Aspekt hervortrat und mittlerweile dominiert.

Die grundsätzlichen Verarbeitungsmethoden der Wurzel sind seit Jahrtausenden gleich geblieben, sie wurden in einzelnen Arbeitsschritten verbessert und effizienter gestaltet. Darüber hinaus wurden parallel mit der Erweiterung des Nutzens zur Herstellung von Konfekt und Weichlakritz weitere Arbeitsschritte hinzugefügt.

Die Grundlage für die Bedeutungsveränderungen und ihren Nutzen waren dynamische Prozesse innerhalb der Gesellschaft. Ihre frühesten Benennungen in dem europäischen Kulturkreis hängen mit der Ausbreitung des römischen Imperiums zusammen, wo Gelehrte sich auf das Wissen aus Griechenland stützten. Ihre erneute Anerkennung erfuhr die Wurzel in einer Zeit des gesellschaftlichen Umbruchs, der Ablösung des mittelalterlichen Weltbildes von dem neuen Lebensgefühl der Renaissance. Eine weite Verbreitung fand dieses Wissen durch den Buchdruck. Die Erweiterung ihres Nutzens und der Verarbeitungsmethoden hing unmittelbar mit der Epoche der Industrialisierung und der Kolonialisierung zusammen. Diese Prozesse lieferten die Bedingungen, um Innovationen einzuführen, und hatten auch nachhaltige Auswirkungen auf das Konsumverhalten von Lakritz. Von dem Medikament und Gewürz wandelte sich das Lakritz zum Konfekt in seinen vielfältigen Formen, den naturreinen Lakritz-Pastillen, dem gebundenen französischen Hartlakritz (›Pâte de Réglisse‹) und dem Weichlakritz. Als solches fand es Eingang in die englische Arbeiterkultur als klassische Arbeitersüßigkeit. Für die Arbeiter spielte nicht allein das Süße im Lakritz eine Rolle, sondern auch der Nähr- und Gesundheitswert. Heute beeinflussen aber die Genusswerte, jene Eigenschaften, die den Geschmack, den Geruch oder das Auge ansprechen, das Urteil der Verbraucher. Das Lakritz, in oben beschriebener Vielfalt angeboten, wird diesen Kriterien gerecht und hebt sich damit von vielen ›verpönten‹ Zuckerwaren ab.

Die geographischen Vorlieben für eine bestimmte Lakritz-Form sind ebenfalls historisch-kulturell gewachsen und teilen nach wie vor die europäische Landkarte in verschiedene Konsumentengruppen ein. Erklärbar sind sie durch den unterschiedlichen Zuckerkonsum und das unterschiedliche Verständnis von Süße. Aber eine Vereinheitlichung deutet sich an, und die Süßwarenmonopolisten versuchen auch diesen Markt zu übernehmen und europaweit das Bild von Lakritz zu bestimmen. Dies droht zu einem Verlust der Geschmacksvielfalt zu führen, die Lakritz heute noch bietet. Diese Vielfalt wird zum Beispiel in kleinen spezialisierten Geschäften gepflegt, die versuchen, dem einheitlichen Streben großer Konzerne entgegenzusteuern und damit diese Traditionen nicht dem Vergessen preiszugeben. Eine Aufwertung auf andere Art soll das Lakritz in neuester Zeit durch die Anknüpfung an alte Techniken erleben, wenn es ausschließlich in Handarbeit als Lakritz-Konfekt hergestellt wird. Hier erfolgt nun der Schritt vom Confiseur zum Food-Designer, einer neuen Berufssparte des angebrochenen Jahrtausends, die sich auch der Lakritz-Frage widmet. Der hohe Preis für dieses Lakritz, sicherlich gerechtfertigt durch die Produktionskosten, beinhaltet jedoch eine Ausrichtung auf eine gehobene Käuferschicht. Damit geht der Versuch einher, aus der ehemaligen Pfennig-Ware eine Delikatesse zu machen, was durchaus dem Zeitgeist entspricht. Modern, effizient, auf dem neuesten Stand und individualistisch wird hier, wie auch in anderen Lebensbereichen, unsere Identität mit dem Konsum verknüpft und suggeriert, dass wir sind, was wir essen.

Abb. 63 Lakritz – Das Life Style-Produkt (1960er)

Eine andere Bestimmung könnte dem Lakritz aber zufallen, wenn es zum Würzen von Speisen genutzt wird. In China und Japan wird es von jeher als süßes Gewürz verwendet und ist zum Beispiel eine Geschmackskomponente der Sojasauce. Tatsächlich haben Süßholz und Lakritz in pulverisierter, naturreiner Form die Fähigkeit, das Aroma bzw. den Eigengeschmack bestimmter Nahrungsmittel zu verstärken. Ein Salatdressing mit Lakritz-Pulver angereichert, eine Lammkeule mit einer Süßholzstange gespickt, eine flambierte Pfeffersauce zum Entrecôte mit Lakritz abgeschmeckt oder frische Erdbeeren mit Süßholz gesüßt – diese Rezeptvorschläge eröffnen neue Dimensionen in unserer Geschmackspalette und der Verwendung von Lakritz.

Während aber hier noch der Umgang mit dem natürlichen Rohstoff anempfohlen wird, ist die chemische Industrie per se dabei, sich den Geschmack als ein weiteres Refugium der Natur gefügig zu machen und als beliebig gestaltbaren Faktor der menschlichen Ernährung zu erschließen. Insbesondere neue Süßstoffe, wie Steviosid (Stevia) oder Thaumatin, gehören zur Avantgarde einer synthetischen Ernährung. Schon längst werden ihre einzelnen Komponenten (Geschmack, Aroma, Farbe, Konsistenz usw.) zuerst als voneinander unabhängige Qualitäten konstruiert und erst dann zu etwas Neuem zusammengesetzt. In der Retorte entsteht dann das komponierte Lebensmittel, das Lebensmittel nach Maß.

Bei Süßholz scheint dieser Schritt bereits geschehen zu sein, wie der Blick in amerikanische oder australische Lebensmittelregale zeigt. Demnach muss Lakritz längst nicht mehr schwarz sein, sondern trägt hier auch ein grünes oder rotes Antlitz. Der Süßholzanteil ist auf ein Minimum reduziert, hervorstechend ist der künstliche Geschmack des grünen Apfels oder der roten Himbeere. Gleichfalls kann heute der Anteil des Wirkstoffs Glycyrrhizin für den zu erstellenden Succus direkt nach der Ernte vorherbestimmt werden. Und ebenso ist es möglich, die einzelnen Komponenten des Wirkstoffs voneinander zu trennen und mit gleicher Wirkkraft chemisch zu erzeugen.[21]

Während nun in den Laboratorien daran experimentiert wird, die Grundsubstanz des Lakritz künstlich herzustellen, versucht eine andere Forschungsrichtung, die Wirkungskraft von Süßholz zu erhöhen. In China wurden zu Beginn des neuen Jahrtausends einige Samen der Glycyrrhiza uralensis Fisch. in einem Satelliten für 18 Tage in die Erdumlaufbahn gebracht. Sie kreisen im Orbit bei einem Semidiameter von 350 km und der Gravitation 10(-6) über unseren Köpfen. Nach der Rückkehr aus dem Weltall wurden diese Samen neben den ›ungeflogenen‹ Samen von Ground-Control ausgepflanzt. Das Ergebnis war, dass der Weltraumflug auf die Glycyrrhiza uralensis einen nichtvererbbaren Effekt auf die Mutagene hatte und der Anteil an Glycyrrhizin-Säure in ihren Wurzeln höher lag als in den Pflanzen von Ground-Control.[22]

Durch diese Ausweitung der Süßholzforschung auf den Orbit erhält auch meine Phantasie als Marktverkäufer eine neue Dimension. Ich sehe mich schon an einem Verkaufsstand auf einem anderen Planeten mit dem Mittel der Ištar zur Zähmung der alles verschlingenden Schlange Hedammu – dem Lakritz – den gefahrvollen Weiten des Weltalls trotzen. Mit diesem verheißungsvollen Ausblick endet hier unsere Reise in die Welt der schwarzen Süßigkeit.

Abb. 64 Réglisse-Zan (ca. 1900)

Lucullus-Liqueritius – Sieben Kochrezepte mit Lakritz

In der Lakritz-Geschichte tauchen immer wieder Hinweise auf, dass mit Süßholz deftige Speisen verfeinert oder Getränke angereichert wurden. Der Bischof de Swinfield führte es im 14. Jahrhundert als Gewürz und nicht als Heilmittel in seiner Haushaltsliste auf. Gleichfalls benennen das französische Statutenbuch oder der ›Roman de la Rose‹ die Lakritz-Würze. Das große Lexikon der französischen Küche (1853) verwendet Süßholz sogar in einer Gewürzmischung zum Aromatisieren von geräuchertem Fleisch. In Asien gehört es ebenfalls zu den Spezereien, mit denen traditionell gekocht wird. Dies verleitet zu der Frage, warum wir die Wurzel nicht auch in unser Küchenrepertoire aufnehmen?

Bislang ist das Würzen mit Lakritz eher ungewohnt, aber zunehmend versuchen selbst Meisterköche, ihr Repertoire mit Süßholz zu verfeinern. Wer es probiert, wird überrascht feststellen, dass der Lakritz-Geschmack sich vielen Gerichten anpassen kann. Es unterstützt sowohl süße als auch herzhafte Rezepte und verstärkt die natürlichen Aromen einzelner Zutaten. Beim Würzen mit Lakritz sollte man aber nicht der Verlegenheit verfallen, die Lakritz-Schnecken, süßen Sirup oder andere, bereits bearbeitete Produkte der Lakritz-Palette aufzulösen und in den Kochtopf zu geben. Diese Produkte sind meist durch ihre Herstellung geschmacksverfälscht und vorbehandelt. Dadurch kann sich bei einem Kochprozess der Lakritz-Geschmack verflüchtigen bzw. in Verbindung mit den anderen Stoffen einen ungewünschten Beigeschmack hervorbringen. Das naturreine Lakritz, in Pulver oder Pastillenform, oder die Süßholzwurzel eignen sich hierfür am besten.

Wir wollen nun einige Anregungen liefern, wie Lakritz in der Küche eingesetzt werden kann. Für einen festlichen Rahmen liefert uns der römische Feldherr Lucius Licinius Lucullus (117-56 v. Chr.) mit seinen ausgiebigen Festgelagen die Vorlage für ein siebengängiges Lakritz-Menü.

Frischer Blattsalat an Zitronen-Lakritz-Dressing

Kohlrabisuppe mit Lakritz-Croûtons

Zanderfilet in einer Süßholz-Papillote

Lakritz-Melonen-Sorbet

Süßholz-gespickter Lammrollbraten

Ziegenfrischkäse ›Liquiritiae‹

Lakritz-Panna-Cotta

Lakritz-Limonade – Coco anno 1876

Lakritz-Likör

Rezepte

Die angegebenen Rezepte sind für 4 Personen ausgerichtet.
Die vorgeschlagene Speisenfolge muss nicht eingehalten werden. Vielmehr können die einzelnen Gänge auch anders kombiniert werden.
Die Rezepte sind bewusst schlicht gehalten, um den Lakritz-Geschmack vollends zur Geltung zu bringen. Sie sollen Anregungen liefern und dazu animieren, selbst auf Entdeckungsreise zu gehen und mit Lakritz zu kochen.

Lakritz-Pulver, -Stangen und Süßholz sind in ausgewählten Lakritz-Geschäften erhältlich, letzteres auch in Apotheken, oder können über das Internet bestellt werden. Zum Kochen eignet sich das Lakritz-Pulver der Firma ›Nature Med‹ aus Kalabrien besonders gut.

Frischer Blattsalat an Zitronen-Lakritz-Dressing

400 g gemischter Salat (z. B. Kopfsalat, Eichblattsalat, Friséesalat, Lollo Rosso, Lollo Bianco)
100 g Pecorino romano
50 g Pinienkerne

Saft einer ½ Zitrone
4 EL Olivenöl
½ TL Lakritz-Pulver
Salz, Pfeffer

Zitronensaft, Olivenöl und Lakritz-Pulver in einer Salatschüssel zu einer Vinaigrette verrühren, mit Salz und Pfeffer abschmecken. Den gewaschenen und abgetropften Salat in die Schüssel geben und mit der Vinaigrette vermischen. Abschließend mit dem geriebenen Pecorino und den Pinienkernen bestreuen und servieren.

Kohlrabisuppe mit Lakritz-Croûtons

1 Zwiebel
3 EL Butter
2 Kohlrabi
150 g Kartoffeln
1 l Gemüsebrühe

4 Scheiben Weißbrot
4 EL Olivenöl
1 TL Lakritz-Pulver
Salz, Pfeffer

Zwiebel in Ringe schneiden und in zerlassener Butter andünsten. Kohlrabi und Kartoffeln schälen und in Würfel schneiden. Das Gemüse an die Zwiebeln geben, kurz andünsten und mit Gemüsebrühe aufgießen. 20 Minuten kochen lassen.

Getrocknetes Weißbrot in Würfel schneiden. Olivenöl in einer Pfanne erhitzen, Lakritz-Pulver hinzufügen und das Weißbrot darin kurz schwenken.

Suppe mit einem Pürierstab fein pürieren. Mit Salz und Pfeffer abschmecken und mit den Lakritz-Croûtons servieren.

Zanderfilet in Süßholz-Papillote

4 Zanderfilets (geeignet sind auch Seelachs oder Dorade)
1 Fenchel
3 Stangen Zitronengras
2-3 lange Stangen Süßholz
Salz, Pfeffer

Alufolie

Zur Vorbereitung die Süßholzstange über Nacht in Wasser einlegen, am nächsten Tag von der weichen Süßholzstange die Rinde abschälen.

In einer Auflaufform die Alufolie ausbreiten, darin die Fischfilets, gewürfelten Fenchel (ohne Strunk), Zitronengras und Süßholzstangen geben und mit Salz und Pfeffer würzen. Folie von allen Seiten gut verschließen und in einem vorgeheizten Backofen bei hoher Temperatur höchstens 30 Minuten dünsten lassen. (Als Hauptgang mit Naturreis servieren).

Lakritz-Melonen-Sorbet

500 g Melonenfruchtfleisch (möglichst Honigmelone)
50 g Honig
100 ml Grapefruitsaft
Saft einer ½ Zitrone
½ -1 TL Lakritz-Pulver

Melonen-Fruchtfleisch in Stücke schneiden, dabei die Kerne entfernen. Darauf achten, dass alle Kerne entfernt sind, sonst wird das Sorbet sehr bitter! Fruchtstücke mit dem Honig im Mixer pürieren. Grapefruitsaft, Zitronensaft und Lakritz-Pulver unterrühren. In der Eismaschine gefrieren oder im Gefrierfach fest werden lassen (alle 30 Minuten umrühren, damit sich keine Kristalle bilden).

Süßholz-gespickter Lammrollbraten

800-1000 g Lammrollbraten (geeignet ist auch Schweinerollbraten)
1 lange Süßholzstange
Kräuter der Provence oder frische Kräuter (z. B. Thymian, Rosmarin, Bohnenkraut)
Salz, Pfeffer

Zur Vorbereitung die Süßholzstange über Nacht in Wasser einlegen, am nächsten Tag die Rinde abziehen. Lammrollbraten von außen mit den Kräutern, Salz und Pfeffer würzen und durch die Mitte den Süßholzstab ziehen. Kurz in einem Brä-

ter von allen Seiten anbraten. Bei vorgeheiztem Ofen auf hoher Temperatur ca. 60 Minuten schmoren lassen. Zwischendurch mit dem eigenen Saft übergießen.
Dazu Kartoffelpüree servieren.

Ziegenfrischkäse ›Liquiritiae‹

Ziegenfrischkäse
1 TL Lakritz-Pulver

Ziegenfrischkäse mit Lakritz-Pulver bestäuben, kurz einwirken lassen und mit Weißbrot servieren.

Lakritz-Panna-Cotta

2-3 Blätter weiße Gelatine
1 Vanilleschote
400 g Schlagsahne
50 g Zucker
2 TL Lakritz-Pulver

Gelatine in kaltem Wasser einweichen. Vanilleschote längs aufschneiden, das Mark herauskratzen und mit dem Lakritz-Pulver in der Sahne bei niedrigen Temperaturen ca. 15. Minuten köcheln lassen. Zucker einrühren. Die tropfnasse Gelatine in die Sahne einrühren und abkühlen lassen. Creme in Gläser füllen und mindestens drei Stunden kühl stellen. Mit Früchten servieren.

Zum Abschluss noch zwei Empfehlungen für eine flüssige Lakritz-Variante:

Lakritz-Limonade – Coco anno 1876*

10-15 g naturreines Lakritz (Pastillen oder Stange)
1 l Wasser
Zitronensaft

Naturreines Lakritz mindestens 12 Stunden in kaltem Wasser auflösen. Mit Zitronensaft abschmecken und mit Eiswürfeln servieren.

*Nach Louis Hariot: Les 64 plantes utiles aux gens du monde, Troyes 1876, S. 81. Empfohlen wird, die Limonade beim Servieren mit Mineralwasser zu strecken.

Lakritz-Likör

    100 g naturreines Lakritz (Stange oder Pastillen)
    1 l Wasser
    300 g Zucker
    200 ml Alkohol

Lakritzstange oder Pastillen bei niedriger Temperatur auf dem Herd in 1 l Wasser auflösen. Wenn sich die Pastillen aufgelöst haben, den Zucker einstreuen und abschließend den Alkohol hinzufügen. Auf Zimmertemperatur abkühlen lassen, durch Filterpapier durchseihen und in Flaschen abfüllen. Kühl aufbewahren.

Anmerkungen

Einleitung

1 Pippi Langstrumpf gilt als die ›selbsternannte‹ Finderin des Wortes. Lindgren, Astrid: Pippi in Taka-Tuka-Land, Hamburg 1986, S. 40 ff.
2 Im amerikanischen Slang ist Spunk ein Synonym für Sperma; s. a.: Twain, Mark: The adventures of Tom Sawyer, Hartford 1876, London 2002, S. 48 ff.
3 Strallhofer, Gerhild: Lakritze: Eine gefährliche Süßigkeit oder eine nützliche Pflanze in der Medizin? München 2010, S. 19.
4 Lenz, Siegfried – in: Lakritz, Latein und grosse Wäsche, Berlin 1989, S. 7.
5 Chamfort, Sébastien-Roch-Nicolas: Oeuvres Choisies, Bd. II., Paris 1892, S. 50.
6 Darin empfiehlt der tschechische Dichter Jiří Kolář in seinem Poem »Wie man ›lang‹ werden kann«: »… kauf dir alle heiligen Zeiten einmal Bärenzucker«, – in Kästner, Erich: Die lustige Geschichtenkiste gefüllt von Erich Kästner, Zürich 1986, S. 124.
7 La Befana = Hekate (griech. Göttin der Magie). Nach christlicher Auslegung soll die Hexe Befana sich zu spät auf den Weg zur Krippe nach Bethlehem gemacht haben. Als sie aufbrach, war der Stern bereits erloschen und sie konnte den Weg zur Krippe nicht mehr finden. Seither irrt sie alljährlich am Dreikönigstag durch die Welt, vermutet in jedem Haus das Jesuskind und hinterlässt ihre süßen Spuren, wobei nur ›bösen‹ Kindern die schwarze Kreide – Carbonata (Lakritz) hinterlassen wird.
8 ›Zeltlein‹ sind jene Stangen und Pastillen, die aus dem verdickten Saft der Süßholzwurzel hergestellt und heute als ›naturreines‹ Lakritz verkauft werden. Goethe, Johann Wolfgang: Aus meinem Leben: Dichtung und Wahrheit, Berlin 1981, S. 45 ff.
9 Kisch, Egon E.: Mein Leben für die Zeitung (1926-1947), Berlin/Weimar 1983, – darin: Leiden einer Prager Jugend, S. 31 ff.

10 Die Stange dürfte aber nur kurzzeitig in unserem kulturellen Gedächtnis gespeichert sein, denn sie wurde gerade mal bis 1974 von dem VEB Süßwarenfabrik Wesa (Westsachsen) in Wilkau-Haßlau produziert. Damals stellte der volkseigene Betrieb die Produktion um und fabrizierte fortan devisenträchtige Süßwaren für das westliche Ausland. Zeitgleich erneuerte die Geschäftsleitung auch den Maschinenpark, und die alten Maschinen, durch die 15 Jahre lang die DDR-Lakritzstange floss, wurden abgebaut.

1 Süßholz – Die Wurzel des Schmetterlingsblütlers

1 Molbech, Christian: Henrik Harperstrengs Danske Lægebog fra det trettende Jarhundrede, Kiöbenhavn 1826, S. 74.

2 Diefenbach, Laurentius: Glossarium Latino-Germanicum mediale et infimae aetatis, Frankfurt a. M. 1857; Ders.: Novum Glossarium Latino-Germanicum mediae et infirmae aetatis, Frankfurt a. M. 1867.

3 Zum Beispiel in einem Zoll- und Accistarif des Markgrafen von Jülich (1338). Holländer, Friedrich: Studien zum Aufkommen städtischer Accisen am Niederrhein, Bonn 1911, S. 19.

4 Bach, Adolf: Deutsche Mundartforschung, Heidelberg 1950, S. 171.

5 Pritzel, G.; Jessen, C.: Die deutschen Volksnamen der Pflanzen, Hannover 1884, S. 167.

6 Beckmann, Johann: Vorbereitung zur Waarenkunde, oder zur Kenntnis der vornehmsten ausländischen Waaren, Göttingen 1794, S. 407.

7 Hariot, Louis: Les 64 plantes utiles aux gens du monde, Troyes 1876, S. 80 ff.

8 Krünitz, Johann Georg: Oekonomische Encyklopädie, Berlin 1810, Bd. 178.

9 Die Beschreibung der Pflanze erfolgt nach: Flückiger, Friedrich A.: Grundriss der Pharmakognosie, Berlin 1884, S. 143-147; Ders.: Pharmakognosie des Pflanzenreiches, Berlin 1883, S. 197-200, S. 347-356; Tschirch, Alexander: Handbuch der Pharmakognosie, 2. Bd., 1. Abteilung, Leipzig 1912, S. 77-102; Auster, Fritz; Schäfer, Johanna: Arzneipflanzen (22. Lieferung), Glycyrrhiza glabra L., Leipzig 1960; Hänsel, R.; u. a. (Hg.): Hagers Handbuch, Bd. 5, Berlin u. a. 1993, S. 311-336.

10 Linné, Carl von: Species Plantarum, Stockholm 1753, S. 742. Die Glycyrrhiza hirsuta L. hat für die Medizin und Süßwarenherstellung allerdings keine Bedeutung. Anstelle der Glycyrrhiza echinata L. wird heute von

dem ›Europäischen Arzneibuch‹ die Glycyrrhiza inflata Bat. als offizinale Pflanze angegeben. Europäisches Arzneibuch, 6. Ausgabe, Stuttgart 2008, S. 4015.
11 Triewald, Martin: IX. Ein glücklich abgelaufener Versuch, ob die Glycyrrhiza oder das spanische Süßholz in Schweden wachse, und unsern Winter aushalten kann, – in: Der königl. Schwedischen Akademie der Wissenschaften Abhandlungen, aus der Naturlehre, Haushaltungskunst und Mechanik, auf das Jahr 1744, Sechster Band, Hamburg 1751, S. 230.
12 Aufgrund der äußeren Ähnlichkeiten und da sie ebenfalls im südöstlichen Europa einheimisch ist, wird sie oft verwechselt. So wird z. B. angenommen, dass Dioskurides in seiner ›De materia medica‹ anstelle der Glycyrrhiza glabra die Echinata beschreibt, wenn er behauptet, dass die Wurzel einen herben Geschmack habe, während seine Darstellung der Pflanze ansonsten mit der ›Glycyrrhiza glabra var. glandulifera‹ identisch ist. Dieser Umstand führte lange Zeit zu Verwirrungen in der Pflanzen-Taxonomie. Flückiger, Friedrich A. (1883): S. 353 ff.
13 Small, Ernest: Culinary Herbs, Ottawa 1997, S. 267; www.stevenfoster.com/education.
14 Petitot, Émile: Traditions indiennes du Canada Nord-Quest, Paris 1967, S. 299.
15 Kiermeier, Friedrich (Hg.): Grundlagen und Fortschritte der Lebensmitteluntersuchung und Lebensmitteltechnologie, Bd. 20 – Zucker und Zuckerwaren, Berlin & Hamburg 1985, S. 205. Statt Blocklakritz wird auch sprühgetrocknetes Lakritz-Pulver mit 3-5 % Wasser hergestellt.
16 Das Weichlakritz enthält mindestens 5 % Süßholzsaft und hat durchschnittlich einen Stärkegehalt von 30-45 %, Saccharosegehalt von 30-40 %, Wassergehalt von 8-12 % und Aschegehalt von 2 %. Kiermeier, Friedrich (Hg.): S. 204/207.

2 Tradiertes Wissen – Im Fokus der antiken Wissenschaft

1 Haas, Volker: Magie und Mythen im Reich der Hethiter, Hamburg 1977, S. 143; s. a. Siegelová, Jana: Studien zu den Boğazköy-Texten – Appu-Märchen und Hedammu-Mythus, Wiesbaden 1971, S. 59.
2 Brinkman, John A. u. a. (Hg.): The Assyrian dictionary of the Oriental Institute of the University of Chicago, Chicago 1992, S. 386; Campbell Thomp-

son, Reginald: The Assyrian Herbal, London 1924, S. 202; Gurney, Oliver R.; Finkelstein, Jacob J.: The Sultantepe Tablets, London 1957, Tafel 92.

3   Berendes, Julius: Die Pharmacie bei den alten Culturvölkern, Halle 1891, S. 21; Kokkoka: Geheimnisse der Liebeskunst – die altindische Liebeskunde des Ratirahasya, Wiesbaden 2006, S. 150.

4   Die Autorenschaft dieser Enzyklopädie wird dem mythischen Urkaiser Shennong (ca. 2800 v. Chr.) zugeschrieben. Die meisten Forscher vermuten jedoch eine Abfassung zwischen 300 v. Chr. und 200 n. Chr. Von dem verschollenen Originalbuch sind wiederum Textstücke in dem Pen-tsao-kang-mu (1597), einem Exzerpt aus ca. 800 Werken früherer Autoren mit 11.896 Rezepten, enthalten. Eine teilweise Übersetzung des Werkes enthält die vierbändige Beschreibung Chinas von Jean-Baptiste du Halde: Description géographique, historique … de la Chine, Paris 1736.

5   Hübotter, Franz: Chinesische-Tibetische Pharmakologie und Rezeptur, Ulm 1957, S. 133 ff.

6   Paulys Realencyclopädie der classischen Altertumswissenschaft, Neubearbeitung Georg Wissowa, 7. Band/14. Halbband, Stuttgart 1912, S. 1474.

7   Winkler, Lutz: Galens Schrift ›De Antidotis‹ – ein Beitrag zur Geschichte von Antidot und Theriak, Marburg/Lahn 1980, S. 197; Die Vorschriften zur Herstellung des Theriak Andromachus wurde von Damocrates in 174 Verse verfasst und von Galen in seinem Werk »De antidotis« festgehalten. Achundow, Abdul: Commentar zum sogenannten Liber fundamentorum pharmacologiae des Abu Mansur Muwaffak-Ben-Ali-el Hirowi, Dorpat 1892, S. 15.

8   Es wurde noch 1953 als »Electuarium Theriaca« in einem Ergänzungsband zum Deutschen Arzneibuch benannt.

9   Richardson, Tim: Sweets – A History of Temptation, London u. a. 2003, S. 75.

10 Laut Marielene Putscher gibt es keine Quellen, die auf eine militärische Nutzung der Wurzel hindeuten. Putscher, Marielene: Das Süssholz und seine Geschichte, Köln 1968, S. 215.

11 Putscher, Marielene: S. 213.

12 Celsus, Aulus Cornelius: Acht Bücher über die Medizin, 2. Auflage, Braunschweig 1906, Buch 6, Kap. 10.

13 Schonack, Wilhelm: Die Rezepte des Scribonius Largus – Zum ersten Male vollständig ins Deutsche übersetzt und mit ausführlichem Arzneimittelregister versehen, Jena 1913.

14 Putscher, Marielene: S. 267.

15 Pedanius Dioskurides aus Anazarba – Fünf Bücher über die Heilkunde. Altertumswissenschaftliche Texte und Studien, Band 37, Hildesheim u. a. 2002, S. 160.
16 Winkler, Lutz: S. 21/22.
17 Debru, Armelle: Das soziale Gefälle zwischen Stadt und Land in der Therapeutik Galens – in Pötzsch, Regine: Die Apotheke – Historische Streiflichter, Basel 1996; S. 27.
18 Phillippe, Adrien: Geschichte der Apotheker bei den wichtigsten Völkern der Erde, Neudruck der Ausgabe von 1858, Wiesbaden 1966, S. 57.
19 Winkler, Lutz: S. 166-168.

3 Ferner Handel – Pfade der Wurzel

1 Phillippe, Adrien: Geschichte der Apotheker bei den wichtigsten Völkern der Erde, Neudruck der Ausgabe von 1858, Wiesbaden 1966, S. 77.
2 Puschmann, Theodor: Alexander von Tralles, Nachdr. der Ausg. Wien 1879, Amsterdam 1963, II. Band, S. 164.
3 Levey, Martin: Early Arabic Pharmacology, Leiden 1973, S. 77/81.
4 Über die Überlieferung antiker Schriften in die islamische und europäische Kultur des Mittelalters und der Zusammenfassung von Texten unter der Kompilationstechnik siehe Sudhoff, Karl: Beiträge zur Geschichte der Chirurgie im Mittelalter, Heft 11/12, Leipzig 1981.
5 Strallhofer, Gerhild: Lakritze: Eine gefährliche Süßigkeit oder eine nützliche Pflanze in der Medizin? München 2010, S. 4.
6 Achundow, Abdul-Chalig: Die pharmakologischen Grundsätze des Abu Mansur Muwaffak bin Ali Harawi, Halle a. S., 1983, § 318, S. 82; s. a. Ders.: Commentar zum sogenannten Liber fundamentorum pharmacologiae des Abu Mansur Muwaffak-Ben-Ali-el Hirowi, Dorpat 1892.
7 Lippmann, Edmund O.: Geschichte des Zuckers seit den ältesten Zeiten bis zum Beginn der Rübenzucker-Fabrikation, Neudruck der Ausgabe 1929 Berlin u. a., S. 677.
8 Strobel, Martine: Asthma bronchiale, Stuttgart 1994, S. 20.
9 Schulz, Hugo (Hg.): »Causae et Curae« Ursachen und Behandlung der Krankheiten, München 1933, S. 178.
10 Hüllmann, Karl Dietrich: Geschichte des Byzantinischen Handels bis zum Ende der Kreuzzüge, Frankfurt/Oder 1808, S. 100-102.

11 Schaube, Adolf: Handelsgeschichte der romanischen Völker des Mittelmeergebietes bis zum Ende der Kreuzzüge, Neudruck der Ausgabe 1906, Osnabrück 1973, S. 197.
12 Michon, Joseph (Hg.): Documents inédits sur la grande Peste de 1348, Paris 1860, S. 66.
13 Tschirch, Alexander: Handbuch der Pharmakognosie, 1. Bd., 2. Abteilung, Leipzig 1910, S. 810-835; Flückiger, Friedrich A.: Documente zur Geschichte der Pharmacie, Halle 1876, S. 30-39.
14 Die Bezeichnung ›skythische Wurzel‹ steht für das russische Süßholz, dessen Benennung auf Theophrast von Eresos zurückgeht.
15 Hertzberg, Wilhelm (Hg.): The Libell of Englishe Policye 1436, Leipzig 1878, S. 68.
16 Schaube, Adolf: S. 485.
17 Gummiarabikum ist das natürliche oder durch Einschneiden gewonnene zähflüssige Exsudat des holzigen Teils von Akazien. Es ist eine Alternative zu den seit der Antike bekannten Verdickungsmitteln Traganth und Gelantine. Traganth wird aus dem Saft der gleichnamigen Pflanze (botan. auch Astralgus) durch Aufkochen der Zweige gewonnen. Gelantine besteht aus tierischen Knochen und Bindegewebe und ist seit dem Mittelalter bei der Herstellung von Süßwaren in Gebrauch. Zum Beispiel wird in einem Rezept von 1555 ein ›Birnengelee‹ mit Fischgelatine angedickt. Perrier-Robert, Annie: Bonbons und andere Süssigkeiten, Erlangen 1996, S. 110.
18 Tudela, Benjamin; Regensburg, Petachja: Jüdische Reisen im Mittelalter, Leipzig 1991, S. 9.
19 Dies wird u. a. von der Stadt Montpellier und den Herstellern der kleinen Lakritz-Honig-Kugeln ›Grisettes de Montpellier‹ behauptet, ohne eine Quelle vorzulegen (Midi Libre 20.05.1989, S. 3).
20 Lippmann, Edmund O.: S. 678.
21 Marzeau, Claude: Il etait une fois – La Reglisse, Volume I., Nimes 1990, S. 14.
22 Putscher, Marielene: Das Süssholz und seine Geschichte, Köln 1968, S. 287.
23 Lippmann, Edmund O.: S. 677.
24 de Crescentiis, Petrus: Von dem nut der ding die in aeckeren gebuwt werde, Straßburg 1518, 6. Buch, S. 99.
25 Mattioli, Pietro Andrea: Kreuterbuch, Frankfurt a. M. 1586, S. 219. Ob in Frankreich ein Anbau der Pflanze im 12. Jahrhundert bereits stattfand, wie einige Autoren vermuten, bleibt aber fraglich.

26 Haas, Hans: Spiegel der Arznei, Berlin u. a. 1956, S. 173.
27 Gaude, Werner: Die alte Apotheke, Stuttgart 1979, S. 56.
28 Zum Süßholzanbau in Bamberg siehe: Handschuh, Gerhard: Die Geschichte des Bamberger Süßholzanbaus, – in: »Denn wos ä rechtä Gärtnä is, ...«, Bamberg 1988, S. 107-127; Haupt, Anton: Die Bamberger Gärtnerei, ein Theil der freien Wirthschaft, Bamberg 1866; Rost, Hans: Die Bamberger Gärtnerei, Bamberg 1909; Wecker, Johann: Die Bamberger Gärtnerei, Erlangen 1920; Schneidawind, Franz A.: Versuch einer statistischen Beschreibung des kaiserlichen Hochstifts Bamberg, Bamberg 1797.
29 Boehme, Johann: Repertorium librorum trium Ioannis boemi de omnium gentium ritibus: Grimm, 1520, Liber Tercius fol. LVIII (S. 58).
30 Tschirch, Alexander: S. 821.
31 Flückiger, Friedrich A. (II.): Pharmakognosie des Pflanzenreiches, Berlin 1883, S. 355.
32 Gilg, Ernst; Schürhoff, Paul N.: Aus dem Reiche der Drogen, Dresden 1926, S. 128.
33 Übersetzt und zitiert von Handschuh, Gerhard: S. 110 aus Melanchthon, Phillip: Encomium Franciaes. No. 52. – in: Brettschneider, Carolus Gottlieb (Hg.): Corpus Reformatorum, Halle 1843, Bd. XI., S. 394.
34 Lichtenstein, Franz (Hg.): Michael Lindener's Rastbüchlein und Katzipori, Tübingen 1883, S. 183.
35 Bamberger Staatsarchiv: A 231/1 Nrn. 1795-1824.
36 Rogers, James E. Thorold: A history of Agriculture and Prices in England 1866, Vol. I., S. 147/631.
37 Webb, Rev. John: A Roll of the Houshold Expenses of Richard de Swinefield, Camden Society, London 1854, Vol. I, S. 115.
38 Hanbury, Daniel: Science Papers, London 1876, S. 480.
39 Flückiger, Friedrich A.; Hanbury, Daniel: Pharmacographia – A history of the Principal drugs, London 1874, S. 160; Tschirch, Alexander: Handbuch der Pharmakognosie, 2. Bd., 1. Abteilung, Leipzig 1912, S. 93. Beide Quellen beziehen sich auf Thomson: Chronicles of London-Bridge 1827, S. 155.
40 Tusser, Thomas: Five hundred Points of good husbandry, 1573, Neuaufl. London 1812, S. 124.
41 Burnett, Gilbert T.: Outlines of Botany, Vol II., London 1835, S. 653.
42 Turner, William: The first and seconde partes of the Herbal of William Turner, London (Druckort Köln) 1568, II. Teil, S. 12.

43 Stevenson, Joseph (Hg.): Calendar of State Papers, foreign Series, of the Reign of Elizabeth, 1563, London 1869, S. 571.
44 The Black Death – Bubonic Plague during the Elizabethan Era. www.william-shakespeare.info.
45 Parkinson, John: Theatrum botanicum – The Theater of Plantes, London 1640, Tribe 11, Chap. 27, S. 1099.
46 Culpeper, Nicholas: The Herbal Family, Spitalsfield 1653, Neudruck London 1815, S. 106/222.

4 Süße Worte – Vom Raspler zum Confiseur

1 Die Textgrundlage des Buches stammte aus dem 11. Jahrhundert und wurde von dem persischen Arzt Ibn Butlān (ca. 1041) verfasst. Im 13. Jahrhundert wurde sein Buch aus dem Arabischen ins Lateinische übersetzt, systematisiert und vereinfacht, und im 14. Jahrhundert von der Mailänder Herrscherdynastie Visconti in mehrfacher Auflage in Auftrag gegeben. Die erhaltenen Exemplare werden nach ihren heutigen Aufbewahrungsorten benannt: Paris, Liège, Wien, Rom, Rouen, Lichtenstein. Über das ›Tacuinum Sanitatis‹: Bovey, Alixe: Tacuinum Sanitatis, London 2005; s. a. Opsomer, Carmélia: L'art de vivre en santé, Le Tacuinum Sanitatis (manuscrit 1041) de la Bibliothèque de l'Université de Liège, Alleur 1991, S. 61.
2 Castiglione, Baldassare: Der Hofmann – Lebensart in der Renaissance, Berlin 2008.
3 Seuse, Heinrich: Büchlein von der ewigen Weisheit, Augsburg 1832, S. 84.
4 Tschirch, Alexander: Handbuch der Pharmakognosie, 2. Bd., 1. Abteilung, Leipzig 1912, S. 93.
5 Chaucer, Geoffrey: Die Canterbury Tales, München 1974, S. 110.
6 Die englische Entsprechung für das Süßholzraspeln ist ›to whisper sweet nothings – to turn on the old charm‹ oder ›sweet-talking‹, im Französischen heißt es ›conter fleurette‹ und im Italienischen ›fare il cascamorto‹.
7 In deutscher Übersetzung: Shakespeare, William: Othello, 1. Aufzug, 3. Szene, 1604, Stuttgart 1964; Engl. Original: »the food that to him now is as luscious as lacousts, shall be to him shortly as bitter as coloquintida«; Wilson, J. Dover; Walker, Alice (Hg.): The works of Shakespeare, Othello, Cambridge 1957, S. 25. ›Lacoust‹ ist ein Ausdruck für eine ›falsche‹ Aka-

zienart und könnte auch im englischen Original ein Hinweis auf die Glycyrrhiza sein.

8   Lippmann, Edmund O.: Geschichte des Zuckers seit den ältesten Zeiten bis zum Beginn der Rübenzucker-Fabrikation, Neudruck der Ausgabe 1929 Berlin u. a., S. 680.
9   Castiglione, Baldassare: S. 32/51.
10 Theophrast: Charaktere, Leipzig 1972, S. 6.
11 Friedell, Egon: Kulturgeschichte Griechenlands, München 1949, S. 322.
12 Grimm, Jacob & Wilhelm: Deutsches Wörterbuch, Leipzig 1854-1960, – darin: Süszholz: Band 20, Spalten 1334-1347.
13 Sachs, Hans: Das heiße Eisen, ein Fastnachtsspiel mit 3 Personen, (16. November 1551), Mühlhausen (Thür.) 1928, S. 19.
14 Kindleben, Christian Wilhelm: Studenten-Lexikon, Halle 1781, S. 158.
15 Grimm Jacob & Wilhelm: Deutsches Wörterbuch, Leipzig 1854-1960.
16 Rousseau, Jean-Jacques: Emile oder Über die Erziehung, Paderborn 1971, S. 47.
17 Wilde, Hanns Julius: Das Leben der Therese Levasseur mit Jean-Jacques Rousseau, Berlin 1977, S. 484; Pelz, Monika: Der hellwache Träumer, Hemsbach 2005, S. 263.
18 Gotthelf, Jeremias: Der Bauern-Spiegel oder Lebensgeschichte des Jeremias Gotthelf, Burgdorf, 1839, S. 91.
19 www.operone.de/spruch.
20 Brunner, Sebastian: Die Prinzenschule zu Möpselglück, Regensburg 1848, S. 150.
21 Waldau, Max: Nach der Natur – Lebende Bilder aus der Zeit, 2. Teil, Hamburg 1850, S. 26.
22 Schümmer, Volker: Georg Christoph Lichtenbergs Konzept aufgeklärter Kultur, Würzburg 2000, S. 102.
23 Schummel, Johann Gottlieb: Empfindsame Reisen durch Deutschland, Wittenberg & Zerbst 1771/1772.
24 Goedeke, Karl: Goethes Werke, Band 28, Stuttgart 1867, S. 22.
25 Salingré, Herrmann: Diogenes der Zweite, Vaudeville-Burleske, Berlin ca. 1861, S. 7.
26 Guigno, Carl: Des Teufels Zopf, Wien 1852, S. 36.
27 Baechtold, Jakob: Gottfried Keller's nachgelassene Schriften und Dichtungen, Berlin 1893, S. 23.

28 »Licorice ... used in spells to insure fidelity.« Cunningham, Scott: Encyclopedia of magical herbs, Minnesota 1985, S. 156.
29 Wagner, Rudolf: Bush in Göteborg, www. spiegel.de.
30 Garin, Eugenio (Hg.): Der Mensch der Renaissance, Frankfurt a. M. 1990, – darin: Ders.: Der Philosoph und der Magier, S. 196.
31 Mattioli, Pietro Andrea: Kreuterbuch: Des Hochgelehrten weitberühmten Herrn Petri Andreae Mattioli, Frankfurt a. M. 1586, S. 219.
32 Wirsung, Christophorum: Artzney Buch, Ausgabe der »Churfürstlichen Statt Heydelberg« 1568.
33 Ryff, Walther: Confect Büchlin und Hausz Apothek, Frankfurt a. M. 1544, Neudruck Leipzig 1983, S. 10.
34 Auster, Fritz; Schäfer, Johanna: Arzneipflanzen, Glycyrrhiza glabra L., Leipzig 1960, S. 27.
35 Shakespeare, William: Romeo und Julia, 5. Akt, 1. Szene, Stuttgart 1983.
36 Lippmann, Edmund O.: S. 678.
37 Perrier-Robert, Annie: Bonbons und andere Süssigkeiten, Erlangen 1996, S. 115 ff; s. a. Miège, Jean-Louis (C.N.R.S.): Sucre, sucreries et douceurs en Méditerranée, Paris 1991, – La confiserie de sucre, S. 229 ff.
38 Ursprünglich kam die Idee der Versüßung von Arzneien mit den Kreuzzügen aus dem Orient nach Europa. Dort spielte der von den Arabern in die Heilkunde eingeführte Zucker eine bedeutende Rolle als Konservierungsmittel. Auch unangenehm schmeckende Substanzen wurden erstmals mit Zucker, Gold oder Silber zur Geschmacksverbesserung überzogen. Huswer, Elisabeth: Das Deutsche Apotheken-Museum, Regensburg 2006, S. 145.
39 Perrier-Robert, Annie: S. 173 ff.
40 Lippmann, Edmund O.: S. 681.
41 Ryff, Walther: Confect Büchlin und Hausz-Apothek, Frankfurt a. M. 1544, Neudruck Leipzig 1983.
42 Ryff, Walther: S. 45.
43 Ryff, Walther: S. 99.
44 Charas, Mosis: Medicinæ Doctoris & Regiæ Majestatis Anglicæ Medici Chymici, Genevæ 1684, S. 40/41 Caput XVII. De Succo Liquiritiæ.

5 Schwarze Magie – Von Liebe, Gold und Bärendreck

1 Der Text ist in einem griechisch geschriebenen Manuskript von 1478 überliefert und nebst französischer Übersetzung abgedruckt bei: Berthelot, Marcelin: Collections des anciens alchimistes grecs, Paris 1887, 5. Teil, S. 306/321, Rezept 55.
2 Beide Rezepte in: Berendes, Julius: Die Pharmacie bei den alten Culturvölkern, Halle 1891, S. 29.
3 Tschirch, Alexander: Handbuch der Pharmakognosie, Leipzig 1912, 2. Bd., 1. Abteilung, S. 92.
4 Griffith, Francis L.; Thompson, Herbert: The Demotic Magical Papyrus of London and Leiden, London 1904, S. 150-151, Rezept. Col XXIV.
5 Kokkoka: Geheimnisse der Liebeskunst – Die altindische Liebeskunde des Ratirahasya, Wiesbaden 2006, S. 150.
6 Haas, Hans: Spiegel der Arznei, Berlin u.a. 1956, S. 61 ff.
7 Cunningham, Scott: Encyclopedia of magical herbs, Minnesota 1985, S. 156.
8 Nach Plinius (XXV, 29) bei Rätsch, Christian; Müller-Erberling, Claudia: Lexikon der Liebesmittel, Aarau 2003, S. 660.
9 Haas, Volker: Magie und Mythen im Reich der Hethiter, Hamburg 1977, S. 143; s. a. Siegelová, Jana: Studien zu den Boğazköy-Texten, Wiesbaden 1971, S. 59.
10 Megenberg, Conrad: Das Buch der Natur, Greifswald 1897, S. 322.
11 Garin, Eugenio (Hg.): Der Mensch der Renaissance, Frankfurt a. M./New York 1990, – darin: Ders.: Der Philosoph und der Magier, S. 175-214.
12 Ryff, Walther: Confect-Büchlin und Hausz-Apothek, Frankfurt a. M. 1544, Nachdruck Leipzig 1983, Einleitung.
13 Paullini, Kristian Frantz: K. F. Paullini's heilsame Dreck-Apotheke, Stuttgart 1847, S. 95.
14 Wirsung, Christophorum: Artzney Buch, Ausgabe der »Churfürstlichen Statt Heydelberg« 1568, Cap. 6 A, S. 8.
15 Vogel, Jakob: Ein schillerndes Kristall – Eine Wissensgeschichte des Salzes zwischen Früher Neuzeit und Moderne, Köln u. a. 2008, S. 227.
16 Förderkreis Zucker-Museum: Zuckerfabrikation zur Zeit Achards – Über die Kunst des Zuckersiedens, Blaue Reihe Bd. 4, Berlin 2001, S. 12.
17 Haribo – Schwarze Kunst, Der Spiegel 7/1965, S. 40.

18 Friedrich, Walter: Oberfränkisch – Auch ein Wörterbuch der Bad Rodacher Mundart, Würzburg 2001, S. 26/42.
19 Voss, Andreas: Wörterbuch der deutschen Pflanzennamen, Stuttgart 1922, S. 182.
20 Ladurie, Emmanuel Le Roy: Karneval in Romans, Stuttgart 1982, S. 307. In Anbetracht der Tatsache, dass die ersten Siedler, die das Bamberger Land urbar machten, slavische Wurzeln hatten, kann diese Behauptung noch durch die slavische Mythologie gestützt werden. Darin genoss der Bär ›car medved‹ eine besondere Verehrung. Er erscheint in zahlreichen Märchen als der Beschützer der Menschen und hilft im Kampf gegen den Teufel. Schließlich gilt hier auch der Bärenkot als Glücksbringer.
21 Eichler, Ernst (Hg.): Selecta Bohemico-Germanica – Tschechisch-Deutsche Beziehungen im Bereiche der Sprache und Kultur, Münster u. a. 2003, S. 112.

6 Wirre Zeiten – Kampf gegen unliebsame Konkurrenten

1 Sabetti, Filippo: Village politics and the Mafia in Sicily, Quebec 2002, S. 74 ff.
2 Siehe Kap. III., Anmerk. 28. Desweiteren: Beck, Christoph: Ein Einblattdruck vom Bamberger Süßholz, S. 177-195, – in: v. der Leyen, Friedrich; Spamer, Adolf (Hg.): Bayrische Hefte für Volkskunde, Jahrgang V, München 1918; Beckmann, Johann: Vorbereitung zur Waarenkunde, Göttingen 1794, S. 400 ff.; Dürrwächter, Ludwig: Die Bamberger Gärtnerei, Bamberg 1922, S. 6-28; Wienkötter, Helm: Die Bamberger Industrie, Bamberg 1949.
3 Dumschat, Sabine: Ausländische Mediziner im Moskauer Rußland, München 2006, S. 82.
4 Richter, Wilhelm Michael: Geschichte der Medicin in Russland, II. Teil, Moskwa 1815, S. 231 ff.; Natalie Kunkel: Wissenschaftsaustausch zwischen Russland und Westeuropa, München 1999, S. 37.
5 Savary des Bruslons, Jaques: Dictionnaire Universel de Commerce, Paris 1723, Tome II., Spalte 1364.
6 Johann Wecker bezieht sich auf eine Urkunde im Bamberger Kreisarchiv (Staatsarchiv) vom 18. Dezember 1694.
7 Staatsarchiv Bamberg: B 26 c Nr. 34.
8 Staatsarchiv Bamberg: B 26 c Nr. 49/50.

9   Miekisch, Horst: Absolutismus und Barock in Bamberg, Bamberg 1988, S. 10.
10 Staatsarchiv Bamberg: B 26 c Nr. 34.
11 Wecker, Johann: S. 12.
12 Reimann, Jörg: Neapel und Sizilien 1450 bis 1650, Hamburg 2005, S. 140.
13 Riedesel, Johann Hermann: Reise durch Sicilien und Großgriechenland, Zürich 1773, Neudruck Berlin 1965, S. 81.
14 Marzi, Vittorio u. a.: La dolce industria, Conci e liquirizia in provincia di Cosenza dal VIII al XX secolo, Corigliano 1991, S. 56; Corigliano, Guida Illustrata, Texte von Enzo Cumino und Enzo Viteritti, Corigliano 1992, S. 85-87.
15 Barton, Benjamin H.; Castle, Thomas: The British Flora Medica, London 1838, S. 94.
16 Krünitz, Johann G.: Oekonomische Encyklopädie oder allgemeines System der Staats- Stadt- Haus- und Landwirthschaft, Berlin 1810, Bd. 178.
17 Riedesel, Johann Hermann: S. 81.
18 Beckmann, Johann: S. 400.
19 Shakespeare, William: The Tragedy of King Richard III., 3. Akt, 3. Szene, Oxford 2000, S. 106.
20 Chartres, John: A special crop and its markets in the eighteenth century: the case of Pontefract's Liquorice, – in: R. W. Hoyle (Hg.): People, landscape and alternative agriculture: essays for Joan Thirsk, Oxford 2004, S. 116.
21 Chartres, John: S. 113 – Er bezieht sich auf »Walter Blith, The English Improver Improved 1652«.
22 Licquorice and the Dunhills, Working notes by Malcolm R. Barrow, 1. March 2000, Pontefract unveröffentlicht.
23 Leider ist die Quellenlage über diesen epochalen Eingriff in die Lakritz-Welt alles andere als ausreichend, sodass hier nur den Erzählungen Glauben geschenkt werden kann, die eher einer ›invented Tradition‹ (›erfundenen Tradition‹ im Sinne von Eric Hobsbawn), als einem historischen Akt zu verdanken sind.
24 Dass diese Einführung einer neuen Lakritz-Form auch Streitigkeiten nach sich zog, bei denen die ›echte‹ Lakritze einer ›unechten‹ gegenübergestellt wurde, beweist noch ein Gerichtsentscheid aus dem 20. Jahrhundert. In einem Urteil des Landgerichts Düsseldorf vom 30. Januar 1922 wird bestätigt, dass ein Düsseldorfer Lakritz-Fabrikant, angeklagt wegen Nahrungs-

mittelvergehens, seine schwarzen, süßen Stangen, die einzig für den Genuss und nicht zu medizinischen Zwecken hergestellt wurden, auch als Lakritz verkaufen darf. »Unter Lakritzen sei keinesfalls nur eingedickter Süßholzsaft zu verstehen«, heißt es in der Verteidigungsrede des Unternehmers. Bömer, A.; u. a.: Gesetze und Verordnungen sowie Gerichtsentscheidungen betreffend Lebensmittel, Berlin 1932, S. 47.

25 Insgesamt wurden in Pontefract 50 bis 100 Morgen Land mit Süßholz bepflanzt, was wiederum die große Anzahl der Bauern anzeigt, die das Süßholz kultivierten. Thirsk, Joan; Piggot, Stuart: The agrarian history of England and Wales, Cambridge 1985, S. 524.

26 Von Taube, Friedrich Wilhelm: Abschilderung der engländischen Manufacturen, Handlung, Schifffahrt und Colonien, Wien 1778, II. Theil, S. 80.

27 Chartres, John: S. 129.

28 Diderot, Denis; D'Alembert, Jean-Baptiste le Rond (Hg.): Encyclopédie, ou Dictionnaire universel raisonné des connoissances humaines. Mis en ordre par M. De Felice, Bd. 36, Yverdon, 1774, S. 360 ff.

29 Savary des Bruslons, Jaques: Spalte 1364.

30 Staatsarchiv Bamberg: B 67/XV Nr. 660.

31 Allein in England wurde die Abnahme von mehr als 2 Tonnen spanischen Süßholzes im Jahre 1785 auf über 58 Tonnen im Jahre 1788 erhöht. Johann Beckmann: S. 403.

32 Über das unversehrte Ausgraben der Süßholzwurzel zur Meisterprüfung unterrichtet das im Gärtner- und Häckermuseum zu Bamberg gezeigte Meisteraufnahmebuch für die Zeit von 1792 bis 1822 unter der Seite vom 24. April 1795.

33 Schneidawind, Franz A.: S. 100 ff.; Beckmann, Johann: S. 401.

34 Oesterreichisches naturhistorisches Bilder=Conversations-Lexicon, Wien 1839, S. 205.

35 d'Elvert, Christian: Zur Cultur-Geschichte Mährens und Oest. Schlesiens, Brünn 1866, I. Theil.

36 d'Elvert, Christian: S. 553.

37 Peschina, Johann: Auspitz, die deutsche Stadt in Südmähren, Hanau 2001, S. 224. Die Erfolge beim Anbau in Mähren regten auch zu einem Anbau der Glycyrrhiza im südlichen Ungarn und Slowenien an. Letzteres soll sogar besser als das deutsche Süßholz aus Bamberg gewesen sein. Blumenbach, W. C. W.: Handbuch der technischen Materialwaarenkunde, Pesth 1846, S. 387.

38 Auster, Fritz; Schäfer, Johanna: Arzneipflanzen (22. Lieferung), Glycyrrhiza glabra L., Leipzig 1960, S. 11.
39 Neuer Vollständiger Tarif der Ein- und Ausgangszölle für das Königreich Bayern, Bamberg 1827, S. 42.
40 Flückiger, Friedrich A. (II.): Pharmakognosie des Pflanzenreiches, Berlin 1883, S. 355.
41 Münster, Edmund: Die Gewinnung des nach Deutschland eingeführten Süßholzsaftes und seine Verarbeitung in der Lakritzenindustrie, Düsseldorf 1931, S. 67; Küster, Hansjörg: Wo der Pfeffer wächst, München 1987, S. 255.
42 Holle, Adam Heinrich: Allgemeine Haushalt- und Landwissenschaft, 4. Teil 1764, S. 187. Süßholz wurde auch verwendet, um den Wein seinen Fassgeschmack zu nehmen. Hierzu wurden Mandeln, Süßholz, Zimtrinde und andere Ingredienzien dem Wein untergerührt und 10 Wochen lang stehen gelassen. Daisenberger, Maria Katharina: Vollständiges Bayrisches Kochbuch für alle Stände, Nürnberg 1843, S. 91.
43 Böhmer, George Rudolph: Technische Geschichte der Pflanzen, Leipzig 1793, Erster Theil, S. 447.
44 J. C. Leuchs' Brau=Lexicon, Nürnberg 1867, S. 196.
45 Handschuh, Gerhard: S. 121.
46 Bamberger Volksblatt, Nr. 101, Freitag 3. Mai 1935, S. 3.
47 Scheinost, Marina (Hg.): Vom Wirtschaftsfaktor zum Weltkulturerbe, Bamberg 2009, S. 28/29.
48 Storch, Ludwig: Land und Leute. – Nr. 12.: Die Bamberger Gärtner, – in: Die Gartenlaube später Illustriertes Familienblatt, Heft 46, Leipzig 1858, S. 658.
49 Wilde, Julius: Kulturgeschichte der Sträucher und Stauden, Speyer a. Rhein 1947, S. 145; s. a. Rost, Hans, Die Bamberger Gärtnerei, Bamberg 1909.
50 Söhns, Franz: Unsere Pflanzen – Ihre Namenerklärung und ihre Stellung in der Mythologie und im Volksaberglauben, Leipzig/Berlin 1912, S. 173.

7 Gesunde Entdeckungen – Lakritze unter dem Mikroskop

1 Mann, Golo: Wallenstein, Frankfurt a. M. 1971, S. 993.
2 Beaumont, Francis; Fletcher, John: The Knight of the Burning Pestle, London 1613, I. Akt.
3 Molière: Tartuffe, Leipzig 1965, 4. Aufzug, Fünfte Szene, S. 58.

4   Phillippe, Adrien: Geschichte der Apotheker bei den wichtigsten Völkern der Erde, Neudruck der Ausgabe von 1858, Wiesbaden 1966, S. 10 ff.
5   Goez, Johann Christoph: De Glycyrrhiza, Altdorf (handschriftlich 1715).
6   Die Arbeit wird unter dem Namen des Prüfungsvorsitzenden Georg Wolfgang Wedel zitiert. Wedel, Georg Wolfgang: De Glycyrrhiza – Dissertatio Medica De Glycyrrhiza, Jena 1717.
7   Noch bis 1935/36 wurde bei Jenalöbnitz ein bedeutender Anbau vermerkt. Auster Fritz; Schäfer, Johanna: Arzneipflanzen, 22. Lieferung, Leipzig 1960, S. 9.
8   Ailhaud, Johann: Abhandlung vom Ursprung der Krankheiten und Gebrauch des abführenden Pulvers, Breslau 1753.
9   Model, Johann Georg: Chymische Nebenstunden, St. Petersburg 1762, S. 188/189.
10 Carl von Linné: Species Plantarum, Stockholm 1753, S. 742.
11 Diderot, Denis; D'Alembert, Jean-Baptiste le Rond (Hg.): Encyclopédie, Bd. 36, Yverdon 1774, S. 360.
12 Glycyrrhizin oder Glycyrrhizinsäure ist ein Saponin und Triterpenoid, das natürlicherweise in der Wurzel vorkommt. Über die Versuche von Pierre-Jean Robiquet: Tschirch, Alexander: Handbuch der Pharmakognosie, 2. Bd., 1. Abteilung, Leipzig 1912, S. 88; Cederberg, Knut Hilmer: Untersuchungen über Glycyrrhizin und andere Bestandteile im Süssholz, Bern 1907, S. 7.; Flückiger, Friedrich A.: Pharmakognosie des Pflanzenreiches, Berlin 1883, S. 350.
13 Anlass hierfür gaben verschiedene Krankheitsfälle, bei denen Kinder, die einen kupferhaltigen Lakritzensaft getrunken hatten, verschiedene Symptome wie Brechreiz, Brennen im Mund und Magenschmerzen aufwiesen. Die Verunreinigungen des Succus wurden sehr wahrscheinlich durch Rückstände der Kupferkessel verursacht, in denen die Süßholzwurzeln ausgezogen wurden. Birkmeyer: Symptome von Kupfervergiftung durch die Auflösung des Succus glykyrrhizae, – in: Scherer, Julius; Virchow, Rudolf; u. a. (Hg.): Canstatt's Jahresbericht, Würzburg 1856, S. 74; s. a. Mohr, Friedrich: Commentar zur preussischen Pharmacopoe, Braunschweig 1854, S. 338.
14 Krünitz, Johann Georg: Oekonomische Encyklopädie, Berlin 1810, Bd. 178.
15 Wachenroder, Heinrich; Bley, Ludwig (Hg.): Archiv der Pharmacie, 2. Reihe, Bd. 54, Hannover 1848, S. 131-144.

16 Wachenroder, Heinrich; Bley, Ludwig (Hg.): S. 144. Tatsächlich kam nach der Veröffentlichung solcher Studien nur noch der gereinigte Succus (Succus liquiritius depuratus) in den medizinischen Gebrauch. Meyers Konversations Lexikon, fünfte Auflage, zehnter Band, Leipzig & Wien 1896, S. 957.
17 Cederberg, Knut H.: S. 7; Tschirch, Alexander, 1912: S. 89; Flückiger, F. A., 1883: S. 198; Speicher-Brinker, Anette: Inhaltsstoffe der Süßholzwurzel (Liquiritiae Radix), Berlin 1987, S. 15/20.
18 Aktuelle Forschungsberichte über die Glycyrrhiza und Glycyrrhizin sind einsehbar in: United States National Library of Medicine, National Institutes of Health, Toxnet – Toxicology Data Network www.toxnet.nlm.nih.gov.
19 Cederberg, Knut H.: S. 42.
20 In der Glycyrrhiza glabra tragen Triterpensaponine das Glycyrrhizin als Hauptkomponente. Die Wurzel enthält weitere Komponenten, wie z. B. Polyphenole, die bestimmte Phenolsäuren enthalten (Liquiritin, Flavone, Flavane, Chalkone und Isoflavonoide, wie z. B. Glabridin). Die helle, gelbe Farbe der Wurzel ist wiederum auf den Flavonoidgehalt zurückzuführen. Strallhofer, Gerhild: Lakritze: Eine gefährliche Süßigkeit oder eine nützliche Pflanze in der Medizin? München 2010, S. 8; Speicher-Brinker, Anette: S. 33.
21 Entwicklung tragbarer Feuerlöschgeräte, www.brandschutz-streibert.de.
22 H. T. Lacey: The story of Licorice (The Confectioners Journal, 1928) – More about a Candy Raw Material (July 1928)
23 Gilg, Ernst; Schürhoff, Paul N.: Aus dem Reiche der Drogen, Dresden 1926, S. 130; Kobert, Rudolf: Beiträge zur Kenntnis der Saponinsubstanzen für Naturforscher, Ärzte, Medizinalbeamte, Stuttgart 1904, S. 2-19.
24 Allgemein über den medizinischen Nutzen der Glycyrrhiza: Hänsel, R; u. a. (Hg.): Hagers Handbuch, Bd. 5, Berlin u. a. 1993, S. 311 ff.; Speicher-Brinker, Anette: Inhaltsstoffe der Süßholzwurzel (Liquiritiae Radix), Berlin 1987; Strallhofer, Gerhild: Lakritze: Eine gefährliche Süßigkeit oder eine nützliche Pflanze in der Medizin? München 2010.
25 Krausse, Rea; Bielenberg, Jens: Neue Aspekte: Süßholzwurzel bei Magengeschwüren, – in: Österreichische Apothekerzeitung (Ausgabe 12/2003), S. 4.
26 Auster, Fritz; Schäfer, Johanna: S. 28.
27 Vollborn, Marita; Georgescu, Vlad: Die Joghurt-Lüge, Frankfurt a. M. 2006, S. 70.

28 Fereydoon, Shahid; Naczk, Marian: Phenolics in Food and Nutraceuticals, London, New York u. a. 2004.
29 Gehemmte Viren – Süßholz hilft gegen SARS, Spiegel-Online, www.spiegel.de, (Wissenschaft), 13.06.2003.
30 Zittlau, Jörg: Lakritze ist mehr als nur 'ne süße Schnecke, Welt-online.
31 Strallhofer, Gerhild: S. 19. Sie bezieht sich auf: Armanini, Decio, University of Padua, et al.; Reduction of serum testosterone in men by liquorice, The New England Journal of Medicine, Vol. 341, No. 15 (1999), S. 1158.
32 Rätsch, Christian; Müller-Erberling, Claudia: Lexikon der Liebesmittel, Aarau Schweiz 2003, S. 661.
33 Alberti, Wilhelm Christoph: Deutliche und gründliche Anleitung zur Salmiak-Fabrik, Berlin/Leipzig 1780, S. 67; Most, Georg Friedrich: S. 169; Wedel, Georg Wolfgang: S. 30; Ziegler, Otto; Petzold, Artur: Drogenkunde, Eberswald 1929, Neudruck Würzburg 2002, S. 171.
34 Bruchhausen, F.; u. a. (Hg.): Hagers Handbuch, Bd. 7, Berlin u. a. 1993, S. 220; Strobel, Martine: Asthma bronchiale – Die Geschichte seiner medikamentösen Therapie bis zu Beginn des 20. Jahrhunderts, Stuttgart 1994, S. 92.
35 Kopp, Hermann: Geschichte der Chemie, Leipzig 1831, S. 236 ff.
36 Ruska, Julius: Sal ammoniacus, Nušādir und Salmiak, Heidelberg 1923, S. 7.
37 Alberti, Wilhelm Christoph: S. 15.
38 Alberti, Wilhelm Christoph: S. 86.
39 Lakritz sollte vermieden werden bei: Unverträglichkeit, bestehendem hohen Blutdruck, Herzrhythmustörungen, Nierenerkrankungen, Fasten (auch Anorexie und Bulimie) und Alkoholmissbrauch. Als Gegenanzeigen werden angegeben: Chronische Leberentzündung, cholestatische Lebererkrankungen, schwere Niereninsuffizienz, Leberzirrhose, Hypertonie, Hypokaliämie. Vorsicht ist wegen des steigenden Blutdrucks auch während der Schwangerschaft geboten. Besonders empfindlich auf Lakritz reagieren Patienten mit Zirrhose und Diabetes. Bei ihnen tritt schon bei geringer, normalerweise untoxischer Zufuhr an diesen Substanzen akuter Bluthochdruck und Muskelschwäche auf.
40 Bei Patienten mit Magenbeschwerden oder manifesten Magenerkrankungen (wie Gastritis, Ulcus) darf Ammoniumchlorid nur in Ausnahmefällen verordnet werden. Es reizt die Schleimhaut, führt zur Bildung einer

weniger widerstandsfähigen Mucusschicht und begünstigt den negativen Effekt des Helicobacter pylori auf den Magenschleim. Hier würde Salmiak die gegenteilige Wirkung von Glycyrrhizin erzielen. Auch bei Leberkrankheiten ist die Anwendung von Ammoniumchlorid kontraindiziert. Bei Überschreitung der therapeutischen Dosis von 15 g/Tag stehen in erster Linie die Symptome einer Ammoniakvergiftung im Vordergrund: Übelkeit, Krämpfe und schließlich Koma. Bruchhausen, F.; u. a. (Hg.): S. 221.

41 Richtlinie 2004/77/EG vom 29. April 2004.
42 Siehe hierzu den Bericht von: Størmer, F.C.; Reistad R.; Alexander J.: Glycyrrhizic acid in liquorice, National Institute of Public Health, Oslo, 1993. Die Empfehlungen des Bundesgesundheitsamts (BGA) und der Senatskommission der Deutschen Forschungsgemeinschaft sind in den Bundesanzeigern festgehalten: 204 BAz Nr. 90 vom 15.05.1985; 207 BAz Nr. 50 vom 13.03.1990; 215 BAz Nr. 178 vom 21.09.1991; 216 BAz Nr. 74 vom 19.04.1991.
43 Hier ist aber nicht mehr die Wurzel selbst, sondern das als ›Glytinon‹ ausgezeichnete Pulver aus der Glycyrrhizinsäure im Handel. Glytinon ist ein weißes, kristallisiertes Pulver, bestehend aus einem Monoammonium Glycyrrhizinat. Es ist geruchslos, weist aber den sehr süßen, charakteristischen Geschmack auf und ist sowohl mit heißem Wasser als auch in 50 % Ethanol löslich.
44 Bogopolsky, Sacha: La brosse à dents ou L'histoire de la »mal aimée«, Paris 1995, S. 23; Bolten, Ilse: Das Zahnpflegeproblem unter besonderer Berücksichtigung der Entwicklung der Zahnbürste, Bonn 1936, S. 6.
45 Bourdet, Bernard: Leichte Mittel den Mund rein und die Zähne gesund zu erhalten, Leipzig 1762, S. 43.
46 Most, Georg Friedrich: S. 512.

8 Imperiale Lust – Die Entwicklung des Rohstoffmarktes

1 Schlechta-Wssehrd, Ottokar Maria (Übers.): Der Fruchtgarten von Saadi, Wien 1852. S. 170; s. a. Pruß, Robert; Frenzel, Karl: Deutsches Museum – Zeitschrift für Literatur, Kunst und öffentliches Leben, Leipzig 1866.
2 Donald Spence, Hannah: The international sugar trade, Cambridge 1996, S. 14.
3 Mintz, Sidney W.: Die süße Macht, Frankfurt a. M./New York 1985, S. 222.

4   United States Consular Reports: The Licorice Plant, Washington: Government Printing Office, 1885, S. 6.
5   Chartres, John: A special crop and its markets in the eighteenth century: the case of Pontefract's Liquorice, – in: R. W. Hoyle (Hg.): People, landscape and alternative agriculture: essays for Joan Thirsk, Oxford 2004, S. 132.
6   Carroll, Michael G. B.: The Pontefract Liquorice Industry 1880-1970, BA, University of Leeds 2000, unveröffentlicht, S. 18.
7   Van Riel, Richard; Hudson Briony: Liquorice, Wakefield, S. 21.
8   Hess, Henner: Rauchen, Frankfurt a. M./New York 1987, S. 96. Zur Aromatisierung war auch ein Absud aus Pflaumen oder Rosinen bekannt. Leuchs, Johann Carl: Vollständige Tabak-Kunde, Nürnberg 1830, S. 144.
9   H. T. Lacey: The story of Licorice (reprinted from the Confectioners Journal, 1928) – Opportunity to Create New Candy Pieces is found in Licorice (November 1928).
10 Einen Beweis liefert das italienische Rauchverbot auf öffentlichen Plätzen und in Cafés von 2006. Als Folge stieg der Süßholzbedarf sprunghaft an, da nun nicht mehr genüsslich an der Zigarette gezogen, sondern auf dem Süßholzstäbchen herumgekaut wurde.
11 Perrier-Robert, Annie: Bonbons und andere Süssigkeiten, Erlangen 1996, S. 25.
12 Zwar wuchs die Pflanze ursprünglich in der Camargue. Dieser Wildwuchs musste aber schon früh den Salinen zur Salzgewinnung weichen. In den Departements Indre et Loire (Bourgeuil), Gard und Herault wurde die Glycyrrhiza ebenfalls angebaut. Der Anbau in Bourgeuil wird in einer Studie von Arthur Fénéon beschrieben. Fénéon, Arthur: Culture industriell de la Réglisse, Avignon 1886; s. a. Meyers Konversationslexikon, Leipzig & Wien 1871, S. 509; Bixio, Alexandre: Maison Rustique du XIXe siècle, 2. Band, Paris 1837, S. 58.
13 Bousquet, Casimir; Sapet, Tony: Étude sur la Navigation – Le Commerce et l'industrie de Marseille, Marseille 1857, S. 181.
14 1833 kam der Hauptanteil des Süßholzes aus Spanien – für mehr als 164.000 Francs – und für ungefähr 129.000 Francs wurde Süßholz aus Neapel eingeführt. Bixio, Alexandre: S. 59.
15 Eine Verordnung vom 30. November 1803, aus der Zeit der Napoleonischen Besatzung, sollte erstmals die Ausfuhr von Süßholz und Succus aus

Navarra regeln. Los Códigos Españoles concordados y anotados, Tomo Decimo, Madrid 1850, S. 221.

16 Interessant ist in diesem Zusammenhang die Anmerkung des amerikanischen Historikers John Lawrence Tone in seiner Abhandlung über den spanischen Guerilla-Krieg (1808-1814) gegen die Belagerung der napoleonischen Truppen, dass in den spanischen Süßholzmanufakturen der Grafschaft Tudela (einem Zentrum der spanischen Süßholzverarbeitung) nur unorganisierte Arbeiter beschäftigt und die Betriebe nicht in Zünften organisiert waren, obwohl dies der einzige Beschäftigungszweig war, der einen Exporthandel betrieb. Dies bestätigt die Annahme, dass der Handel mit Süßholz lange Zeit keinen Richtlinien unterlag. Tone, John Lawrence: The fatal knot, North Carolina 1994, Anmerkung 58, S. 192.

17 Savary des Bruslons, Jaques: Dictionnaire Universel de Commerce, Paris 1723, Tome II., Spalte 1364.

18 Marzeau, Claude: La réglisse: un privilège gardois, – in: C.N.R.S., Miège, Jean-Louis: Sucre, sucreries et douceurs en Méditerranée, Paris 1991, S. 170.

19 Marzeau, Claude: Il etait une fois – La Réglisse, Volume I., Nimes 1990, S. 59-62.

20 Die Firma gründete in Zaragossa auch ein eigenes Werk (später Tur Sucesores SA), das in seiner Blütezeit 600 Mitarbeiter beschäftigte und als größte Succus-Fabrik von Spanien in die Annalen einging. Ab den 1920ern brachte diese Firma mit der Lakritzstange »Zara« eines der bekanntesten Produkte der spanischen Lakritz-Geschichte hervor.

21 United States Consular Reports: S. 11; Münster, Edmund: Die Gewinnung des nach Deutschland eingeführten Süßholzsaftes und seine Verarbeitung in der Lakritzenindustrie, Düsseldorf 1931, S. 34.

22 Tschirch, Alexander: Handbuch der Pharmakognosie, 2. Bd., 1. Abteilung, Leipzig 1912, S. 82.

23 United States Consular Reports: The Licorice Plant, Washington: Government Printing Office, 1885.

24 Tatsächlich wurde in den Vereinigten Staaten zum Ende des 19. Jahrhunderts auch Süßholz angebaut. Versuche wurden in New Jersey, Pennsylvania, Louisiana und Florida unternommen. In Kalifornien bauten Farmer erstmals um 1880 die Glycyrrhiza glabra an und brachten sie in den amerikanischen Handel. Wickson, Edward J.: One Thousand Questions in Ca-

lifornia Agriculture answered, Licorice growing in California, San Francisco 2004, S. 104.
25 DeNovo, John A.: American interests and policies in the Middle East, 1900-1939, Minnesota 1963, S. 38.
26 Scherzer, Carl von: Smyrna, Wien 1873, S. 143 ff.
27 DeNovo, John A.: S. 38.
28 Münster, Edmund: S. 45. Ausgehend vom Jahr 1873 mit 44.015 Zentnern Süßholz konnte der Export aus Smyrna nach USA bis 1884 auf 269.732 Zentner gesteigert werden. United States Consular Reports, S. 16/17.
29 Die Darstellung der Ernte und des Rohstoffhandels aus diesen Ländern, sowie die folgende Abhandlung über die Lakritz-Herstellung in Italien erfolgt nach Münster, Edmund: Die Gewinnung des nach Deutschland eingeführten Süßholzsaftes und seine Verarbeitung in der Lakritzenindustrie, Düsseldorf 1931.
30 Emmanuel, Em.: Das griechische Süßholz und dessen Succus, – in: Festschrift für Alexander Tschirch, Leipzig 1926, S. 288.
31 Hildt, Johann Adolph: Beschreibung in- und ausländischer Holzarten, Weimar 1799, S. 103.
32 Kunkel, Natalie: Wissenschaftsaustausch zwischen Russland und Westeuropa, München 1999, S. 145.
33 Hamburg hatte sich im 18. Jahrhundert zu einem Umschlagsplatz für Süßholz und Succus aus Spanien entwickelt. Beckmann, Johann: Vorbereitung zur Waarenkunde, Göttingen 1794, S. 405.
34 Georgi, Johann Gottlieb: Geographisch=physikalische und naturhistorische Beschreibung des rußischen Reich. Königsberg 1800, S. 1176/1177.
35 Beckmann, Johann: S. 404.
36 Tschirch, Alexander: S. 82/83.
37 Tschirch, Alexander: S. 82.
38 Der Saft der Äpfel entzieht dem Süßholz das Glycyrrhizin, dass hier eine ebenso konservierende Wirkung wie Zucker hat und einen Gärprozess verhindert.
39 Emmanuel, Em.: S. 289.
40 Brief vom 06. Juli 1861, adressiert an M. Lesne de Paris. Durbiano, Sébastien: La réglisserie Florent à Avignon, Avignon 2000, S. 33.
41 Archives du Departement des Vaucluse, Avignon, Fol. 1 – 14 – 163 du c.1. n° 1; Fol. 380 du c.1. n° 1 du 30 Juin 1861; Fol. 394 du c.1. n° 1 du 10 Juillet 1861; Fol. 386 du c.1. n° 1.

42 Marzi, Vittorio; u. a.: La dolce industria, Conci e liquirizia in provincia di Cosenza dal VIII al XX secolo, Corigliano 1991, S. 6.
43 Münster, Edmund: S. 85.
44 Münster, Edmund: S. 25.
45 Flückiger, Friedrich A. (II.): Pharmakognosie des Pflanzenreiches, Berlin 1883, S. 197. Hierzu wird heute die Extraktlösung unter vermindertem Druck auf 25 % des Ausgangsvolumen eingedampft und anschließend über Sprühtürme getrocknet.
46 Giorgi, Giacomo: Italienische Agrarreform, gesammelte Aufsätze über Probleme und Daten der italienischen Agrarreform, Berlin 1972, S. 16.
47 Marzi, Vittorio; u. a.: S. 11/12.
48 Zum Beispiel übernahm die neugegründete Firma Nature Med auch das Label der Fabrik ›Zagarese‹ (gegr. 1882).
49 Schätzungsweise gehen auch heute über 70 % der weltweiten Süßholzernte in die Tabakindustrie, 20 % in die Süßwarenindustrie und nur 3 % in die Pharmaindustrie.
50 Eine dieser Firmen ist das traditionsreiche Familienunternehmen Hepner & Eschenbrenner (gegr. 1890), das sich auf den Süßholzimport aus dem Iran spezialisiert hat und damit zunehmend die europäische Süßwarenindustrie beliefert.

9 Schwarzes Gold – Die Unternehmer im Visier

1 Dazu zählen folgende Firmen und Manufakturen: Société de produits chimiques de l'Habitarelle, aus der Car (Carenou&Tur) hervorging, La Californie-Zan (Réglisse-Zan), Lauze, Perdrix, Chardonnaud & Ducros-Odrat, Delon, Boyer, Félicien Florent, Duprat & Roch, Deville & Chavent Chartreuse, Monteil, Taulier, Géniest Matte, Fouquets & Fils, Encontre, Chabernac, Jacques, Auzier, Deleuze, Lorette, Porry, Dessole, Henri & Ducou, Kuncher, Cottier, Cotteret, Ravel usw.
2 Die Anfangsjahre der französischen Lakritz-Produktion werden beschrieben in: Marzeau, Claude: Il etait une fois – La Réglisse, Volume I., Nimes 1990; Ders.: La Réglisse: un privilège gardois, – in: C.N.R.S., Miège, Jean-Louis: Sucre, sucreries et douceurs en Méditerranée, Paris 1991.
3 Duvergier, J. B. (Hg.): Collection complete des Lois, Dècrets, Ordonnances, Réglements et avis du Conseil-d'État, Paris 1828, Band 22, S. 544.

4   Die Höhe der Abgaben wurde von einem Protektionismus bestimmt, der schlimmstenfalls bis zu 100 % des Warenwertes ausmachte. Noch in den 1840ern war ein Steuersatz von 33 % für das Süßholz und 48 % für den Succus üblich.
5   Bousquet, Casimir; Sapet, Tony: Étude sur la Navigation – Le Commerce et l'industrie de Marseille, Marseille 1857, S. 181.
6   Bousquet, Casimir: S. 181.
7   Ein wichtiger Zweig der Firma war nach wie vor die Succus-Herstellung und der Süßholzhandel in Saragossa.
8   Dargestellt in: Durbiano, Sébastien: La réglisserie Florent à Avignon, L'ascension d'une industrie en Vaucluse (1859-1883), Avignon 2000.
9   Um seine Unabhängigkeit zu wahren, unterstützte er auch die Versuche für einen erwerbsmäßigen Anbau der Glycyrrhiza glabra in der Provence. Fénéon, Arthur: Culture industriell de la Réglisse, Avignon 1886.
10 Beispielhaft seien hier erwähnt: Robinet, Jean Baptiste: Dictionnaire universel des Sciences morale, économique, politique et diplomatique, London 1778, Tome III, S. 364; Bancarel, Francois: Collection Abrégée des Voyages anciens et modernes autour du monde, Paris 1808, S. 153; Freygang, Frederika: Lettres sur le Caucase et la Géorgie, Hamburg 1816, S. 173; Klaproth, Julius: Voyage au mont Caucase et en Georgie, Paris 1823, S. 85.
11 Bixio, Alexandre: Maison Rustique du XIXe siècle, Paris 1837, 2. Band, S. 58; Hariot, Louis: Les 64 plantes utiles aux gens du monde, Troyes 1876, S. 81.
12 Maupassant, Guy de: »Coco, coco, coco frais«, – in: Contes et nouvelles, T. 1, Paris 1974, S. 70-73.
13 Costes: Journal de médecine de bordeaux, Bordeaux 1848, S. 397.
14 Lortet, P.: Echo de la fabrique – Journal industriel et littéraire de Lyon, Lyon 1833.
15 Dictionnaire Géneral de la Cuisine Francaise ancienne et moderne, Paris 1853, S. 245.
16 Goubaud, Adolphe: Le Moniteur de la Mode – Journal du grand Monde, Paris 1858, S. 147.
17 Münster, Edmund: Die Gewinnung des nach Deutschland eingeführten Süßholzsaftes und seine Verarbeitung in der Lakritzenindustrie, Düsseldorf 1931, S. 98.

18 Die Geschichte der Firma Haribo erfolgt nach der Darstellung von: Grosse de Cosnac, Bettina: Die Riegels – Die Geschichte der Kultmarke Haribo und ihrer Gründerfamilie, Hamburg 2003.
19 Direktor-Referate; www.referatonline.com Haribo.
20 Spiegel 7/1965, S. 40, Industrie – Haribo – Schwarze Kunst.
21 Direktor-Referate; www.referatonline.com Haribo.
22 New Crops for America – in: Popular Mechanics Magazine, Chicago September 1942, S. 92 ff.
23 Spiegel 7/1965, S. 40.
24 Spiegel 7/1965, S. 40.

10 Lakritz-Orbit – Eine Vielfalt ohne Grenzen

1 Walravens, Hartmut (Hg.): Ferdinand Lessing (1882-1961), Sinologe, Mongolist und Kenner des Lamaismus. Materialien zu Leben und Werk, mit dem Briefwechsel mit Sven Hedin, Osnabrück 2000, S. 238.
2 Solche Spezialaufträge erteilten unter anderen die berühmten Pinewood-Filmstudios an die nicht minder berühmten Lakritz-Fabrikanten aus Pontefract.
3 Putscher, Marielene: Das Süssholz und seine Geschichte, Köln 1968, S. 67 ff.; s. a. Beinlich, Horst; Saleh, Mohamed: Corpus der Hieroglyphischen Inschriften aus dem Grab des Tutanchamun, Oxford 1989.
4 Strallhofer, Gerhild: Lakritze: Eine gefährliche Süßigkeit oder eine nützliche Pflanze in der Medizin? München 2010, S. 3.
5 Nach der Ausführung von M. Putscher hätten die Autoren Beal & Lacey diese Feststellung der Ausgabe von Heinrich Joachim, Berlin 1890, entnommen, in welcher der Trank auch mit »süß Bier« umschrieben wurde. Dies sei von einem anonymen Autor in einem undatierten Werbeprospekt der Firma McAndrew & Forbes aufgenommen worden. Hier beginne der Text mit dem Hinweis auf Beal & Lacey und fährt fort, dass es »in den Tagen der Pharaonen« ein Getränk aus Lakritzenwurzel, mit Wasser gemischt gegeben habe und »als mai-sus bekannt war«. Putscher, Marielene: S. 200 ff.
6 Norfolk, Michael im Interview mit Tom Shay Dixon: Roots of History – Pontefract's Liquorice and confectionery Industry, The Digest Magazine, Volume 1, Issue 1. July, Selby 2007.

7   Saint-Denis, Louis-Étienne: Souvenirs du Mameluck Ali sur l'empereur Napoléon, Paris 1926, S. 160 : «Lorsqu'il était habillé, avant de sortir de sa chambre, il garnissait les poches de son habit d'un mouchoir, d'une tabatière, d'une petite Lorgnette et d'une bonbonière en écaille, dans laquelle il y avait du jus de réglisse, et quelquefois, s'il était enrhumé, de la pâté de jujube, mais jamais autre chose ...».

8   Germershausen, Christian Friedrich: Der Hausvater in systematischer Ordnung, vom Verfasser der Hausmutter, Vierter Band, Leipzig 1785, S. 120.

9   H. T. Lacey: The story of Licorice (reprinted from the Confectioners Journal, May 1928), – darin: Opportunity to Create New Candy Pieces is found in Licorice (November 1928).

10 Strallhofer, Gerhild: S. 11.

11 Oft wird noch eine fünfte Geschmacksrichtung als umami (fleischig, herzhaft) angegeben.

12 Wimmer, Anton (Hg.): Das Apotheken-Wesen in Bayern, Landshut 1850, S. 293 ff.

13 Ludwig Thoma: Gesammelte Werke in sechs Bänden. Band 4, München 1968, S. 88-96.

14 Horns, Otto: Therese Krones, Roman aus Wiens jüngster Vergangenheit, I. Band, Wien 1855, S. 154.

15 Mintz, Sidney W.: Die süße Macht – Kulturgeschichte des Zuckers, Frankfurt a. M./New York 1985, S. 26.

16 Nach § 1 des deutschen Süßstoffgesetzes von 1902 sind Süßstoffe »Alle auf künstlichem Wege gewonnen Stoffe, welche als Süßmittel dienen können und eine höhere Süßkraft als raffinierter Rohrzucker oder Rübenzucker, nicht aber entsprechenden Nährwert besitzen.« Reichsschatzamt (Hg.): Süßstoffgesetz nebst Ausführungsbestimmungen, Berlin 1903, S. 3. Diese Definition gilt noch heute und muss nur insofern modifiziert werden, als Süßstoffe mittlerweile nicht bloß synthetisch (»auf künstlichem Wege«) hergestellt, sondern auch aus Pflanzen isoliert werden können. Merki, Christoph Maria: Zucker gegen Saccharin – Zur Geschichte der künstlichen Süßstoffe, Frankfurt a. M. 1993, S. 50.

17 Angaben für das Jahr 2010 von ›Wirtschaftliche Vereinigung Zucker‹ – Verein der Zuckerindustrie, Weltzuckererzeugung und Verbrauch (Tabelle: Zuckerverbrauch in einigen Ländern), www.zuckerverbaende.de.

18 Nach den Ausführungen von Sidney W. Mintz stellte 1972 Island mit einem Konsum von über 150 Gramm pro Kopf und Tag den größten Pro-Kopf-Verbrauch; die Niederlande, Dänemark und England folgten mit mehr als 135 Gramm. Seitdem sind die Zahlen noch gestiegen. Mintz, Sidney W.: S. 232. Erklären lässt sich der hohe Zuckerkonsum in nordatlantischen Staaten durch den allgemein erhöhten Kalorienbedarf. Merki, Christoph Maria: S. 38.

19 Carroll, Michael G. B.: The Pontefract Liquorice Industry 1880-1970: an Industry in Decline?, BA, University of Leeds, 2000, unveröffentlicht, S. 3/24. Bereits zu Beginn des 20. Jahrhunderts wird auf die Verdrängung der Lakritze durch die Schokolade verwiesen. Besselich, Nikolaus: Das Zuckerwaren-Laboratorium, Trier 1916, S. 114.

20 Dies ist vielleicht auch eine zusätzliche Begründung für die Verwendung von Salmiak, das künstlich hergestellt werden kann. Hierdurch kann der Salzimport umgangen werden.

21 Nachweis über komplett chemisch erzeugtes Glycyrrhyzin ›Glycyrrhetic Acid Monoglucuronide‹ (MGGR) in Ageta, Hiroyuki; Aimi, Norio; Ebizuka, Yutaka; Fujita, Testuro; Honda, Gisho (Hg.): Towards Natural medicine Research in the 21th Century, Kyoto 1997, S. 225-235.

22 Yna S.; Gao W.; Lu F. Zhao R.: Effect of space flight on glycyrrhizic acid-related gene mutation in Glycyrrhiza uralensis; College of Pharamceuticals and Biotechnology, Tianjin University, Tianjin 2009. Gao W.; Yan S.; Cao X. Hu L.: Effect of space flight in DNA mutation and secondary metabolites of licorice (Glycyrrhiza uralensis Fisch.), School of Pharamceuticals Science and Technology, Tianjin University, Tianjin 2009.

Bildnachweise

Abb. Seite 3: Fuchs, Leonard: Sueßholtz aus dem New Kreüterbuch, Basel 1543, cap. 107. Faksimile München 1964.
Abb. 1: Bach, Adolf: Deutsche Mundartforschung, Heidelberg 1950, S. 171.
Abb. 2: unbekannter Künstler, Kupferstich um 1860, Privatbesitz.
Abb. 3: Hegi, Gustav: Illustrierte Flora von Mitteleuropa, Bd. IV, 3 (1924) S. 1455, Fig. 1497.
Abb. 4, 33, 35, 36, 37: Mit freundlicher Genehmigung der Mafco Worldwide Corporation.
Abb. 5: Karow, Otto: Die Illustrationen des Arzneibuches der Periode Shao-hsing vom Jahre 1159, Leverkusen 1956, S. 60.
Abb. 6: Zeichnung von Judith D. Love, – in: Majno, Guido: The Healing Hand – Man and Wound in the Ancient World, Cambridge 1975, S. 416.
Abb. 7, 8: Putscher, Marielene: Das Süssholz und seine Geschichte, Köln 1968.
Abb. 9, 27: Staatsbibliothek Bamberg, G. Raab.
Abb. 10: Tacuinum Sanitatis (Manuscript 1041), Universitätsbibliothek Lüttich.
Abb. 11: Stadtarchiv Amsterdam.
Abb. 12: Heine, Thomas Th.: Die große Fleischnot, Flugblatt aus dem Simplicissimus 1905, Privatbesitz.
Abb. 13, 20, 21, 29, 39, 40: Tschirch, Alexander: Handbuch der Pharmakognosie, Leipzig 1912.
Abb. 14, 15: bpk/Kunstbibliothek, SMB/Knud Petersen.
Abb. 16: »Sojuslakritza«, Uralsk, 1994.
Abb. 17: Jacque, Charles: Charivari, 1840 – in: Pötzsch, Regine: Die Apotheke – Historische Streiflichter, Basel 1996, S. 275.

Abb. 18, 19: Germanisches Museum Nürnberg, M. Runge.
Abb. 22: Marzi, Vittorio (u. a.): La dolce industria, Corigliano 1991, S. 87.
Abb. 23: Society of Antiquaries, London.
Abb. 24, 25, 38, 47, 48, 53: Pontefract Museum, Wakefield Council Sport and Culture.
Abb. 26: Gilg, E.; Schürhoff, P. N.: Aus dem Reich der Drogen, Dresden 1926, S. 129.
Abb. 28: Baker, Henry: Employment for the Microscope, London 1764, S. 172.
Abb. 30: Estate of George Grosz, Princeton, N. J. / VG Bild-Kunst, Bonn 2012.
Abb. 31, 58: BCH, Rochdale.
Abb. 32, 43: Privatbesitz.
Abb. 34: Humann, Carl: Karte von Vorder-Kleinasien zur Erläuterung der Monographie der Provinz Smyrna, – in: Scherzer, Carl: Smyrna, Wien 1873.
Abb. 41: Leppänen, Mari: Lakua!, Helsinki 2004.
Abb. 42: Marzeau, Claude: Il etait une fois – La Reglisse, S. 55.
Abb. 44, 46: Locci, Jean-Pierre: Mémoires d'industries vauclusiennes XIXe-XXe siecles, Avignon 2004, S. 57/58.
Abb. 45: Daumier, Honoré Victorin: Marchande de Coco, – in: Le Charivari, 7.3.1839.
Abb. 49, 51: Leaf Sverige AB.
Abb. 50: bpk/RMN/Hervé Lewandowski.
Abb. 52: Nidar AS.
Abb. 54: Poster der Réglisserie Félicien Florent, 1909/1910.
Abb. 55, 56, 57, 59, 62: Wilkinson, Pontefract Museum, Wakefield Council Sport and Culture.
Abb. 60: Poster von Leslie Trasher 1923.
Abb. 61: Poster von Ken Bailey.
Abb. 63: Pekka Olkku, Kouvolan-Lakritsi, Finnland.
Abb. 64: Poster Réglisse-Zan, um 1900.
S. 243: ©TOM (Tom Körner).

Quellen- und Literaturverzeichnis

Archivalien

Staatsarchiv Bamberg: A 231/1; B 26 c; B 67/XV.
Archives du Departement des Vaucluse, Avignon: Fol. 1–14–163; Fol. 380; Fol. 386; Fol. 394.

Literatur

Ageta, Hiroyuki; u. a. (Hg.): Towards Natural Medicine Research in the 21th Century, Kyoto 1997.
Ailhaud, Johann: Abhandlung vom Ursprung der Krankheiten und Gebrauch des abführenden Pulvers, durch den Herrn Johann Ailhaud, Breslau 1753.
Alberti, Wilhelm Christoph: Deutliche und gründliche Anleitung zur Salmiak-Fabrik welcher dem Egyptischen an Güte und Preise vollkommen ähnlich ist, Berlin/Leipzig 1780.
Arends, Dietrich; Schneider, Wolfgang: Braunschweiger Apothekenregister 1506-1673, Braunschweig 1960.
Arenstein, Joseph (Hg.): Österreichischer Bericht über die internationale Ausstellung in London, Wien 1863.
Auster, Fritz; Schäfer, Johanna: Arzneipflanzen (22. Lieferung), Glycyrrhiza glabra L., Leipzig 1960.
Bach, Adolf: Deutsche Mundartforschung, Heidelberg 1950.
Baechtold, Jakob: Gottfried Keller's nachgelassene Schriften und Dichtungen, Berlin 1893.
Bancarel, François: Collection Abrégée des Voyages anciens et modernes autour du monde, Paris 1808.
Barrow, Malcolm R.: Licquorice and the Dunhills, Working notes, Pontefract 2000, unveröffentlicht.

Barton, Benjamin H.; Castle, Thomas: The British Flora Medica, London 1838.

Beaumont, Francis; Fletcher, John: The Knight of the Burning Pestle, London 1613.

Beck, Christoph: Ein Einblattdruck vom Bamberger Süßholz, – in: Bayrische Hefte für Volkskunde Friedrich v. der Leyen, Adolf Spamer (Hg.), München, Jahrgang V, 1918.

Becker, Gabriele; u. a.: Aus der Zeit der Verzweiflung – Zur Genese und Aktualität des Hexenbildes, Frankfurt a. M. 1981.

Beckmann, Johann: Vorbereitung zur Waarenkunde, oder zur Kenntnis der vornehmsten ausländischen Waaren, Göttingen 1794.

Beinlich, Horst; Saleh, Mohamed: Corpus der Hieroglyphischen Inschriften aus dem Grab des Tutanchamun, Oxford 1989.

Berendes, Julius: Die Pharmacie bei den alten Culturvölkern, Halle 1891.

Berthelot, Marcelin: Collections des anciens alchimistes grecs, Paris 1887.

Besselich, Nikolaus: Das Zuckerwaren-Laboratorium, Trier 1916.

Bixio, Alexandre: Maison Rustique du XIXe siècle – Encyclopédie d'Agriculture pratique, 2. Band, Paris 1837.

Blumenbach, W. C. W.: Handbuch der technischen Materialwaarenkunde, Pesth 1846.

Boehme, Johann: Repertorium librorum trium Ioannis Boemi de omnium gentium ritibus: item index rerum scitu dignorium in eosdem, Augustae Vindelicorum, 1520.

Bogopolsky, Sascha: La brosse à dents ou L'histoire de la »mal aimée«, Paris 1995.

Böhmer, George Rudolph: Technische Geschichte der Pflanzen, Leipzig 1793.

Bolten, Ilse: Das Zahnpflegeproblem unter besonderer Berücksichtigung der Entwicklung der Zahnbürste, Bonn 1936.

Bömer, A.; u. a.: Gesetze und Verordnungen sowie Gerichtsentscheidungen betreffend Lebensmittel, Berlin 1932.

Bosso, Bianca: La Liquirizia – Conoscerla e Coltivarla, Bologna 1990.

Bourdet, Bernard: Leichte Mittel den Mund rein und die Zähne gesund zu erhalten, Leipzig 1762.

Bousquet, Casimir; Sapet, Tony: Étude sur la Navigation – Le Commerce et l'industrie de Marseille, Marseille 1857.

Bovey, Alixe: Tacuinum Sanitatis – an Early Renaissance Guide to Health, London 2005.

Brinkman, John A.; u. a. (Hg.): The Assyrian Dictionary of the Oriental Institute of the University of Chicago, Chicago 1992.

Bruchhausen, F. v; (Hg.) u. a.: Hagers Handbuch, Bd. 7, Berlin u. a. 1993.

Brunner, Sebastian: Die Prinzenschule zu Möpselglück, Regensburg 1848.

Buchner (Hg.): Repertorium für die Pharmacie, Nürnberg 1849.

Burnett, Gilbert T.: Outlines of Botany, Vol II., London 1835.

Campbell Thompson, Reginald: The Assyrian Herbal, London 1924.

Campion, John S.: On Foot in Spain – A Walk from the Bay of Biscay to the Mediterranean, London 1879.

Carroll, Michael G. B.: The Pontefract Liquorice Industry 1880-1970: an Industry in Decline? Leeds 2000, unveröffentlicht.

Castiglione, Baldassare: Der Hofmann, Lebensart in der Renaissance (Übers. Albert Wesselski), Berlin 2008.

Cederberg, Knut Hilmer: Untersuchungen über Glycyrrhizin und andere Bestandteile im Süssholz, Bern 1907.

Chamfort, Sébastien-Roch-Nicolas: Oeuvres Choisies, Bd. II., Paris 1892.

Charas, Mosis: Medicinæ Doctoris & Regiæ Majestatis Anglicæ Medici Chymici, Operum Tomus Tertius: Historiam Naturalem Animalium, Plantrum et Mineralium, Theriacæ Andromachi Compostionem Ingredientium; cum Experimentis circa viperam, Addita Serie Novorum Experimentorum, Genevæ 1684, Caput XVII. De Succo Liquiritiæ.

Chartres, John: A special crop and its markets in the eighteenth century: The case of Pontefract's Liquorice, – in: Hoyle, R. W.

(Hg.): People, landscape and alternative agriculture: essays for Joan Thirsk, Oxford 2004.

Chaucer, Geoffrey: Die Canterbury Tales (Übers. Adolf v. Düring), München 1974.

Corigliano, Guida Illustrata, Texte von Enzo Cumino und Enzo Viteritti, Corigliano 1992.

Costes: Journal de médecine de Bordeaux, Bordeaux 1848.

de Crescentiis, Petrus: Von dem // nut der ding die in aeckeren gebuwt werde. ..., Straßburg 1518.

Culpeper, Nicholas: The Herbal Family, Spitalsfield 1653, Neudruck London 1815.

Cunningham, Scott: Cunningham‹s Encyclopedia of magical herbs, Minnesota 1985.

Daisenberger, Maria Katharina: Vollständiges Bayrisches Kochbuch für alle Stände, Nürnberg 1843.

Debru, Armelle: Das soziale Gefälle zwischen Stadt und Land in der Therapeutik Galens, – in: Pötzsch, Regine: Die Apotheke – Historische Streiflichter, Basel 1996.

DeNovo, John A.: American interests and policies in the Middle East, 1900-1939, Minnesota 1963.

Der Spiegel: Haribo – Schwarze Kunst (Industrie), 7/1965.

Dictionnaire Géneral de la Cuisine Francaise ancienne et moderne, Paris 1853.

Diderot, Denis; D'Alembert, Jean-Baptiste le Rond (Hg.): Encyclopédie, ou Dictionnaire universel raisonné des connoissances humaines. Mis en ordre par M. De Felice, Bd. 36, Yverdon, 1774.

Diefenbach, Laurentius: Glossarium Latino-Germanicum mediale et infimae aetatis, Frankfurt a. M. 1857.

Diefenbach, Laurentius: Novum Glossarium Latino-Germanicum mediae et infirmae aetatis, Frankfurt a. M. 1867.

Dioskurides, Pedanius: Pedanius Dioskurides aus Anazarba – Fünf Bücher über die Heilkunde, Altertumswissenschaftliche Texte und Studien, Band 37, Hildesheim u. a. 2002.

Donald Spence, Hannah: The international sugar trade, Cambridge 1996.

Dover Wilson, John; Walker, Alice (Hg.): The works of Shakespeare – Othello, Cambridge 1957.

Dumschat, Sabine: Ausländische Mediziner im Moskauer Rußland, München 2006.

Dupont Chandler, Alfred: The visible hand: The managerial revolution in American business, Cambridge 1977.

Durbiano, Sébastien: La réglisserie Florent à Avignon, L'ascension d'une industrie en Vaucluse (1859-1883), – in: Sauvegarde et Promotion du Patrimoine Industriel en Vaucluse – Cahier n° 30 & 31, Avignon 2000.

Dürrwächter, Ludwig: Die Bamberger Gärtnerei, Bamberg 1922.

Duvergier, J. B. (Hg.): Collection complete des Lois, Dècrets, Ordonnances, Réglements et avis du Conseil-d'État, Band 22, Paris 1828.

Eichler, Ernst (Hg.): Selecta Bohemico-Germanica. Tschechisch-Deutsche Beziehungen im Bereiche der Sprache und Kultur, Münster u. a. 2003.

d'Elvert, Christian Ritter: Zur Cultur-Geschichte Mährens und Oest. Schlesiens, I. Theil, Brünn 1866.

Emmanuel, Em.: Das griechische Süßholz und dessen Succus, – in: Festschrift für Alexander Tschirch zu seinem 70. Geburtstag, Leipzig 1926.

Europäisches Arzneibuch, 6. Ausgabe, Stuttgart 2008.

Fénéon, Arthur: Culture industriell de la Réglisse ses usages en medicine humaine et vétérinaire, dans la Préparation des Tabacs etc., Avignon 1886.

Fereydoon, Shahid; Naczk, Marian: Phenolics in Food and Nutraceuticals, London, New York u. a. 2004.

Flückiger, Friedrich A. (I.): Grundriss der Pharmakognosie, Berlin 1884.

Flückiger, Friedrich A. (II.): Pharmakognosie des Pflanzenreiches, Berlin 1883.

Flückiger, Friedrich A.: Documente zur Geschichte der Pharmacie, Halle 1876.

Flückiger, Friedrich A.; Hanbury, Daniel: Pharmacographia – A history of the Principal drugs, London 1874.

Freygang, Frederika: Lettres sur le Caucase et la Géorgie suvies d'une rélation d'un voyage en Perse en 1812, Hamburg 1816.
Friedell, Egon: Kulturgeschichte Griechenlands – Leben und Legende der vorchristlichen Seele, München 1949.
Friedrich, Walter: Oberfränkisch – Auch ein Wörterbuch der Bad Rodacher Mundart, Würzburg 2001.
Froriep, Robert (Hg.): Fortschritte der Geographie und Naturgeschichte, Berlin 1848.
Gao W.; u. a.: Effect of space flight in DNA mutation and secondary metabolites of licorice (Glycyrrhiza uralensis Fisch.), School of Pharamceuticals Science and Technology, Tianjin University, Tianjin 2009.
Garin, Eugenio (Hg.): Der Mensch der Renaissance, Frankfurt a. M./New York 1990.
Gäter, Carlheinz: Aus Bamberg kam der erste Kaugummi – Die Gärtnerstadt führte das Süßholz als Wahrzeichen – Auszug aus »Unser Bayern – Heimatbeilage der Bayrischen Staatszeitung«, Jahrgang 47, Nr. 4 – April 1998.
Gaude, Werner: Die alte Apotheke – Eine tausendjährige Kulturgeschichte, Stuttgart 1979.
Georgi, Johann Gottlieb: Geographisch = physikalische und naturhistorische Beschreibung des rußischen Reichs. Des dritten Theils fünfter Band – Inländische Pflanzen der vierzehnten bis letzten Klasse des Systems des Ritters Carl von Linné, Königsberg 1800.
Germershausen, Christian Friedrich: Der Hausvater in systematischer Ordnung, vom Verfasser der Hausmutter, Vierter Band, Leipzig 1785.
Giese, Joachim: Kräfftiges Süßholz/als Ein Bewehrtes Lindholz/Wider das bitter Todten-Wasser im absterben der liebsten Angehörigen, Kiel 1692.
Gilg, Ernst; Schürhoff, Paul N.: Aus dem Reiche der Drogen – Geschichtliche, Kulturgeschichtliche und Botanische Betrachtungen über wichtigere Drogen, Dresden 1926.

Giorgi, Giacomo: Italienische Agrarreform, gesammelte Aufsätze über Probleme und Daten der italienischen Agrarreform, Berlin 1972.
Goedeke, Karl: Goethes Werke, Band 28, Stuttgart 1867.
Goethe, Johann Wolfgang: Aus meinem Leben: Dichtung und Wahrheit, Berlin 1981.
Goez, Johann Christoph: De Glycyrrhiza, Altdorf (handschriftlich 1715).
Gotthelf, Jeremias: Der Bauern-Spiegel oder Lebensgeschichte des Jeremias Gotthelf, Burgdorf 1839.
Goubaud, Adolphe: Le Moniteur de la Mode – Journal du grand Monde, Paris 1858.
Griffith, Francis L.; Thompson, Herbert: The Demotic Magical Papyrus of London and Leiden, London 1904.
Grimm, Jacob & Wilhelm: Deutsches Wörterbuch, Leipzig 1854-1960, Band 20.
Grosse de Cosnac, Bettina: Die Riegels – Die Geschichte der Kultmarke Haribo und ihrer Gründerfamilie, Hamburg 2003.
Guigno, Carl: Des Teufels Zopf: Posse mit Gesang und Tanz in drei Aufzügen, Wien 1852.
Gurney, Oliver R.; Finkelstein, Jacob J.: The Sultantepe Tablets, London 1957.
Haas, Hans: Spiegel der Arznei – Ursprung, Geschichte und Idee der Heilmittelkunde, Berlin u. a. 1956.
Haas, Volker: Magie und Mythen im Reich der Hethiter, Hamburg 1977.
Hager, Hermann: Deutsche Pharmakopöe, Stuttgart 1981, Nachdruck der Ausgabe 1872.
Halde, Jean-Baptiste: Description géographique, historique etc. de la Chine, Paris 1736.
Hanbury, Daniel: Science Papers, London 1876.
Handels-Lexikon oder Encyclopädie der gesammten Handelswissenschaften für Kaufleute und Fabrikanten herausgegeben von einem Vereine Gelehrter und praktischer Kaufleute, Leipzig 1850.

Handschuh, Gerhard: Die Geschichte des Bamberger Süßholzanbaus, – in: »Denn wos ä rechtä Gärtnä is, ...« – Festschrift zum 125jährigen Vereinsjubiläum des Oberen Gärtnervereins Bamberg 1863-1988, Bamberg 1988.

Hänsel, R; u. a. (Hg.): Hagers Handbuch, Bd. 5, Berlin u. a. 1993.

Hariot, Louis: Les 64 plantes utiles aux gens du monde, Troyes 1876.

Haupt, Anton: Die Bamberger Gärtnerei, ein Theil der freien Wirthschaft. Bamberg 1866.

Heller, Agnes: Der Mensch der Renaissance, Frankfurt a. M. 1988.

Hengartner, Thomas: Tabak, – in: Hengartner, Thomas; Merki, Christoph Maria (Hg.): Genussmittel – ein kulturgeschichtliches Handbuch, Frankfurt a. M. 1999.

Hertzberg, Wilhelm (Hg. u. Übers.): The Libell of English Policye 1436, Leipzig 1878.

Hess, Henner: Rauchen – Geschichte, Geschäfte, Gefahren, Frankfurt a. M./New York 1987.

Hiestand, Rudolf: Kranker König – kranker Bauer, – in: Peter Wunderli: Der Kranke Mensch in Mittelalter und Renaissance, Düsseldorf 1986.

Hildt, Johann Adolph: Beschreibung in- und ausländischer Holzarten, Weimar 1799.

Holländer, Friedrich: Studien zum Aufkommen städtischer Accisen am Niederrhein, Bonn 1911.

Holle, Adam Heinrich: Allgemeine Haushalt- und Landwissenschaft, 4. Teil, 1764.

Horns, Otto: Therese Krones, Roman aus Wiens jüngster Vergangenheit, I. Band, Wien 1855.

Hudson, Briony; Van Riel, Richard: Liquorice, Wakefield/Pontefract, o. J.

Hüllmann, Karl Dietrich: Geschichte des Byzantinischen Handels bis zum Ende der Kreuzzüge, Frankfurt a. d. O. 1808.

Huwer, Elisabeth: Das Deutsche Apotheken-Museum, Regensburg 2006.

Irsigler, Franz ; Lassotta, Arnold: Bettler und Gaukler, Dirnen und Henker – Außenseiter in einer mittelalterlichen Stadt, München 1989.

Ivar, Ulf Nilsson: Hundraårig Gävlekändis föddes i Tyksland, Arbeterbladet, Stockholm 15.03.2009.

Karow, Otto: Die Illustrationen des Arzneibuches der Periode Shao-hsing vom Jahre 1159, Leverkusen 1956.

Kästner, Erich: Die lustige Geschichtenkiste. Gefüllt von Erich Kästner, Zürich 1986.

Kiermeier, Friedrich (Hg.): Grundlagen und Fortschritte der Lebensmitteluntersuchung und Lebensmitteltechnologie, Bd. 20 – Zucker und Zuckerwaren, Berlin & Hamburg 1985.

Kindleben, Christian Wilhelm: Studenten-Lexikon, Halle 1781.

Kisch, Egon Erwin: Mein Leben für die Zeitung (1926-1947), Berlin/Weimar 1983.

Kittel, Josef B.: Süßigkeiten bei Goethe, Dresden 1927.

Klaproth, Julius: Voyage au mont Caucase et en Georgie, Paris 1823.

Kobert, Rudolf: Beiträge zur Kenntnis der Saponinsubstanzen für Naturforscher, Ärzte, Medizinalbeamte, Stuttgart 1904.

Kokkoka: Geheimnisse der Liebeskunst – Die altindische Liebeskunde des Ratirahasya, Wiesbaden 2006.

Kopp, Hermann: Geschichte der Chemie, Leipzig 1831.

Krausse, Rea; Bielenberg, Jens: Neue Aspekte: Süßholzwurzel bei Magengeschwüren, – in: Österreichische Apothekerzeitung, Ausgabe 12, 2003.

Krünitz, Johann G.: Oekonomische Encyklopädie oder allgemeines System der Staats- Stadt- Haus- und Landwirthschaft, Berlin 1810, Bd. 178.

Kunkel, Natalie: Wissenschaftsaustausch zwischen Russland und Westeuropa, insbesondere Deutschland, in der Botanik und Pharmazie vom 18. bis zum frühen 20. Jahrhundert, München 1999.

Küster, Hansjörg: Wo der Pfeffer wächst – Lexikon der Kulturgeschichte der Gewürze, München 1987.

Lacey, H. T.: The Story of Licorice (reprinted from the Confectioners Journal, 1928).
Ladurie, Emmanuel Le Roy: Karneval in Romans, Stuttgart 1982.
Lees, Ronald: The sweet history of Britain, – in: New Scientist, London, 1983, vol. 100, nos. 1389/1390.
Leitich, Anna Tizia: Wiener Zuckerbäcker – Eine süße Kulturgeschichte, Wien 1980.
Lenz, Siegfried: Lakritz, Latein und grosse Wäsche, Berlin 1989.
Leppänen, Mari: Lakua!, Helsinki 2004.
Leuchs, Johann Carl: Vollständige Tabak-Kunde oder wissenschaftlich-praktische Anleitung zur Bereitung des Rauch- und Schnupftabaks und der Cigarren, Nürnberg 1830.
Leuchs, Johann Carl: Vollständige Runkelrüben-Zuker-Fabrikation; nebst Anleitung zur Abscheidung und Raffination des Zukers aus Aepfeln, Ahorn, Honig, Kastanien, Mais, Milch, Möhren, Pflaumen, Süßholz, Weintrauben, Zukerrohr und 30 anderen Körpern, und Beschreibung der besten Geräthe und Einrichtungen, Nürnberg 1836.
Leuchs, Johann Carl: J. C. Leuchs' Brau-Lexicon, Nürnberg 1867.
Levey, Martin: Early Arabic Pharmacology, Leiden 1973.
Lichtenstein, Franz (Hg.): Michael Lindener's Rastbüchlein und Katzipori, Tübingen 1883 (Neudruck).
Lindgren, Astrid: Pippi in Taka-Tuka-Land, Hamburg 1986.
Linné, Carl von: Species Plantarum, Stockholm 1753.
Lippmann, Edmund O.: Geschichte des Zuckers seit den ältesten Zeiten bis zum Beginn der Rübenzucker-Fabrikation – Ein Beitrag zur Kulturgeschichte, Neudruck der Ausgabe Berlin u. a. 1929.
Lippmann, Edmund O.: Entstehung und Ausbreitung der Alchemie, Frankfurt a. M. 1954 (Neudruck).
List, P. H.; Hörhammer, L. (Hg.): Hagers Handbuch der Pharmazeutischen Praxis für Apotheker, Arzneimittelhersteller, Ärzte und Medizinalbeamte, Bd. 3, Berlin u. a. 1972.
Locci, Jean-Pierre: Mémoires d'industries vauclusiennes – XIX–XXe – siècles, Avignon 2004.

Lortet, P.: Echo de la fabrique – journal industriel et littéraire de Lyon, Lyon 1833.

Los Códigos Españoles concordados y anotados, Tomo Decimo, Madrid 1850.

Luxbacher, Günther: Die technologische Mobilisierung der Botanik, – in: Technikgeschichte Bd. 68 (2001), Nr. 4.

Magazin der Handels- und Gewerbekunde, Herausgegeben von einer Gesellschaft von Gelehrten und Geschäftsmännern, Weimar 1804, Zweiter Band: Der Süßholzbau in Mähren.

Mann, Golo: Wallenstein, Frankfurt a. M. 1971.

Marzeau, Claude: Il etait une fois – La Reglisse, Volume I., Nimes 1990.

Marzeau, Claude: La réglisse: un privilège gardois, – in: C.N.R.S., Miège, Jean-Louis: Sucre, sucreries et douceurs en Méditerranée, Paris 1991.

Marzi, Vittorio u. a.: La dolce industria, Conci e liquirizia in provincia di Cosenza dal VIII al XX secolo, Corigliano 1991.

Mattioli, Pietro Andrea: Kreuterbuch: Des Hochgelehrten weitberühmten Herrn Petri Andreae Mattioli gründtliche erklärung aller Kreutter vnd Gewechs, Frankfurt a. M. 1586.

Maupassant, Guy de: »Coco, coco, coco frais«, – in: Contes et nouvelles, Tome 1, Paris 1974.

Mead, William Edward: The English Medieval Feast, London 1931.

Megenberg, Conrad von: Das Buch der Natur, – in: Neu-Hochdeutscher Sprache von Dr. Hugo Schulz, Greifswald 1897.

Melanchthon, Phillip: Encomium Franciaes. No 52, – in: Corpus Reformatorum. Hg. von Carolus Gottlieb Brettschneider, Halle 1843, Bd. XI.

Merki, Christoph Maria: Zucker gegen Saccharin – Zur Geschichte der künstlichen Süßstoffe, Frankfurt a. M. 1993.

Merki, Christoph Maria: Zucker, – in: Hengartner, Thomas; Merki, Christoph Maria (Hg.): Genussmittel – ein kulturgeschichtliches Handbuch, Frankfurt a. M. 1999.

Meyers Konversations-Lexikon, Leipzig & Wien 1871.

Meyers Konversations-Lexikon, Leipzig & Wien 1896.
Michon, Joseph (Hg.): Documents inédits sur la grande Peste de 1348, Paris 1860.
Midi Libre, 20.05.1989.
Miekisch, Horst: Absolutismus und Barock in Bamberg – Darstellungen und Quellen zur Geschichte Bambergs, Bamberg 1988.
Mintz, Sidney W.: Die süße Macht – Kulturgeschichte des Zuckers, Frankfurt a. M./New York 1985.
Model, Johann Georg: Johann Georg Models, Apothekers bey der Russisch=Kaiserli. Obr=Apotheke zu St. Petersburg, Versuche und Gedanken über ein natürliches oder gewachsenes Salmiak, Leipzig 1758.
Model, Johann Georg: Chymische Nebenstunden, St. Petersburg 1762.
Mohr, Friedrich: Commentar zur preussischen Pharmacopoe nebst Übersetzung des Textes, Braunschweig 1854.
Molbech, Christian: Henrik Harpestrengs Danske Lægebog fra det trettende Jarhundrede, Kiöbenhavn 1826.
Molière: Tartuffe (Übers. Wolf v. Baudissin), Leipzig 1965.
Mollat, Michel: Der königliche Kaufmann – Jacques Coeur oder der Geist des Unternehmertums, München 1991.
Moser; Jordan (Hg.): Preussisches Handelsarchiv, Wochenschrift für Handel, Gewerbe und Verkehrsanstalten, Berlin 1863.
Most, Georg Friedrich: Encyklopädie der gesammten Volksmedicin, Leipzig 1843, Neudruck Graz 1973.
Münster, Edmund: Die Gewinnung des nach Deutschland eingeführten Süßholzsaftes und seine Verarbeitung in der Lakritzenindustrie, Düsseldorf 1931.
Neuer Vollständiger Tarif der Ein- und Ausgangszölle für das Königreich Bayern, Bamberg 1827.
Norfolk, Michael im Interview mit Tom Shay Dixon: Roots of History – Pontefract's Liquorice and confectionery Industry, The Digest Magazine, Volume 1, Selby 2007.
North, Michael: Das Bild des Kaufmanns, – in: Schwarze, Michael (Hg.): Der Neue Mensch – Perspektiven der Renaissance, Regensburg 2000.

Oesterreichisches naturhistorisches Bilder=Conversations-Lexicon, Von einem gelehrten Vereine, Wien 1839.

Opsomer, Carmélia: L'art de vivre en santé – Images et Recettes du moyen âge – Le Tacuinum Sanitatis (manuscrit 1041) de la Bibliothèque de l'Université de Liège, Alleur 1991.

Parkinson, John: Theatrum botanicum – The Theater of Plantes, London 1640.

Paullini, Kristian Frantz: K. F. Paullini's heilsame Dreck-Apotheke, Stuttgart 1847.

Pelz, Monika: Der hellwache Träumer – Die Lebensgeschichte des Jean-Jaques Rousseau, Hemsbach 2005.

Perrier-Robert, Annie: Bonbons und andere Süssigkeiten, Erlangen 1996.

Peschina, Johann: Auspitz – Die deutsche Stadt in Südmähren, Hanau 2001.

Petite Anthologie de la Réglisse, Barbentane 2002.

Petitot, Émile: Traditions indiennes du Canada Nord-Quest, Paris 1967.

Phillippe, Adrien: Geschichte der Apotheker bei den wichtigsten Völkern der Erde, (Neudruck der Ausgabe von 1858) Wiesbaden 1966.

Popular Mechanics Magazine: New Crops for America, Chicago 1942.

Pritzel, G.; Jessen, C.: Die deutschen Volksnamen der Pflanzen, Hannover 1884.

Pruß, Robert; Frenzel, Karl: Deutsches Museum – Zeitschrift für Literatur, Kunst und öffentliches Leben, Leipzig 1866.

Puschmann, Theodor: Alexander von Tralles – ein Beitrag zur Geschichte der Medicin, (Nachdr. der Ausg. Wien 1879) Amsterdam 1963.

Putscher, Marielene: Das Süssholz und seine Geschichte, Köln 1968.

Rätsch, Christian; Müller-Erberling, Claudia: Lexikon der Liebesmittel – Pflanzliche, mineralische, tierische und synthetische Aphrodisiaka, Aarau 2003.

Reichsschatzamt (Hg.): Süßstoffgesetz nebst Ausführungsbestimmungen, Berlin 1903.

Reimann, Jörg: Neapel und Sizilien 1450 bis 1650 – Politik, Wirtschaft, Bevölkerung und Kultur, Hamburg 2005.

Richardson, Tim: Sweets – A History of Temptation, London (u. a.) 2003.

Richter, Wilhelm Michael: Geschichte der Medicin in Russland, II. Teil, Moskwa 1815.

Riedesel, Johann Herrmann: Reise durch Sicilien und Großgriechenland, Zürich 1775, Neudruck Berlin 1965.

Robinet, Jean Baptiste: Dictionnaire universel des Sciences morale, économique, politique et diplomatique, London 1778, Tome III.

Rogers, James E. Thorold: A history of Agriculture and Prices in England, 1866.

Rost, Hans: Die Bamberger Gärtnerei, ein Kultur- und Wirtschaftsbild aus Vergangenheit und Gegenwart, Bamberg 1909.

Roth, Elisabeth: Gärtner- und Häckermuseum Bamberg, München/Zürich 1980.

Rousseau, Jean-Jacques: Emile oder Über die Erziehung (Übers. Ludwig Schmidts), Paderborn 1971.

Rowling, Joanne K.: Harry Potter und der Gefangene von Askaban, Hamburg 1999.

Rüder, F. A. (Hg.): Genealogisch geschichtlich-statistisches Jahrbuch für 1836, Leipzig 1836.

Ruska, Julius: Über die Quellen von Gābirs Schriften, Rom 1926.

Ruska, Julius: Sal ammoniacus, Nušādir und Salmiak, Heidelberg 1923.

Ryff, Walther: Confect-Büchlin und Hausz Apothek, Frankfurt a. M. 1544, Nachdruck Leipzig 1983.

Sabetti, Filippo: Village politics and the Mafia in Sicily, Quebec 2002.

Sachs, Hans: Das heiße Eisen – Ein Fastnachtsspiel mit 3 Personen, (16. November 1551), Bearbeitete Fassung von Heinrich Kempinsky, Mühlhausen (Thür.) 1928.

Saint-Denis, Louis-Étienne: Souvenirs du Mameluck Ali sur l'empereur Napoléon, Paris 1926.

Salingré, Herrmann: Diogenes der Zweite, Vaudeville-Burleske, Berlin ca. 1861.

Savary des Bruslons, Jaques: Dictionnaire Universel de Commerce, Paris 1723, Tome II.

Schaube, Adolf: Handelsgeschichte der romanischen Völker des Mittelmeergebietes bis zum Ende der Kreuzzüge, (Neudruck der Ausgabe 1906) Osnabrück 1973.

Scherer, Julius; Virchow, Rudolf; u. a. (Hg.): Canstatt's Jahresbericht über die Fortschritte in der Pharmacie und verwandten Wissenschaften in allen Ländern im Jahre 1855, Würzburg 1856.

Scherzer, Carl: Smyrna – mit besonderer Rücksicht auf die geographischen, wirthschaftlichen und intellectuellen Verhältnissen von Vorder-Kleinasien, Wien 1873.

Schlechta-Wssehrd, Ottokar Maria (Übers.): Der Fruchtgarten von Saadi, Wien 1852.

Schneidawind, Franz A.: Versuch einer statistischen Beschreibung des kaiserlichen Hochstifts Bamberg, Bamberg 1797.

Schönfeld, Jutta: Pharmazie in der arabischen Welt des Mittelalters, – in: Pötzsch, Regine: (Hg.): Die Apotheke – Historische Streiflichter, Basel 1996.

Schulz, Hugo (Hg.): »Causae et Curae« Ursachen und Behandlung der Krankheiten, München 1933.

Schummel, Johann Gottlieb: Empfindsame Reisen durch Deutschland, Wittenberg & Zerbst, 1771/1772.

Schümmer, Volker: Georg Christoph Lichtenbergs Konzept aufgeklärter Kultur, Würzburg 2000.

Schweppe, Frank: Snoepgoed: van suikerwerk tot drop (zum 125jährigen Bestehen der Firma Klene), Amsterdam 2001.

Seuse, Heinrich: Büchlein von der ewigen Weisheit, Augsburg 1832.

Shakespeare, William: Romeo und Julia (Übers. August W. v. Schlegel), Stuttgart 1983.

Shakespeare, William: Othello (Übers. Wolf v. Baudissin), Stuttgart 1964.

Shakespeare, William: The Tragedy of King Richard III., Oxford 2000.

Siegelová, Jana: Studien zu den Boğazköy-Texten – Appu-Märchen und Hedammu-Mythus, Wiesbaden 1971.

Small, Ernest: Culinary Herbs, Ottawa 1997.

Söhns, Franz: Unsere Pflanzen – Ihre Namenerklärung und ihre Stellung in der Mythologie und im Volksaberglauben, Leipzig/Berlin 1912.

Speicher-Brinker, Anette: Inhaltsstoffe der Süßholzwurzel (Liquiritiae Radix): Beiträge zur Pharmazeutischen Qualität entsprechender Zubereitungen, Berlin 1987.

Stevenson, Joseph (Hg.): Calendar of State Papers, Foreign Series, of the Reign of Elizabeth, 1563, London 1869.

Størmer, F. C.; Reistad, R.; Alexander, J.: Glycyrrhizic acid in liquorice – evaluation of health hazard, National Institute of Public Health, Oslo 1993.

Strallhofer, Gerhild: Lakritze: Eine gefährliche Süßigkeit oder eine nützliche Pflanze in der Medizin? München 2010.

Strobel, Martine: Asthma bronchiale – Die Geschichte seiner medikamentösen Therapie bis zu Beginn des 20. Jahrhunderts, Stuttgart 1994.

Sudhoff, Karl: Beiträge zur Geschichte der Chirurgie im Mittelalter – Studien zur Geschichte der Medizin, Heft 11/, Leipzig 1981.

Taube, Friedrich Wilhelm: Abschilderung der engländischen Manufacturen, Handlung, Schifffahrt und Colonien, Wien 1778, II. Theil.

The Mirror of Literature, Amusement and Instruction, Vo. XIX., No. 531, January 28, 1832.

Theophrast: Charaktere, Leipzig 1972.

Thirsk, Joan; Piggot, Stuart: The agrarian history of England and Wales, Cambridge 1985.

Thoma, Ludwig: Gesammelte Werke in sechs Bänden, Band 4, München 1968.

Tone, John Lawrence: The fatal knot: The guerilla war in Navarre and the defeat of Napoleon in Spain, North Carolina 1994.

Touwaide, Alain: Die aristotelische Schule und die Entstehung der theoretischen Pharmakologie im alten Griechenland. – in: Pötzsch, Regine: Die Apotheke – Historische Streiflichter, Basel 1996.

Triewald, Martin: IX. Ein glücklich abgelaufener Versuch, ob die Glycyrrhiza oder das spanische Süßholz in Schweden wachse, und unsern Winter aushalten kann, – in: Der königl. Schwedischen Akademie der Wissenschaften – Abhandlungen, aus der Naturlehre, Haushaltungskunst und Mechanik, auf das Jahr 1744, Sechster Band, Hamburg 1751.

Tschirch, Alexander; Oesterle, Otto: Anatomischer Atlas der Pharmakognosie und Nahrungsmittelkunde, Leipzig 1900.

Tschirch, Alexander: Handbuch der Pharmakognosie, 1. Bd., 1. Abteilung, Leipzig 1909.

Tschirch, Alexander: Handbuch der Pharmakognosie, 1. Bd., 2. Abteilung, Leipzig 1910.

Tschirch, Alexander: Handbuch der Pharmakognosie, 2. Bd., 1. Abteilung, Leipzig 1912.

Tudela, Benjamin von; Regensburg, Petachja von: Jüdische Reisen im Mittelalter, Leipzig 1991 – Die Reisen des Rabbi Benjamin bar Jona von Tudela.

Turner, William: The first and seconde partes of the Herbal of William Turner, London (Druckort Köln) 1568.

Tusser, Thomas: Five hundred Points of good husbandry, 1573, Neudruck London 1812.

Twain, Mark: The adventures of Tom Sawyer, 1876, Neudruck London 2002.

United States Consular Reports: The Licorice Plant, Washington (Government Printing Office), 1885.

Vogel, Jakob: Ein schillerndes Kristall – Eine Wissensgeschichte des Salzes zwischen Früher Neuzeit und Moderne, Köln u. a. 2008.

Vollborn, Marita; Georgescu, Vlad: Die Joghurt-Lüge – Die unappetitlichen Geschäfte der Lebensmittelindustrie, Frankfurt a. M. 2006.

Voss, Andreas: Wörterbuch der deutschen Pflanzennamen, Stuttgart 1922.

Wachenroder, Heinrich; Bley, Ludwig (Hg.): Archiv der Pharmacie, eine Zeitschrift des Apotheker Vereins in Norddeutschland, 2. Reihe, Bd. 54, Hannover 1848.

Waldau, Max: Nach der Natur – Lebende Bilder aus der Zeit, 2. Teil, Hamburg 1850.

Walravens, Hartmut (Hg.): Ferdinand Lessing (1882 – 1961), Sinologe, Mongolist und Kenner des Lamaismus. Materialien zu Leben und Werk, mit dem Briefwechsel mit Sven Hedin, Osnabrück 2000.

Webb, Rev. John: A Roll of the Houshold Expenses of Richard de Swinefield, Camden Society, London 1854.

Wecker, Johann: Die Bamberger Gärtnerei – Nach ihrer geschichtlichen Entwicklung und wirtschaftlichen Bedeutung, Erlangen 1920.

Wedel, Georg Wolfgang (Schmid, Johann A.): De Glycyrrhiza- Dissertatio Medica De Glycyrrhiza, Jena 1717.

Wickson, Edward J.: One Thousand Questions in California Agriculture answered – Licorice growing in California, San Fransisco 2004.

Wienkötter, Helm: Die Bamberger Industrie, Bamberg 1949.

Wilde, Hanns Julius: Das Leben der Therese Levasseur mit Jean-Jacques Rousseau, Berlin 1977.

Wilde, Julius: Kulturgeschichte der Sträucher und Stauden, Speyer a. Rh. 1947.

Wilson, J. Dover; Walker, Alice (Hg.): The works of Shakespeare, Othello, Cambridge 1957.

Wimmer, Anton (Hg.): Das Apotheken-Wesen in Bayern, die deßfalls seit dem Jahre 1803 bis zum Jahre 1850 erlassenen Verordnungen, Landshut 1850.

Winkler, Lutz: Galens Schrift ›De Antidotis‹ – ein Beitrag zur Geschichte von Antidot und Theriak, Marburg/Lahn 1980.

Wirsung, Christophorum: Artzney Buch, Ausgabe der »Churfürstlichen Statt Heydelberg« 1568.
Wissowa, Georg: Paulys Realencyclopädie der classischen Altertumswissenschaft, Neubearbeitung, 7. Band/14. Halbband, Stuttgart 1912.
Yna S.; Gao W.; Lu F.; Zhao, R: Effect of space flight on glycyrrhizic acid-related gene mutation in Glycyrrhiza uralensis; College of Pharamceuticals and Biotechnology, Tianjin University, Tianjin 2009.
Zuckerfabrikation zur Zeit Achards – Über die Kunst des Zuckersiedens, Förderkreis Zucker-Museum (Hg.), Blaue Reihe, Bd. 4, Berlin 2001.
Zuckerhistorische Miszellen, – in: Schriften aus dem Zucker-Museum, Heft 24, Teil III., Berlin 1987.

Internet

YouTube: Václav Neckář – Lékořice.
Direktor-Referate: www.referatonline.com (Haribo), Zugriff 02.04.2010.
Gehemmte Viren – Süßholz hilft gegen SARS: www.spiegel.de (Wissenschaft – 13.06.2003), Zugriff 22.11.2010.
Wagner, Rudolf: Bush in Göteborg: www.spiegel.de (Politik – 14.06.2001), Zugriff 22.11.2010.
Theaterrezensent (Spruch): www.operone.de, Zugriff 02.04.2010.
Entwicklung tragbarer Feuerlöschgeräte: www.brandschutzstreibert.de, Zugriff 01.01.2010.
Auzier-Chabernac: www.auzier-chabernac.com, Zugriff 01.04.2010.
The Black Death – Bubonic Plague during the Elizabethan Era: www.william-shakespeare.info, Zugriff 22.11.2010.
www.stevenfoster.com/education, Zugriff 02.04.2007.
Zittlau, Jörg: Lakritze ist mehr als nur 'ne süße Schnecke: www.welt.de (Gesundheit – 04.09.2009), Zugriff 22.11.2010.

Wirtschaftliche Vereinigung Zucker – Verein der Zuckerindustrie, Weltzuckererzeugung und Verbrauch: www.zuckerverbaende.de, Zugriff 01.11.2010.

Danksagung

Mein ganz besonderer Dank für die liebevolle Unterstützung in allen Phasen dieses Buches geht an die Wegbegleiter: Kathrin Janka, Michael Koseler, Imke Schwärzler, Hannah Simon und Anne Sudrow. Darüber hinaus verdanke ich Kathrin Janka den Hinweis über den tschechischen ›Sänger-Prinz‹ Václav Neckář, stand mir Anne Sudrow bei der Übersetzung der lateinischen Schrift von Mosis Charas zur Seite, führte mich Giulia Fani in die frühe Geschichte der ersten italienischen Lakritz-Manufaktur ein, half mir Tina Gruner mit ihren graphischen Kenntnissen, erzählte Catrin Ernst freimütig von ihrer DDR-Lakritz-Kindheit, gab Elisabeth Grün einige Textanregungen und kannte sich Michael Koseler nicht nur mit Wallensteins Krankheitsgeschichte, sondern auch mit englischen Spitzfindigkeiten bestens aus.

Eine Ergänzung zu meinen Recherchen waren die zahlreichen Gespräche, die ich mit Lakritz-Spezialisten und passionierten Lakritz-Anhängern führen konnte: Magalie Auzier (Auzier-Chabernac, Montpellier), Monsieur Poirson (Félicien Florent, Avignon), Jean-Pierre Locci (ASPPV, Avignon), Sébastian Durbiano (ASPPV, Avignon), Tom Shay Dixon (Lakritz-Arbeiter, Pontefract), Chris Marshall (Wilkinson, Pontefract), Richard Van Riel (Pontefract-Museum), John Whitacker (Wakefield Council), Matthew Cottham (BCH, Rochdale), Prof. John Chartres (Universität Leeds), Pekka Olkku (Kouvolan-Lakritsi, Finnland), Dr. Antonio Massarotto und seiner Familie (NaturMed/Zagarese, Cossenza), Pina Amarelli (Amarelli, Rossano), Michael Schmanns (Hepner & Eschenbrenner, Hamburg), Dr. Marianne Scheinost und Lisa Strecker (Universität Bamberg), der Bamberger Süßholzgesellschaft und den freiwilligen Helfern im Gärtner- und Häckermuseum (Bamberg). Mit ihrer Hingabe und ihrer Hilfsbereitschaft haben sie ganz wesentlich dazu beigetragen, diesem Werk eine Lakritz-Seele einzuhauchen.

Für die kostenlose Bereitstellung von Bildmaterial danke ich: BCH (Rochdale), Germanisches Museum Nürnberg, Leaf Sverige AB, Mafco Worldwide Corporation (New York), Pontefract-Museum und Wakefield Council, Universitätsbibliothek Bamberg, Universitätsbibliothek Liége und Society of Antiquaries (London). Ein herzliches Gruß- und Dankeswort für seinen ›kulinarischen‹ Kommentar geht an den Comic-Zeichner ©TOM.

Partner

LAKRITZKONTOR
JÄGERSTRASSE 20 | POTSDAM
www.lakritzkontor.de

Über 250 Sorten!

Lakritz!
Schwarzes Gold

Uhlandstraße 98
10715 Berlin-Wilmersdorf
U7 Blissestraße
Mo bis Fr 10.30 – 19.00 Uhr
Samstag 10.30 – 15.00 Uhr
www.Schwarzes-Gold-Lakritz.de
+ Online-Shop

La kritzeria

Der Lakritzladen im Prenzlauer Berg

Stubbenkammerstr. 3, 10437 Berlin

Di – Fr: 11 – 19 Uhr   Sa: 11 – 16 Uhr

www.la-kritzeria.de

Wir sind LAKRITZ!

Natürlich führen wir fast alle gängigen Lakritz-Sorten. Unsere Passion sind aber die eigenen Kreationen. Ständig experimentieren wir mit Geschmack und Konsistenzen, so entstehen Lakritz-Pralinen und -Schokoladen, Lakritz-Getränke, -Popcorn, -Toffees, -Marsh-Mellows, -Bonbons, -Lollys, -Konfitüren usw.

Einen Großteil des Sortiments findet Ihr im Internet-shop unter **wwww. Hamburg-Lakritz.de**, das komplette Angebot aber in unserem Geschäft: **Süshi-Express, Strassburger Str. 83, 22049 Hamburg**

Hepner & Eschenbrenner

since 1890

Partner der Europäischen Lebensmittelindustrie für feinste Süßholzextrakte

Unser Sortiment umfasst unterschiedliche Extrakt-Qualitäten, die wir in Form von Blöcken, Pulvern, Pasten und Granulaten anbieten.

Die Herstellung erfolgt in modernsten Extraktionswerken, zertifiziert nach allen in der Europäischen Lebensmittelindustrie maßgeblichen Standards.

Lieferungen erfolgen mit umfangreicher Dokumentation aus unserem Zentrallager in der Metropole Hamburg.

www.hepner-hamburg.com

Lakritzplanet

Kein Verkauf, nur Verzehr

www.lakritzplanet.de

Raum für eigene Notizen